原中共厦门大学党委书记朱之文为本书封面环衬题签

CHERISHING OUR DREAMS

把梦留住

朱之文

——————— 支教记录2005—2017 ———————

叶楠 著

厦门大学出版社
XIAMEN UNIVERSITY PRESS

国家一级出版社
全国百佳图书出版单位

新 版 手 记

　　曾经的梦想，从来没有像现在这么贴近。

　　这是一个真实的中国故事。2005 年到 2017 年，漫长而又短促，天真烂漫的孩子已经成长为风华正茂的青年，支教的日子却又仿佛在昨天，黄土高坡上此起彼伏的读书声还在回荡。12 年，它真实地发生着，这是一段充满艰辛和快乐的奇妙旅程。作为见证者和亲历者，我忠实地记录着。

　　这也是一个平凡的世界。每个人的不懈奋斗才让这个世界不凡。无论是 C919 还是复兴号身上的一颗螺丝钉，最初或许都来自于平静的大山深处，经受了千锤百炼的考验；昨天冒着寒风与沙暴、怀揣几个干粮馍的求学与支教之路，或许是人生最宝贵的财富。砥砺前行，我们不曾放弃。

　　这更是美好的逐梦时代。2017 年金秋十月的北京，"优先发展教育事业"、"坚决打赢脱贫攻坚战"、"推进诚信建设和志愿服务制度化"的宣告从这里发出，回荡在天地之间，时代洪流的磅礴力量已经势不可挡。相信更多孩子们、十几亿的你我他们，都将敢于有梦、勇于追梦，最终圆梦。

　　中华民族历经沧桑，五千年文明生生不息。我想，融于血脉中的良知、勇气和勤劳，将伴随我们继续前进，以梦想的名义。

叶楠

目　次

题　词

把青春的激情燃烧在
奉献民族复兴的伟大岁月。

杨振斌

06.11.25

＊杨振斌同志时任教育部思政司司长，现任吉林大学党委书记。

贺　信

　　欣闻厦门大学第七届中国青年志愿者扶贫接力研究生支教团志愿者叶楠同学将自己在宁夏海原县一年的支教经历著书《把梦留住》即将付梓出版，特寄语此信，以表祝贺。

　　就读于厦门大学管理学院的浙江籍学子叶楠，勤勉敬业，在完成好学业的同时，积极参加社会公益事业和志愿服务。2005 年，叶楠参加中国青年志愿者扶贫接力计划，到宁夏进行了为期一年的支教志愿服务。在这一年中，他翻山越岭深入贫苦学生家中了解情况；在教学上刻苦钻研，大胆创新；同时他还积极参与学校管理，引入现代教育理念和教育方法，推动素质教育改革，为当地教育改革的探索做出了突出贡献。更可喜的是，叶楠写下了近 20 多万字的支教日记《把梦留住》，真实地记录了他在宁夏海原一年的支教生活，记录下一段令他终生难忘的快乐时光。

　　叶楠的日记启发我们思考当代青年应该走什么样的成长道路。我们看到，做一名志愿者使叶楠更加了解社会，了解国情，也使他更成熟了。他在西部的感受道出了深入社会、深入基层给青年成长带来的深刻影响，再次说明青年人响应党的号召，走与实践相结合、与人民群众相结合的成长道路的重要性。实践是人才成长的广阔课堂，青年人只有在实践中经风雨，受锻炼，才能成长为党和人

把梦留住

民所需要的栋梁之才。同人民紧密结合,为祖国奉献青春是青年一代健康成长的必由之路。

翻开《把梦留住》,一个画面浮现:每一位志愿者所付出的劳动,像投入湖面的石子,在这个社会激起层层的涟漪,并不断扩散、影响着这个社会。这些"石子",不计个人得失,树立崇高的精神追求,把个人的理想追求融入建设和谐社会的时代洪流,石子越来越多,激起的涟漪越来越大,涟漪扩散得也越来越快……

再过几天的 3 月 5 日,是中国青年志愿者服务日,衷心希望借此书之出版,让我们重温"奉献、友爱、互助、进步"的志愿精神。

共青团中央青年志愿者工作部

2007 年 2 月

题 记

厦大团委送来了叶楠支教日记,我看后很感动。

叶楠用他的笔记录了一群福建大学生志愿者在西部支教生活的经历和感受,用一颗真诚的心,表达了这一代年轻大学生的崇高理想和朴素情怀,用他们一言一行,展现了新一代福建人"平凡之中的伟大追求,平静之中的满腔热情,平常之中的强烈责任感"的精神气质。

在和平与建设年代,我们这代人如何服务祖国、服务人民?如何践行理想主义和社会责任?如何充满激情而又脚踏实地?我想,透过叶楠这些文字所传递的信息,你兴许能找到答案。

我真诚地期待,每位青年读者在读了叶楠支教日记之后,有启发、有感悟、有收获……

共青团福建省委 陈冬

2006 年 12 月

＊陈冬同志时任共青团福建省委书记,现任中央人民政府驻香港联络办副主任。

把梦留住

序

西部学校讲台很窄,志愿者舞台却很宽;

西部的孩子们很小,追求的梦想却很大;

西部支教时间很短,留下的记忆却很长;

……

在构建和谐社会的洪流大潮里,志愿服务的影响和作用越来越大,已经日益成为一种社会进步和时代风尚。志愿服务弘扬的"奉献、友爱、互助、进步"的精神,适应了构建社会主义和谐社会的要求,彰显了当今时代主流价值观,它已经成为当代中国青年运动的一个亮点,渗透到青年运动的各个方面,在青年运动中起着巨大的推动作用。

青年志愿者扶贫接力计划研究生支教团,便是志愿者群星中闪亮的一颗。

"沧海横流,方显英雄本色。"青年志愿者扶贫接力计划厦门大学研究生支教团,是一支有着光荣传统和凝聚力的精英团队。八年来,厦门大学坚持用"以天下为己任"的精神推动研究生支教团各项工作,迄今为止,学校先后组织并派遣了八届共 54 名优秀本科毕业生参加研究生支教团工作。"自强不息、止于至善"的校训在支教队员身上得到了体现,他们奉献知识,安贫支教,用辛劳和汗水谱写了一曲动人的支教之歌。

叶楠便是这个支教队伍中的一员。

　　叶楠本科期间，成长在《厦大青年》，文字清秀，思维活跃，有着多彩的生活和广泛的兴趣爱好。根据他的才华，叶楠完全可以找一份好工作、挣一份不错的薪水，但他并不在乎舒适的享受，没有看重个人的幸福，他追求的是一种别样的生活，是更高层次上的精神满足。实际行动也表明，他已经把自己的理想追求和祖国的号召、和西部人民的需要紧紧地联系在一起，体现出一个厦大学子报效祖国、服务人民的崇高志向。

　　利用在宁夏海原西安中学一年支教的课余时间，叶楠写下了 20 万字的支教日记《把梦留住》，这也是他为自己的人生历程记下了绚丽的一笔。读罢叶楠的日记，一名优秀青年志愿者的形象树立在我面前。叶楠没有说什么豪言壮语，也没有做出惊天动地的业绩，但他在当厦门大学第七届研究生支教队志愿者的每一天中所做的每一件具体事情，以及透过这些事情所折射出的志愿者精神境界和人格力量，同样使我受到震动，引发思考……

　　我到过西部，走过西部的山水荒漠，到过西部贫乡僻野，和当地乡亲一起围坐火炕拉家常，住在家徒四壁的普通农家，体验过西部缺水缺电以及种种想象不到的困难。然而，从叶楠的身上，从他的日记当中，我看到了我们的志愿者为奔赴青春的梦想与希望，跋山涉水一路欢呼走来，他们挥洒年轻的热情和汗水，笑对冰冷的清贫和孤寂，默默奉献、勤恳耕耘，以火红的青春拥抱辽阔的西部大地。

　　青年兴则国家兴，青年强则国家强，青年进步则国家进步！

　　八载风雨兼程，八载岁月如歌！支教队员们的脚印已

把梦留住

经在西部扎根！我深深相信，明天这支队伍会更加壮大，千千万万志愿者用自己的心血、汗水和辛劳播下的种子，总有一天会在祖国广袤的西部生根发芽，绽放成灿烂的花海。

　　来吧！亲爱的朋友，不论你的学业有多么的重，工作有多么的忙，生活有多么的累，我都希望你能匀出一点时间读一读你面前的这本书，听一听支教队员叶楠的故事吧，听听他的心声，感受他的沉重，分享他的快乐，鼓励他的理想……

朱崇实

二〇〇六年11月19日谨记于颂恩楼

＊朱崇实同志时任厦门大学校长。

青春选择

雄心万里

好儿女纵横天涯披风沐雨

到西部去

到基层去

到祖国最需要的地方去

到西部去

到基层去

投入时代的洪流中

打造一个新世纪！

——《到西部去》

把梦留住

——

许多年后的今天,我还记得曾经耕耘于大西北黄羊川的台胞温世仁先生那几句小诗:

我们像一群孤独的战士/背负着似乎不可能完成的任务/行走在西部的草原和黄沙之中/我们前进的动力/来自于对苦难同胞无法忍受的关怀/和一种不灭的信念/深信在我们背后有一股无与伦比的力量/正蓄势待发/它的名字叫做——中国!

那是2004年的一个午后,我在厦门大学多媒体教室中看书看得眼皮直打架,便打开电脑,无意间点开了这个视频,看到了上面这段话。海峡那头温先生的梦想,在那一瞬间,如星辰闪耀在我眼前,鼓励着我有勇气迈向那从来没到过的地方。遥远的西北,那些没有见过面的孩子们的梦想,如此清晰地贴近我的心房。

耳边仿佛又响起了2005年那个黑漆漆的暗夜里火车的轰鸣声,在颠簸的车厢里,我被队友扯醒,看见窗外漫天的乌雾掩映下几抹昏黄的白炽灯光在黑暗中弥漫,习习的凉风渗透着几分寒意。透过有点混沌的车窗,轻拨鼓鼓飘动的窗帘,我的心剧烈地颤动起来:我来了!我看到了!我要踏上这片广袤的黄土了!

望着窗外,我突然想起前往西海固之前,在一个已经在西海固支教过的一年师兄的日志中看到这么一段——艾米莉·狄金森(Emily Dickinson)诗云"我本可以容忍黑暗,如果我不曾见过太阳……"——对于这里不谙世事的小孩来说,生活毫无光彩可言,他们躺在父辈的窠臼里,不知道人生可以精彩,连一枕黄粱的梦亦未曾见过,也许真的并未曾感到痛苦。现在,我们来了,给他们带来了梦。他们终于学会告诉自己的父母:"知识改变命运。"

我这个来自千里之外的年轻人，能否用自己的梦想点亮这里孩子们的梦想？

无论如何，我来了！切切实实地站在这片厚重的土地上了！

火车慢慢停稳了，大家各自扛起沉重的行囊，杂混在下车的人流中缓缓向前挪动。此时已经是晚上 12 点多，固原火车站显得寂寥深沉，丝毫没有一路上各站的嘈杂。下了车，大家都把行李堆在站台边，兴奋地互相看着对方冻得微红的脸庞。从厦门到郑州，从郑州到西安，从西安到固原，火车上辗转带来的疲惫在此时却一扫而光，踏上固原火车站的时候，我耳边突然激荡出过去一个月经常听到的节奏："青春梦想，西部放飞；到西部去，到基层去……"平素不羁的心在这一刻却猛地沉重起来。远离校园，远离大海，远离多愁善感，望着淡淡茫茫的高原夜色，以前所有的激昂情绪顿时黯淡下来。此时，我对"志愿者"这三个字，才有了最初的真正感性体会。

在固原的招待所里，我照例和队友开着不着边际的玩笑：调侃朱景渊脸上欣欣向荣的痘痘，分析着詹维思未来的桃花劫。大家很快钻入被窝，蠕动着寻找最舒坦的姿势。乔阅探得水源，倡议道："我们去洗洗吧，下次洗澡就不知道什么时候了。"乔阅胖胖的身体，本来被称为"小猪"，但是由于"猪"在宁夏回民面前是忌口，我们只好转称"小象"。

"唉，不用啦，我们要开始适应，你多洗一次，西部的水就少一立方。"我隔壁铺的沈潇抗议，"不洗澡可以使身体形成保护膜，增强抵抗力！"

一群已经累坏的队友附议。

我瘫在床头，几天的火车摇晃仿佛让肢体骨头有向四个方向垮去的趋势，耳边有当当作响的钝器敲击声，一次次震荡着耳膜。熄灯，入梦。

第二天一早，天色渐渐揭开，晨光朦胧下，我打开窗户一看，固

把梦留住

原大街尽收眼底。这是一座处于青春成长期的城市,撤县建市没几年,近处和远处都不乏繁忙的施工工地,半新不旧的两边店面,颜色并不单调的招牌,道路两边新植不久的树苗,虽然略显杂乱,却憋着一种遍地开花的躁动。过了一会,海原县教体局的吴老师带我们吃早餐,进了一家叫"穆斯林早餐"的小饭馆。一路上好几天我们基本上都是用方便面果腹,本能地对家常饭垂涎三尺了,加之清真食品的清香更是撩人肠胃,进了餐厅便忍不住东张西望。很快,小米粥,大花卷,腌白菜,油馓子,摆了一大桌。大家来自天南地北,家乡的吃法也各有不同,詹维思和沈潇在上面裹了厚厚的红辣酱,姚克非和乔阅在每一份里面都舀了许多白糖,紧凑的咀嚼声成了主旋律,不一会我们都撑了一肚子,个个瘫在靠椅上。吴老师眯着眼睛看着我们,微笑着抽烟。

吃了早饭,我们便马上和同往海原支教的中国科技大学支教队的队员们一起登上从固原到海原的汽车。大家七手八脚把行李塞进车子,詹维思居然把巨大的台式电脑从厦门托运到了固原火车站,大家都揶揄他和电脑感情如此深厚,桃花劫应该不远了。他胖胖的脸上浮出得意的神色:"没有办法,电脑是我情人,一刻也离开不得。"

汽车出了固原市区,路上很快呈现出无边无际的黄土景象,起伏连绵的黄色海洋波涛汹涌,让人叹服西部大地胸膛的开阔。黄土高原之间是深嵌入地皮的沟壑,是无数交错纵横却已经干涸的河道,仿佛无数哭干的泪眼,无言地诉说着什么。黄土!除了黄色的土地还是黄色的土地,地表被风化过的厚重痕迹是西海固的年轮,黄土岗面被侵蚀剥离出的层叠曲折是这里干燥的皮肤,大地的深厚,大地的广阔,大地的坚实,在这里一览无余,你能从黄土地的表层倾听到来自地心的脉搏,感受到祖国腹地的呼吸。以前也听说过大西北的辽阔苍茫,这一刻我着实感受到了来自这无垠土域的震撼,敦厚的黄土堆犹如无数粗糙的大手掌轻抚着祖国西北的

西海固大地

本书支教相关照片都为厦门大学支教团队员等志愿者提供。——编者注

心口,也深深刺痛了我麻木许久的神经。汽车在赭色的大海中劈涛斩浪,我感觉到自己融入了这一片曾经遥远现在却如此亲近的黄土高原,这里有满眼同我与生俱来的黄皮肤一样的颜色。

车子在市区行驶时,大家都还抑不住年轻人的活跃,欢声笑语不断。这时候,却不约而同选择了沉默,静静地凝视着窗外。我的思绪平静而纷繁,想到了干燥脱皮的嘴唇,余纯顺的脚印,铁桶撞击井底的声音,许多迷茫的眼神,龟裂土地上奄奄一息的禾苗……来西海固之前许多感性的印象在大脑里面剧烈地共振。现在看着窗外,却又觉得一切都那么自然,或者是出于本能,脑海中跳跃的画面和眼前活生生的西海固景象融会交织在一起。生长于浙南水乡的我,此时竟产生了一种类似于一见钟情的奇妙感觉,但又说不上来,嚼不清楚,隐隐约约,用佛家的话来说,或许这是我和西海固注定的缘分。所以,这一刻没有局促,没有失落,没有陌生,只有亲

把梦留住

征途上协力共进

切,只有流自内心的心疼。

车子走了两个多小时,远处开始出现了稀落的房子、零星的路人,吴老师站起来回头对我们说:"海原县城到了。"中巴车很熟练地在这一带蜿蜒的水泥路上绕来钻去,路两边渐渐围上来一排排单层黄土房子,感觉是刚才看到的黄土地自己站起来伸手围拢筑成的,墙面还带着风沙经常拜访而留下的密密麻麻的窟窿。又过了一会儿,水泥房子也逐渐多了起来,拖拉机在大街上"突突突"地吼着,不时有成群的羊群在街道边慢悠悠地游行,路两边也冒出了许多店铺,玻璃窗户在这里格外地耀眼,眼前色彩开始不再单一,路边行人开始稠密起来。大家都兴奋地站起来,朝着窗外指指点点。路边店面许多伊斯兰风格的招牌让我们感到很新奇,大马路上出现悠然自得的驴子更让许多人忍不住拿出相机。车速越来越慢,最后在一家招待所门口停下来。

已经将近中午12点了。海原的8月已经透着丝丝寒意,街上鲜有裙子或短袖的装扮。但此时没有太多时间让我环顾,昨天队

里介绍过了，今天就要下乡入村。大家合力把行李搬下车后，发现少了两位，绕过车一看才知道，姚克非、沈潇和同样钟爱篮球的司机正侃得起劲，甚至在相约改天一起打球。吴老师招呼大家进了招待所，领我们到一间房间休整。

大家靠在椅子上，虽然嘴上仍然不住打趣，心里却还惦记着自己所要分配的服务地。这种感觉似乎像生日的时候收到礼物，明知道无论别人送什么礼物我都很开心，但还是很热切地想知道，到底精美的包装里面装的是什么东西。

支教队的服务地分配是由当地教育局制定的，乔阅戏称，到时候每个人脖子上插根草标，被哪个学校看上，就跟着走了。分配前还有个简单的送行宴会，大家还没有动筷，嘴巴上已经啧啧地留恋餐桌上的风景。

"古代上刑场前都给顿好吃的，看来光荣传统没有丢哦！"朱景渊打趣道。

"是啊，呵呵，我们先说好啊，哪位要是分配在县城，今后可要负责招待乡下的同志哦。"姚克非提议道，大家纷纷赞成。

大家乐呵呵的脸蛋上都贴上了点兴奋和犹豫，互相东张西望，似乎在等待或者寻找什么东西。这时候吴老师笑嘻嘻地进了包厢，坐在正对门的位置上，一板一眼地宣读支教队员服务地分配表。每个人听到自己名字便释怀一笑，继而开始把听到的音节与自己想象的学校环境进行链接幻想。

两个女生和三个男生被分配到县城的两所中学（海原职中和海原一中），我和另外三个男生则分配在两个乡下的中学。大家虽然半天没有进食了，却都再也没有心思果腹，囫囵吞下午饭，纷纷探头寻找自己的新"娘家"。沈潇和我相视而笑，像是一次意念上的握

把梦留住

手——我们被分配到同一个学校。"叶楠,沈潇,这是你们西安中学^①的王校长。"吴老师介绍道。我们循声看去,一个身材高大的中年教师朝着我们微笑招手。王校长外形高大粗犷,白衬衫领口不羁地开了两个扣子,仿佛也在张开双臂欢迎我们,大框眼镜下两撇八字胡恰到好处地展示威仪。我们连忙上去握手:"王校长好!"

"好好好!"王校长爽朗地笑道:"欢迎你们到西安中学。"

我们把行李搬上车,向其他队友招招手:"再会了,战友们!"车子叫了一下劲,抖擞精神开向西安乡。一路上两边黄土坡沟壑纵横,像我浙江老家过年时候做的九层年糕一样厚实和布满孔沟,不时有绵羊和驴子在悠闲地啃食草根,偶尔还抬头迷离地望着车子。车子开了半个小时,眼前突然出现一片绿色海洋,让我们诧异地瞪大眼睛。"我们西安乡是宁夏小茴香生产基地",王校长颇有点自豪地介绍,"全乡多少嘴巴指望它们过活哩!"正当我们在赞叹这里犹如黄土高原上一块巨大的绿底黄绒地毯的时候,车子在一个"Z"字形的大转弯后忽然停了下来,一个豁嘴的校门直愣愣冲入视线。"到喽!"王校长往前方一指,前方出现一座土黄色的楼房,两边并列着数座矮墩泥房,就像一只大椿象带着一群小椿象趴在黄土场上。校门口红墙上白字"西安要发展,关键是教育"在一片黄色调中突兀显眼,远处楼顶"西安中学"四个大红字已经严重褪色,却仍不失深沉威严。

王校长领我俩到办公室,办公室里的老师们都回过头来看着我们,朝我们招招手:"哦!来啦,你们。"我们忙上前握手问好。"这是张校长,那是李校长。"王校长指着他们介绍道。张校长典型的北方汉子模样,"虎背熊腰"用在他身上正贴切,前额微谢,把脸部的严肃威风烘托得更热烈;李校长年纪很轻,个子不甚高大,但显得很精悍,脸庞被岁月雕刻得线条棱角分明,抿嘴不言时更显得坚毅。学校尚

---

① 西安中学位于宁夏回族自治区海原县西安乡,下文所称的西安乡或西安均指宁夏所辖的地区,注意区别于陕西省省会城市"西安"。——编者注

西安中学第一瞥

未开学,空旷的教学楼显得冷清寂寥,我们和几位校长聊了一会,张校长带我们下楼四处熟悉熟悉。

西安中学蹲在西安乡村口,门口一条两百米一层黄土房的街道,撑起了全乡的主要建筑家当。出了校门,两边稀稀落落藏着一些很不起眼的店铺,每家店门都用帘布衬着,在沙风中衬布姿态颇为摇曳婆娑,展示着大街上的几乎全部生气。门帘所依仗的一间间房子却显得破败甚至有点原始,黄土也就成了这些建筑的骨肉,却不堪风化,已经千疮百孔。比店铺数目多得多的是路边墙上五花八门的标语,官方的民间的喉舌各不示弱,言辞不是壮怀激烈,便是坚决铿锵:"西安要发展,教育是关键";"苦干三年,打好扶贫攻坚战";"少生娃多种树,早日能致富";也有一些不知名"艺术家"的涂鸦夹杂其间,多属抽象派和后现代主义。房子多为黄土垒成的小院,门口有大捆干草作掩体,有铁门挑檐的,便算得上豪宅了,多半是久经世道的木门,

把梦留住

支教记录 2005—2017

纹理龟裂,像是张着许多嘴巴诉说着漫漫沧桑。在这条和黄土高原一样肤色的街道上行走,你很难想象它就是当地四乡八村最繁华的商业街;如果把它移植到都市,许多人可能会误认为这是一段废墟,而事实上这是西安乡片区最显

西安街道

赫的步行街,两边废弃破败的房子数量也实在可观。

　　逛了大半条街道,张校长领着我们进了一间"小林餐厅",掀开门帘,眯眯眼的老板看来和张校长颇为熟悉,笑呵呵地领我们到一张四方八仙桌坐定,一边用抹布狠狠在桌面刮了几回合,以示绝对卫生,一边用正宗的当地方言问张校长点菜,以示饭菜绝对地道。

　　聊了大半个小时,饭菜仍然羞答答不肯示众,香味却早早袭来撩拨我们的辘辘饥肠,我和沈潇强打精神保持矜持,挤出脸上一点肉充作笑意。张校长朝厨房方向怒吼一声:"那个快些!"又朝我们笑笑:"来根烟不?"沈潇像下了一个大决心似地抿嘴道:"好! 谢谢。"我刚想挥手谢绝,却不料叉开的双指正好形成讨烟、接烟的动作。张校长把握战机迅速把烟架于我指间,我窘笑一声,忙道了谢。三人正吞吐云雾,老板仿佛刚刚从百战余生的战壕中爬出,蓬头垢面一身油烟地闪出厨房,陆续端上三海碗弥漫着肉菜香味的汤面,面汤被酱肉染成油黑,几抹肉片在亮晶晶的面条缝隙中若隐若现,犹抱琵琶半遮面般地勾住我俩的视线,表面几撮绿油油的香菜青翠欲滴。张校长看出我们求战心切,爽朗地笑着扬手道:"来来来,别客气,吃吃吃啊!"

我和沈潇盼得攻击令后，连一句客套话也没有出口，立马把头埋入腾腾热气中奋起消灭挑衅我们半天的面条，不一小会儿便风卷残云般结束战斗，碗内滴汁未留，脑门热汗直冒。

我们全部的家当

回到学校，王校长等人带我们去我们的新窝。一路上许多老师像见到故人一般向我们点头打招呼："哦！来啦。"走到一排黄土平房前面，王校长指着中间的一间："喏，呵呵，这就是你们的宿舍，条件有点简陋，以后可以慢慢改善的。"

我们推开门一看，里面已经整齐排放好两张床，被子褥子一应俱全，两张桌子也安静地蹲在地上，看起来还是很新的，心里不由一阵感动。墙上泛黄的报纸可以进博物馆，地面是砖头铺垫的，砖缝中偶尔几根杂草生机盎然，门的材质很特殊，最先是由木材制造，后来由于破损不堪，拼凑装订了一些三合板、纸皮等材料，拼装者颇具匠心，使老门不仅关上时天衣无缝，而且很有点毕加索作品的气息，主要功能是防止偷窥，让它镇守关口就勉为其难了，幸好我和沈潇无财无色，无所谓梁上君子造访。不过此房最大的福利是离厕所近，左侧一排矮屋即为旱厕，我不禁窃喜。福利之二是屋内角落杂草缤纷，室内空气应该常年新鲜了。

王校长领着几个老师帮我们安顿好，天色已经渐暗，便纷纷告辞。沈潇瘫在床头道："唉，总算安顿好，累煞我了，晚上要好好

把梦留住

睡会。"

"呵呵,情况比较乐观,至少还有电。"我正虔诚地仰视着房间里唯一的电器——电灯泡,心里在缅怀爱迪生,突然不小心瞄到角落里面的一个原住居民吱溜一声窜上房梁,在我们头顶嚣张地来回爬了几个回合,见抗议恐吓无效,悻悻钻到隔壁的屋子。

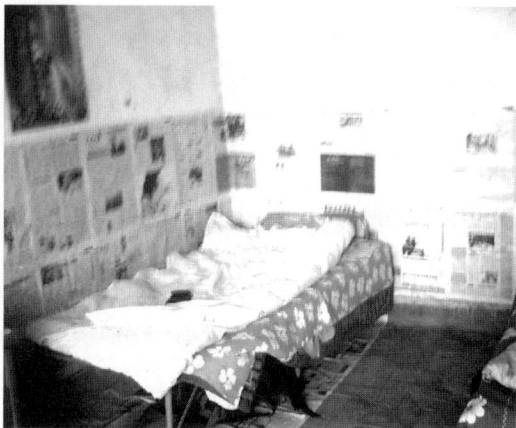

我的卧榻

"看来以后不愁没有肉吃了,至少这里蓄养了不少家畜。哈哈。"沈潇倚在床头摸着自己肚皮打趣道。

"非也非也,你看那老鼠骨瘦如柴,就剩一张皮了,估计也是个饥民。倒是我俩要小心了,要保护好鼻子耳朵。"我边笑道,边找根木条恐吓房梁上几只还在犹豫观望的老鼠。

我俩又贫了一会儿嘴,相继钻入被窝。门外夜风一阵阵地拍击着我们艺术品大门。我爬出床拉灭了灯,周围突然又安静下来,静得让人感到耳鸣。梁上窸窸窣窣声音不断,多半是那几只老鼠不甘心就此被我们霸占家园,回来搬走刚才遗留的细软。身边传来沈潇轻微的鼻息,折腾了好几天,我却睡意全无,这个时候睁着眼睛和闭着眼睛的效果无二,因为都是一无所见,整个房间仿佛沉浸在黑色的海洋中,自己仿佛也被剥夺了肉体,与周围环境融合在一起。过了一会,刚才消失的风又卷土重来,推搡着老门嘎吱嘎吱叫苦,并从房子的各个缝隙角落灌进来。我摸索着找到门口,用刚才那根木条撑住

门,随即迅速缩进被子里。

第二天一早起床,室外空气出奇的清新,我大口呼吸着乡下的馈赠,却引起了副作用——一阵食欲袭来,看看对床酣睡中的沈潇,便摇头起身觅食。学校尚未开学,食堂大门紧闭,一路带来的残余食物不慎留在县城,我暗叫失策;随身带的几瓶罐头咸腥难当,厦大同学在我上火车时候塞过来的话梅,肚子饿的时候吃,无异于饮鸩止渴。学校门口西安街上家家户户大门都处于防守状态,我苦楚地想起了童话《大林和小林》里面抱着金元宝饿死的唧唧。在冷清的街头徘徊了半天,只好转头回宿舍,四下再找其他有机质——只有昨晚那只老鼠吃剩的残羹冷炙了。在没有饿到有生命危险之前,我是绝不会考虑那些东西的。我坐在床沿,羡慕地看着还昏睡不醒的沈潇。

不一会儿,沈潇迷迷糊糊地咂了声嘴:"呵呵,我,我就,再添点……吧?"似乎也被饥饿叫醒了,看着此时正端坐床头修身养性的我,问:"你干吗?来宁夏练葵花宝典的干活?"

"减能耗,等午饭。"我言简意赅地吭了一声,继续闭目养神。

"哦,那好,我先吃点东西。"他随手从床内侧掏出一包饼干,我马上睁开炯炯双目:"哇!哪里来的美味,快给点,洒家快饿杀撒。"

"晕死,你又没问我要。"他边说边扔过来。

充饥过后,我俩开始对学校进行彻底检阅。没有开学的学校仿佛没有枝叶的树木,毫无生趣,加上周围色调基本上是高度一致的土黄,更显得单调枯燥。学校左侧的篮球场令我俩眼前一亮,仔细一看,四个篮筐三个高度残疾,不是没有篮筐就是篮板倾斜篮架歪扭,或者是高位截瘫,仅有一个看上去健全的还锈迹斑斑;排球场接着也映入我们的眼帘,是在一个凹凸的土场上支一个向后倾斜30度的球网,幸好有数根铁丝钉在地上,勉强扯住行将和土地亲密接触的排球网。操场正中是一棵虽然不高大却很挺拔的胡桃树,在一派黄色中绿得青翠欲滴,绿得神奇,枝繁叶茂炫耀着生命的激情。我们在树边仔细端详着赞叹着,入神地看着她。

把梦留住

支教记录 2005—2017

回屋的时候,一个年轻后生向我们打招呼:"哦,来啦。"

"你好,你也是西安中学的老师吗?!"寂静间,我们又看到一个人类,惊喜。

"是啊,呵呵,我姓解,教英语的。"解老师年龄和我们相仿,个子不高却显得精干,皮肤也是黑油油的健康色,脑门上的头发直立挺拔,像吃足了水的新葱。我们正请他进寒舍聊聊,一个高个的中年教师拎着水桶也过来招呼:"哦,你们来啦。来我屋里面坐坐吧,我就在你隔壁。"

"他是高老师,也是英语老师。"解老师介绍道。高老师脸庞清瘦而线条刚直,根据面相学的说法,这是向人传达为人沉稳踏实气质的信息。高老师的女儿依偎在他身后,八九岁光景,害羞地看着我们两个陌生人。

我俩忙向高老师打招呼,高老师放下水桶,憨厚地笑着:"你们刚来,很多不方便,尽管和我讲,缺啥吗?"

"嗯,我们学校哪里可以打水?"我看着他满满的水桶。

"来,这桶先给你们用吧。"高老师二话没说,提起水桶向我们房间走过来,我俩花容失色,连忙堵截制止,怎奈高老师步法凌厉,早几个箭步冲进我们房间,一个急停摆脱我们的防守,准确找到我们的两个脸盆,并流畅地完成倒水动作,我们只能从手舞足蹈到垂手低头红脸:"唉,真是太谢谢,真是,太不好意思了。"

"呵呵,我也只能给一桶啦。别客气,以后还要做邻居呐。"高老师边笑边指着女儿说,"杏儿,你带两个叔叔去打水。"

杏儿朝我们腼腆地微微一笑,露出一排整齐洁白的牙齿,便低头转身默默地走,我看沈潇正边整理物品边和解老师聊天,忙提桶跟在她后面。红杏梳的马尾小辫,边走边翘小尾巴,我忍不住问:"你多大了?"她低头轻声说了个数字,我倾注全部耳力也没有收集到足够的声波,为了不让谈话陷入僵局,我装模作样"哦"了一声,继续问:"读书了吗?"杏儿突然抬头看着我,扑闪着清澈的眼睛回答:"在西安小

学了。你是来这里教书的吗？"

我忙肯定回答，这时候她指着前面黄土地表面裸露的一个黑洞说："那，水窖。"

我定睛一看，井口的水泥已经被黄土包裹覆盖得差不多了，一口幽深的黑洞呆呆地张着嘴。上前几步向下一看，漆黑一片似乎深不可测，我咂咂嘴在琢磨如何打水，杏儿看着我问："你打过水吗？要不我叫我爸爸？"

学校唯一的水窖

"哦，不用不用不用。"我忙扯绳提桶准备进行地心探测，便把绳子一头在右手套了个紧结，左手拎桶和绳子平放在井口上方，庄重地深呼吸后轻轻放开手，桶在做了一瞬间自由落体后"咣当"一声停了下来，我手上的感觉告诉我水桶似乎已经和井水做第一次亲密接触，但是却又马上欲罢还休般摆脱水的吸引，不肯做深入豪饮而浮于水面。我忙抽动手中绳子一端左右来回，像小时候兜鱼一样尽量让水桶在下面搅动，折腾了半天，杏儿在一边茫然地看着我。我手心冒汗，故作踌躇满志状："好了，你先回去吧，我多打点。"

杏儿愣了一下，抿嘴笑笑便转身走了。我看观众已去，便肆无忌惮地用各种不规则手法狂摇手中的绳子，感觉那端却没有增加斤两，便告慰自己可能是手臂摇麻了。收绳提桶一看，却只有桶底一点点晕死金鱼的水，不禁叹然。

这时候一个农夫模样的中年人挑着水桶过来打水，放下扁担和

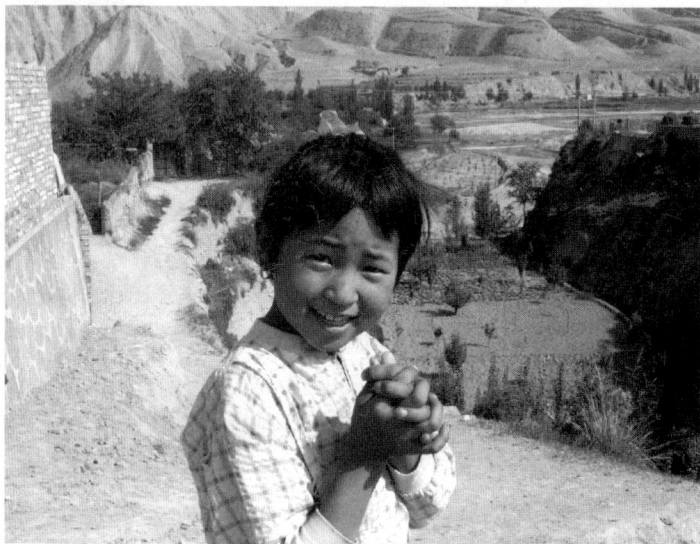

西海固小丫的灿烂笑容

水桶诧异地看着提着几乎是空桶的我，我忙让贤道："你先来打吧。"

他朝我憨笑着点头，抢起一个水桶，我忙准备偷师学艺，只见他抽好绳子，把桶口倒扣在井口，用大拇指和食指紧紧夹住铁桶底部边缘，其他三个指头缠绕住绳子，小心地把提桶的手连桶伸入井内上方，突然一放手，桶便口朝下的"咣当"一声钝响下去了，窖底"扑"的一声沉闷响声传来。他听完响声也没有摇晃绳子，便悠然收绳提桶，我羡慕地看他稳稳地把满满一桶水放在一边，又继续打另外一桶。

待他打满水走后，我忙趁着新鲜的记忆照葫芦画瓢，也用同样方法打水，果然收获了沉甸甸的一桶。沈潇早已等得不耐烦，从远处赶来支援。我拎着满盈一桶志得意满地向他走去，声称已学会打水绝技。

沈潇手上早就握着一个杯子，嘴里嚷道："渴死我了！从固原出发之后再没有进水过！"说罢舀起一杯就往喉咙里灌。

"啊呸!"仿佛我手里提的是一桶硫酸,沈潇喝完又喷又叫又跳,"咸的! 涩的! 苦的!"

我瞧着他那样子,哈哈大笑。来之前早就听闻西海固的水是苦水,没有想到这么快就领教了,我也用手指蘸了蘸,舔了一口,果然苦咸味很重。过去在厦大白城海滩游泳,不小心呛到海水时的味道,没有想到今天在西海固有机会回味了,只是这里的水比海水多裹了一层泥腥味。

"还好,不影响洗刷屋子啊。"我笑道,"呵呵,你有幸成为厦门大学历史上来西安乡尝此水第一人啊!"

"呸! 呸!"沈潇不住地吐口水,试图把那股味道清除干净,突然理科生的脑袋又突发奇想,"这水分子式应该是 H_2O 吧,会不会含有某种重金属物质,金? 银?"

我仔细一看,桶底已经沉淀了一层白色物质,便打趣道:"嗯,嗯,说不定是白金呐!"

我俩笑骂着又提了几桶水,把房间粗略设计了一下,便开始又擦又抹又刷又扫。地上灰尘轻舞飞扬,墙上碎土天女散花,一点点肉汁般的水根本镇不住,只是像撒哈拉下了场小雨,被墙很快贪婪地吮吸干净,不一会儿小小的房间里面起了沙尘暴,能见度极低,屋内咳嗽之声此起彼伏,我和沈潇只能像消防队员救火一般,冲进屋子捂着嘴鼻猛刷几下,等到实在忍耐不住,又昏头昏脑跑到屋外拼命大口吸气,时不时地还撞在一起,或者把垂垂老矣的破门碰得更加惨不忍睹。

打扫洗刷了一个早上的屋子,虽然房间那块地上因为原来堆放过水泥,仍然尘土积淀,但其他地方总算是井井有条了。我正要瘫倒休息,沈潇又抱来一叠报纸,拖我起来一起糊墙。不趁机维护胜利果实,墙上的土很快又会卷土重来,洒落到地面和我们的被子上。

我一看其中居然还有当地的《中卫日报》创刊号,2004 年的,忍不住把它捡了出来。我们尽量把有自己感兴趣内容的报纸糊在靠床头

把梦留住

的墙面上,我找了张有许多当地照片的报纸,回头再看沈潇,正在聚精会神地贴一张标题为"关注西海固生态环境恢复"的报纸,床头糊的是一大篇介绍宁夏盐池羊肉的,我暗笑真个"事业生活两不误"。

中午,又塞了几块饼干后,我们都很快累得呼呼入睡,醒来已经是傍晚时分。我俩上了西安街道,好不容易找了家小店,激动之余却发现该店食谱上仅有面片凉皮,只好叫了两碗面片。因为口渴得厉害,趁着老板娘往锅里下面的工夫,我跑出去找点水喝。

学校附近有家叫"西安大拇指超市"的商店,说是超市,可能是我见过最微型的,光线昏暗让我想起了港片里面的地下毒品交易市场。店主也长得很袖珍,很像《无间道》里面瘦削版的黑帮老大韩琛,不过热情不亚于大卖场的导购员。我仔细一看,里面的货品规模和种类更是有愧于超市称号,仅几袋瓜子花生,十几纸盒叫不上名字的食品,不过看起来都像是名牌的表兄弟,我拿起一包"啃得鸡"仔细一看,原来是油炸面块。边上一箱叫"德夫"的巧克力很惹眼,包装也花了制造者不少心思,外观金碧辉煌,不过经我只轻轻一捏便如武侠片里中了隔山打牛的招数,粉身碎骨了,我忙趁老板不注意放了回去。我不敢再把眼光逗留于食物,扫了几眼日用品,发现居然还有浙江老家生产的"雕"牌洗衣粉,不禁有点亲切感和得意,拿起来仔细端详,居然发现此"雕"非雕,乃"周住"二字挤压而成,此二字仿佛两个瘦子背靠背正朝我挤眉弄眼,真是叹服仿冒者匠心独具,中华文化博大精深,假使有假冒商品展览,它一定入选创意奖。再仔细一看生产日期,已经是上个世纪的遗物,估计它在海原这个缺水的地方也是郁郁不得志,白白浪费了把他设计制造出来的人的苦心。找了半天水,还是没有发现,只得向老板咨询,老板一听到买矿泉水的,仿佛八百年没有听过这个词汇没有做过这个买卖了,半晌才回忆起来:"矿泉水,哦,有的有的,你等等。"他从地上搬出一箱挪到有亮光的地方,用嘴吹吹箱子表面灰尘,怎奈积重难去,他麻利地扯下肚子前方一块衣角狠狠抹了一把,终于见到商标庐山真面目,我忙一定睛,上面写的是

"娃哈哈"，又是一个老乡，我再认真确认，仍然没有变成"蛙哈哈"或者"娃蛤蛤"之类的字体，方才放心，说实话，逛了一会该超市，大开眼界了。

我之前路过陕西西安市时买过娃哈哈的矿泉水，从箱子里面拿出的包装也是似曾相识，颇有点他乡遇故知的感觉，加上口渴难挨，忙付钱捧了四瓶匆忙赶回那家面食店。沈潇一见四瓶水，眼睛都发绿了，忙夺水咚咚咚往喉咙里倒，我也举瓶狂饮。

撑了一肚子的水，嘴唇渐渐湿润起来，我一看时间已经过了半个小时，老板娘仍然藏在深闺，忍不住跑到厨房催促："面快好了吗？"

老板娘憨憨地朝我一笑："快了快了，已经和好面了，就下锅了。"

我脑子"嗡"地一下，着实被她的效率震住了，苦笑着说："请您老快点，我刚才还以为你去种麦子去了。"

"麦子？有啊？怎么了？"老板娘兴奋地直起腰板，边擦手边殷勤地问："要做什么吃？"

我忙摆手落荒而逃，看到沈潇一脸深沉地在寻味着什么。

"都饿成这样了，装什么深沉啊你？"我悻悻道。

"嗯，不对啊，喝了这水，我怎么感觉喉咙刺刺的。"他还是歪着脖子在思量，"肚子也难受。"

我拿过水炫耀道："这是我在那家店找到最正宗的，看清楚，娃哈哈，生产日期什么的都有啊。"

"咳，我们吃过假冒的苦还少？！还记得在郑州买的牙膏吗？挤出来的都如豆腐渣啊，以后买东西可真要小心点。我就是感觉喝了感觉怪怪的。"他高捧瓶子端详，"清—纯—年—代，好像有点不对啊，我们在西安也买这个娃哈哈，是叫'纯清年代'吗？"

"哇！"我们异口同声叫道，"是'纯清年代'！"吓得隔壁厨房老板娘直往这边探头。

我拿起剩下的水想找"超市"老板评理，沈潇摇手说："罢了，罢了，估计这是乡下最好的水了，总比我们窖里的强，至少没有苦味

道啊。"

我也摇头笑道:"嗯。嘿!真想再去那家超市看看,整个店到底有没有一件真货。"

又翘首期待了十几分钟,脖子都挺疼了,老板娘终于笑盈盈地把两碗面片捧了上来。清水煮扯面片,上边浇了几根菜茎,我有点神经质地反应了一下:"这个菜应该是真的吧?"

沈潇已经在埋头大吃了,边吃边嘟哝:"既来之,则吃之,快吃快吃,我们很快要在这里变成一对成熟的男人……"他倒记得格莱塞《麦田里的守望者》的典故:一个不成熟的男人是为了一件高尚的事情悲壮地死去,一个成熟的男人是为了一件高尚的事情苟且偷生。

三分钟后,我们结束战斗,结账回学校。临走时候老板娘还问我们要不要买麦子。

回到宿舍,虽然已经是晚上近八点了,天色还没有完全暗下来,整个学校静悄悄的,或者说,整个世界安静得只剩下我们两个人,两张床,两副桌椅,一个铁水桶。

折腾了一天,虽然肌肉有点酸痛,我的精神却异常兴奋,几乎有点亢奋,不知道是不是因为呼吸了高原格外清新的空气。我们彼此都只有老家的手机卡,漫游费着实昂贵,舍不得打电话,便靠在床上发短信,没有想到手机信号也和我们过不去,我们互相以听到对方手机短信发送失败的声音为快感。门被风吹开,我起身去关门,突然一种神奇的画面让我惊异地张大眼睛:是漫天的星星。

从来没有看到过这么繁多、这么明亮、这么清澈的星星!或者说,眼前这么美丽的画面,如此漫天星斗晶莹闪耀的情景,一直以来,我都以为只是电影电视特效的结果。这一次,站在大地上,却仿佛能伸手碰触这些闪亮的精灵,仿佛能用嘴唇轻吻这些璀璨的宝石。李白说"危楼高百尺,手可摘星辰",在这海拔近三千米的西海固高原上,我能感受到千年前他的那份激动和不可自持。星空犹如一个嵌着无数钻石的大帽子覆在我的头顶,我很想跳一跳去够那些流光溢

彩,又害怕这一切只是梦境,呆呆地仰望着,耳边又想起了理查德·克莱德曼的钢琴曲《星空》的旋律。今天,在这样的夜空中,连如钩的月亮也心甘情愿地徜徉在星海里,做一枚普通的缀饰。

不过我倒没有"不敢高声语,恐惊天上人"的忧虑,愣了一会儿就大叫:"沈潇,快来快来看,星星!"

没有回答,我回头一看,他用青年志愿者的蓝色帽子遮着脸,早就睡着了。我想他以后应该还有很多机会,来欣赏老天赐予他的这份礼物,便止声作罢,生怕吓着了漫天的精灵破坏这幽静的意境。有时候好东西也是舍不得多看的,唯恐看久了破坏这份完美,我呆呆仰面凝视一会,也回屋睡觉了。

接下来几天,都是在熟悉周围环境和不断熟练打水技巧的时光中度过的。高老师不时让杏儿送来大花卷和扯面条给我们吃,我们着实过意不去,又没有什么东西好致谢的,只能塞给杏儿随身带来的一包紫菜干交给他妈做汤,没有想到此举一出犹如火上浇油,高老师一家越发周济得频繁了,从此水果、主食不断,我俩只得涎着脸皮享用他们善意的独裁。食道是不再常常受委屈,但是待遇提高的也仅限于消化系统的上半截,下半截的肠胃老是和当地的水过不去,老是与喝下的盐碱水激烈地进行内部斗争,并直接造成了消化系统不分青红皂白把体内物质一股脑统统排除。我和沈潇经常戏剧性地在旱厕邂逅,每次我或者他匆匆奔进去,大都会看到一张正龇牙咧嘴的脸对自己示意,便在彼此临近的位子蹲下,客观地形成了同舟共济的场景。都说水是"生命之源",此时已成为了"生病之源",每次腹痛难挨的时候,感觉无数扫帚在肚子里搅动,我们便在旱厕里努力抬起头,望着天上的飞翔的鸟,漫飘的云,身体尤其是腹部慢慢地开始虚脱、轻盈,沈潇一脸悲怆对我说:"这一刻,我仿佛飞了起来。"

中学时候有段时间我酷爱剪报,曾经在报纸中缝看到过一条文摘,标题大约是"绝食疗法有奇效",依稀记得《红楼梦》里面也有类似记载,或许因为这种事情被这么宣扬好像就变得既健康又高雅了,我

把梦留住

又是个爱附庸风雅的人，所以一直对此文记忆深刻。或许正是因为这一次又一次坚决彻底的类似绝食式的排泄，一周多过后，我们仍然活蹦乱跳地活着，身体虽然消瘦，精神却是矍铄了许多，肠胃在经受当地水土不断的软硬兼施之后也成功完成了本土化，更加神奇的是，就像武侠小说里面主人公经历了磨难都会获得奇异的功夫一样，从此以后我和沈潇都有了食量如猪的神功，不管面片面条面块面坨坨面揪揪一股脑席卷吞下。

一周以后，学校食堂终于在我们望眼欲穿的期待中开张了。管理食堂的是一名中年老师，姓高名虎，长得人如其名，虎眼虎背虎声音。具体承包开伙的是两位大婶，慈眉善目的让人很容易联想臆断她们应该有好手艺。离九月的前两天，我和沈潇在伙食本子上了登了名字，一到下午吃饭时间，便兴冲冲跑到教师灶旁。

高虎老师看到我们，粗着喉咙用方言朝烧饭大婶嚷："今个以后加两人份，厦门来这里支教的，这个野男老师，这个是塞枭老师。"我和沈潇听了大惊，忙四下寻找另外哪里还有两个厦门支教老师。

宁夏海原的方言基本上属于北方语系，和普通话的腔调大致类似，不过吐字发音却是大相径庭，往往听起来铿锵起伏，仿佛鼻子和喉咙都要多出一份力气才能读字，下颚的运动量也急剧增加，却又没有太明显的后鼻音，他们的发音系统着实让人费解，初到海原，如果不是竖着耳朵认真听，很容易把意思听拧了。我们听到自己心爱的名字被他的方言翻译成这样，面面相觑，还是冲大家略带尴尬地笑了笑。灶边已经聚了不少嗷嗷待哺的老师，好几个人都端着海碗捏着筷子伸着脖子张望着，听到张老师这么一吼，都冲我们呵呵地乐着。这个时候，一位眉清目秀的年轻老师走进来，个子不是很高，在这么多人里却算得上长得格外精神，一身牛仔衣裤也很是醒目，他满脸的滑稽表情却把那几许英气吹尽，边钻边嚷嚷："喂！喂！想死我们食堂啦！哈哈！"

人群中一个老师笑着打趣道："吕泽斌，吃饭少不得你了！想食

堂就干脆改行帮高虎烧柴火啊!"

大家哄然大笑,吕泽斌还是笑脸往前挤着,努力伸手够了一双筷子和一个缺口的碗,用筷子叮叮当当地敲着碗沿摇头晃脑用当地方言调子唱着歌曲:"为什么受饿的总是我……"人群中更加洋溢着欢乐的空气。

烧饭大婶扬了扬锅勺,悠扬地轻唤了一声:"吃咧。"大家蜂拥而上,我和沈潇见状也忙捡了副碗筷,融入人流中。前面的老师很快打好了自己那份,从面前绕到食堂,我很诧异这里的食堂打饭效率倒是很高,回味起初来西安乡时候

食堂的煮面片

张校长带我们吃的那顿粉条,不觉又满口生津。正遐想间,很快轮到了我,我往灶台上扫了一眼,只有一盆饭,一锅煮成浆状的白菜汤。大婶麻利地往我的大碗里面舀了满满一勺饭,又浇了一点白菜汤汁,关切地说:"不够再打点啊。"我赶忙道谢,有点傻愣愣地捧着饭往外走,沈潇朝我手上一看,嘿嘿一笑:"好了,从此开始斋戒生涯了。"

我歪头学着广告语道:"把排毒进行到底!没有荤腥,身体——好健康哦,肠胃——好轻松哦!呵呵,这也属于绝食疗法的后续工作呢。"

把饭端到食堂里,仅有的两张桌子边上已经坐满了人,大家大都手执生青椒或者生大蒜,个个血盆大口都有横扫千军之势力,人人嘴巴嚼得津津有味,我和沈潇也深受感染,仿佛《我的叔叔于勒》里面看

把梦留住

了别人吃牡蛎后也会大长食欲,对于这种食物也就会心存触动和感激。我们看到门外屋檐下蹲了不少老师,便也学了他们原汁原味的姿势,一并蹲在门口大口吃起来,我剥了一颗大蒜放进嘴里下定决心狠狠咬下,口腔有如一股冲天大火燃烧,里面又好像许多汽油桶在爆炸,忙忍泪憋嘴囫囵吞下,没有想到从食道到肠胃一阵熔岩流淌过,哽得说不出话来,眼泪鼻涕已经如泉涌了,忙别过身去以免窘态暴露,强制自己深呼吸。但再吃一口,又是被呛得一阵猛烈咳嗽,涕泪更是奔流不息。几分钟后,这股力道缓缓褪去,腹间却好像被武林高手输送了上乘功力,全身软热洋溢,消化道渐渐由痛苦蜕变成痛快。

边上的解老师凑过来边大嚼米粒边用筷子比画着说:"沈老师,叶老师,你们来这里不习惯吧,呵呵,在老家都吃什么啊?"

"一样大米饭啊。"我擦着涕泪笑着说,"宁夏的米好吃,塞上贡米,全国都有名的啊。"

解老师眯眯笑了笑,连连点头:"那是,那是,至少比我们小时候天天玉米面糊糊强多啦。"

经过最近"绝食疗法"之后,胃口果然见长不少,我和沈潇的进度也不让解老师他们当地老师,加上门口远望,风景开阔明亮,正应了"秀色可餐"的典故。入口的米像掺了不少对面群山的厚重味道,不再仅仅清淡口味,居然还含着几分绵甜,加上大蒜助阵,令人功力倍增,我不知道这是心境错觉还是大米本味,反正吃得喷香,很快筷敲碗底了。张老师过来看了看我们的碗,瞪大眼睛看了看我们,笑道:"不错,胃口好,小伙身体挺棒!"

末了,我满意地抹抹嘴巴,摸摸肚皮低头对它说:"呵呵,学乖了,知道现在没有夜宵了。"

我要飞得更高飞得更高
狂风一样舞蹈挣脱怀抱
我要飞得更高飞得更高
翅膀卷起风暴心升呼啸
一直在飞一直在找
可我发现无法找到
若真想要是一次解放
要先剪碎有过的网
我要的一种生命更加灿烂
我要的一片天空更加蔚蓝
我知道我要的那种幸福
就在那片更高的天空

——《飞得更高》

CHERISHINGOURDREAMS

把梦留住

支 教 记 录 2005—2017

二

回宿舍路上,我们看到学校布告黑板上写着,明天下午三点召开学校的开学前工作会议,安排各位老师新学期工作,不禁喜上眉梢。来西安中学已经一周多了,还没有能登上讲台,痛痛快快好好给学生们上课,已经等得我们心里直发痒,加上最近得知在其他学校的队员已经一个接一个地开始被安排授课,我和沈潇更是有点坐立不安了,和大家发短信也软气了几分。最近我们向学校询问了几次,都被客气地推辞,只说是"开学以后安排"。

学校建于 20 世纪 50 年代的危房刚刚拆除,急需的学生宿舍一直在赶工期,虽然只是盖几间不起眼的砖土平房,已经耗尽了学校上上下下的心血。眼看着完工遥遥无期,九月已经迫近,开学日期却只能往后一推再推,我和沈潇恨不得也去多搬几块砖头,加快完工。现在看到即将开始要施展拳脚了,好像已经在深山修炼了许多年的武士,看到了国家的征兵令,迫不及待要跑出来现一下自己的功力了。

第二天下午两点半,我和沈潇便已经在要召开会议的教室门口晃悠了,互相猜着对方要教授的课程,沈潇心仪生物,我则钟情历史,不过分到什么课程倒是其次的,只要一想到能给学生讲课,我们便都有合不拢嘴巴的神态。

陆续有些老师进了教室,我们也在教室里面挑了个靠墙的位置坐下,讲台上摆着三张凳子,三位校长也依次坐定,刚刚临近开学,大家都比较兴奋,热烈的用方言攀谈逗趣,我和沈潇虽然暂时只能听懂一些零碎言辞,倒也被老师们脸上的乐呵劲头所打动。王校长看了看表,又往门外望了望,宣布会议开始。

王校长先和大家寒暄了几句,又介绍了新来学校的我和沈潇,掌

声几乎盖住了我们简短的自我介绍,更是让我们脑子有点飘忽。接下来王校长把新学期的工作大致作了介绍,我和沈潇竖直耳朵聆听,连眼睛也瞪得灯泡大,仿佛王校长随时有可能转用手语来宣布各班任课老师。但是会议接近尾声,始终没有接收到关于课程安排的消息。末了,他拿起一张名单,清了清嗓子说:"接下来,我给大家读读这个本学期的,这个每个老师的课程安排啊。"沈潇听了条件反射般用大肘子捅了一下我的小腹,那个下手重的! 要不是这个时候幸福激动着,我肯定和他急上了。

王校长一字一顿地报着各个老师的课程安排,此时我觉得要是西安乡有电视台,他准够资格去当"西安乡新闻联播"的播音员。但是正如即使是中央电视台的"新闻联播"也不全都是人们希望听到的好消息,等到王校长一鼓作气说完,干咳一声作为结束语时,我和沈潇的耳朵挺到僵硬,还是没有听到我们的名字,连高虎老师那种怪异的"野男""塞枭"的音调也觅不着踪影,我的心又像沙漠里面看到海市蜃楼最终什么都没有扑腾到一样,只能拼命回忆刚刚在耳畔掠过去的声波,却什么也没有滤到。

会后,老师们还是一窝蜂聚在一起聊天,三位校长行色匆匆,我知道他们肯定又是奔到学生宿舍工地上去了,听说他们已经在那里蹲了一暑假。明天即将开学,现在那些小平房还没有开始铺瓦,也真够他们心急火燎的了,三人的黑眼圈也是一个比一个的大。

我们两人垂着脑袋回了宿舍。晚上的伙食还是大米饭浇白菜汤,我们的状态已经不复昨日之勇。此时我们的心突然老成失落如耄耋老人的一般,饭量自然也是大跌,都囫囵对付了几口就回宿舍了。

第二天一早教务处就在学校广播上说请任课老师去领备课本和墨水,我和沈潇互相对视,他的眼神似乎无力地说:"我们是老师吗?"我努力避开这种折射自己内心的目光,看着窗外许多老师捧着学校新发的备课本谈笑风生地走过。突然,同我们心情一样糟糕的破门

把梦留住

被推开了，一看，是王校长。

我心里马上又像有一张小嘴咧开笑颜，忙请王校长坐在床边，王校长的黑眼圈比昨天又大好了许多，他一边用手搓着固结在手掌上的泥土，一边笑着说："叶老师，沈老师，现在都还习惯吧？生活上有没有什么不方便的地方，尽管和我们讲啊。"

我们忙说一切都好，一边礼节性地微笑着，眼巴巴地盼着他的下文里面能出现"上课"二字，心里的那张小嘴几乎都挂着口水。

王校长又拿出香烟问我们抽不，我们笑着忙摆手不要，他低头嘿嘿笑了一番，抬头说："呵呵，按理说这个坏习惯是不能传染给你们的，唉，没有办法，我这么多年了，难戒了——事情又多，犯愁了就想来几根。嗯，最近开学事情太多了，肯定有照顾不好你们的，要直说啊，呵呵，要直说。"

我和沈潇互相看了看，我心里的那张小嘴也狠狠咬了咬牙，又一次往事重提，如果我没有记错，已经是第四次伸手要课上了："王校长，您看我们的课程……"

"哦！"王校长一拍大腿，好像回忆起了遗失很久的银行密码，又重重地把手摁在大腿上说，"最近忙的——，呵呵，一定安排了。唉，不过，今年调来的老师多啊，呵呵，那话怎么说的，僧多粥少，呵呵，不知道比喻正确不，课程的确不好排，我让教务处尽量安排吧。"

"嗯，谢谢王校长了！"我们尽量用重点语气动作拼命提示王校长，心里的那张小嘴早已经撅得成了结，王校长似乎也是心事重重，又狠狠吸了口烟，说："是这样的，小叶小沈啊，今年我们学校危房已经不能用了，新房子又赶不到开学之前盖好，眼看学生就要来了，我们这里学生都是来自五乡八村的，唉，住校的有好几百号人，可眼下没有地方给他们搬进来，我和学校领导班子合计了一下，没有办法了，只能把所有老师的宿舍先腾出来，让学生先住，否则误了开学时间就不好啊，呵呵，你们刚搬到这里住，本来应该是……唉，不过现在住宿实在紧张，这么一间小屋要住好几十学生了，先对付过去，嗯，你

们看,嗯,能不能先暂时搬到教学楼的一间教室里面住一段时间?嗯,估计最迟十月就能搬下来?呵呵,嗯,你们看,行不?"

"嗯,好啊!没有关系的,我们什么时候搬?"我和沈潇回答道。说实话,我们刚刚和这个小屋培养了一点革命情感。洗刷了一天的劳动果实,很快就要和它告别了,心中有点不舍。

他似乎没有料想到我们的回答简洁快速,连黑眼圈都泛出了神采,把烟头往地上一扔:"好!好!那你们下午先搬上去吧,一会儿我让黄保管来找你们,给拿钥匙!"

我们送王校长出了门,不一会又有人推门进来,其实此门一大好处就是进来不必先敲门,至少男同胞在门口就可以通过大小窟窿看到我和沈潇的一举一动。我们抬头一看,一位胡子拉碴的中年男子站在门口,一副拉长版的国字脸上凝着严肃的表情,身上的旧西服已经磨损得厉害,脚上的白色回力鞋在从头到腿的灰黑色中显得很晃眼。我猜应该是王校长所说的黄保管,他已经面无表情地开口了:"你们两个是新来的支教老师吧,我把楼上教室钥匙给你们,一人一把。"

我们接过钥匙,刚要道谢,他一个标准的向后转姿势,扭头走人了。我冲沈潇耸耸肩:"这人好像挺奇怪的啊。"

"嗯,可能最近在盖房子,保管员自然日理万机了。"沈潇道,"唉,干活吧,早点搬完晚上早点消停,睡觉!"

隔壁解老师和高老师已经开始搬家了,门口停了好几辆手拉车,解老师托了亲戚关系,在学校门口租了一间屋子,高老师一家四口,学校照顾安排了一间十几平方米的小土房安身,不必搬到三楼教室,刚刚熟悉了的邻居都搬走了,我们也想早点躲进新窝。幸好随身财产不多,行李也是寥寥,忙乎了几个小时,解老师和高老师也添了不少手,我们几个人如蚂蚁搬家,又把东西扛到了三楼。

新家几十天前还是教室,因为今年许多高中老师调到县城,学校办不成高中部,原来的高中教室也因此闲置。我听一个当地教育局

把梦留住

的工作人员说,海原当地经常是小学老师教书教得顺手了,就被调到初中任教,初中教师刚刚熟悉了教材有点心得,便又升格为高中教师,而正规的职业培训根本就是奢望,仿佛老师也如学生一样慢慢升级,更有夸张的老师升级比学生升学还快——没有办法,师资奇缺!海原教育资源出现的大口子,就这般挖东墙补西墙地循环着,加上来自国家和自治区十来支支教队伍和各式各样的代课老师,苦苦支撑着这里的教育事业。

墙上还残留着学生的板报,黑板上有深浅不一的粉笔字迹,地方也的确宽敞,只不过头顶的日光灯已经多盏罢工,整个空间略显昏暗,窗户是早期的格子窗,玻璃是用小木棍匦着嵌进窗沟的,并不能如铝合金窗般严密,甚至连纸糊窗的遮拦程度也不及,仿佛八旬老汉的身子骨,在风中瑟瑟发抖,漏进来许多股风。我和沈潇铺好床位,已经是晚上八点多,暮色苍凉,周围比原先的平房显得更加寂静,沈潇忽然从床上坐起来嚷道:"糟糕,以后晚上要解决内部矛盾,岂不是还要摸黑下楼翻山越岭找厕所?!"

我也回过神来道:"嗯,呵呵,更要命的是提水,要从老远的水窖提到三楼,哦,对了,我们以后往哪里倒水啊?楼下都是学生教室和走廊。"

"哇!我又发现了一个大福利!"沈潇苦着脸叫道,"看到没有?!全校唯一的电铃就在我脑门上哦!"随着他手所指处看,我果然发现闹铃设在离他床头一米开外的上方,不禁无力地笑道:"真好,以后有了这个免费闹钟,包准上课不迟到!——唉,我们,又没有课上唉。"说罢,自己先黯淡下来。

"没有想到自己有机会睡在教室里面,要是读书时代,功课一定第一了!这架势,和头悬梁有得一拼。"沈潇自嘲道,"有没有体内急需啊?走吧,一起下楼排空好睡觉。"

我点头套上鞋子和他一起出了门,此时门外已经是凉风习习,颇有点袭人寒意,忙又回身披了件衣服,沈潇轻声唤我道:"哎,你看,我

们隔壁教室也有老师睡哦,新邻居啊。"

我扭头一看,旁边教室果然也亮着灯光,忍不住伸长脖子往里面瞟几眼,只见里面已经横七竖八摆了好多桌子,每两张桌子拼凑成一张临时的床,上面大都摊了一层陈旧发黑的毯子,大约有十多副这样的临时床铺,由于桌子互相高低不平,他们的"床"也是凹凸起伏;有好几块窗户玻璃已经不知去向,临时由塑料纸扛着,凉风进出更是肆无忌惮。有几个老师已经在上面酣然入眠了,可能由于风太大,个个抱头而眠,身体随着仄出的"床"摆出许多让人看着都很别扭的姿势,鼻息鼾声此起彼伏,隔着玻璃窗都听得清楚,有几位还在昏黄的灯光下用手撑着身子趴在"床"上看书,聊天,打蚊子,磨脚皮,谈笑风生。如此嘈杂昏暗的场景,让我第一时间脑海中闪过电视画面里的伊拉克或者非洲难民营的场面,或许城市里许多民工的简易窝棚至少还有铁架床。可能他们不懂所谓"人权",他们也不会说什么"权利",他们只知道明天就要开学给学生讲课了,今天要早点睡觉养精神,仅此而已。此时,他们安之若素的自得其乐让我更加酸楚,相对于他们的栖息之所,我和沈潇已经如住总统套房。

上完厕所又复回教室,也即我现在宿舍的时候,隔壁的灯已经灭了。我和沈潇也禁不住倦意的呼唤,上床关灯,此时门外风比刚才刮得更大了,垂暮的窗户哆嗦得更厉害了,我在黑暗中辗转反侧,到下半夜才入睡。

昨天搬家忙乎了一天,我和沈潇都很自觉地补眠到八点多。醒来时候发现自己躺在空旷的教室里面还真有点恍如梦中,再用迷糊的大脑回忆一下才确定已经是现实时刻。洗漱过后我们商量着是否要和学校使用牛皮糖战术,再主动申请一下课程。正研究得热火朝天的时候,虚掩的门被推开,我们回头一看,是王校长,他满面笑容地对我们说:"来,给你们介绍一个新成员!"他身后跟着一个个子不高的年轻人,肉鼓鼓的身材让我第一感觉是一根大号的弹簧向我走来,浑身带着年轻的弹力,福相的脸堆着丰厚的微笑,一框斯文的眼镜后

面是眯眯笑眼，双手都拎着提包。我们忙上去帮忙提包握手，我俩先自我介绍后，王校长也看着我们三人说："这位姜老师，是厦门翔同一中来我们学校支教的老师，你们是老乡，以后你们三个人一起住吧。"

姜老师教的是英语，据说高分过的专业八级，让我和沈潇艳羡不已，说话也带着常年练习外语染上的卷舌，交混着闽南话的腔调，开口有歌唱的功能，掩不住汉英闽三音杂交产生的滑稽效果："哦，你们好哇，我叫姜福，你们先来的两个算是地头蛇喽，呵呵，以后要请多关照哦。"

我们和他寒暄了几句，又和王校长攀谈了一会，终于还是把话憋了回去。王校长先让人搬来一张床和一副桌椅，又让几位老师搬来了两台电脑，说："这是以前我们学校争取到的一个项目用的电脑，现在有些闲置，先给你们用啦，呵呵，有其他困难要及时和我说，嗯，姜老师，啊？"我们忙感谢了一番，王校长笑着摇头表示满意。

我看了一眼那两台电脑，十五寸的凸面显示器，其他硬件配置看不出来，表面稍微蒙尘，估计是久未出来走动，不过总算是把我们的生活水平提高到了信息时代，哦，不，计算机时代。王校长近日忙得很，行色匆匆又赶回工地，我看到姜老师随身带的食品，饮用水都是厦门产的，估计他是坐飞机过来的，倒是好久没有看见那么多厦门制造的东西，备感亲切。

沈潇和姜福聊了一会，发现他随身带了许多英语教参，便忍不住问："学校有没有给你安排课程啊？"满以为回答是"哪有那么快，我才刚来啊"，顺便新拉一个请战盟友入伙，不料姜福脱口而出："王校长说了，明天就开始带初二(五)班英语。"我俩又是失望又是郁闷。

姜福没有发现挂在我们脸上的忧郁可以刮下斤把来，仍然指着桌子上新叠上去的教参说："我原以为是教高中的，咳，我在厦门就教高中，害我带了一堆高中的教学参考，这不，来这里还得白手起家，晚上就得备课，嘿嘿，不过我备课向来手快。"

我怕他提起我们在学校做何高干，忙说："快吃饭了，收拾一下我

带你去下食堂。"

我们一下楼，忽然发现楼下已经来了许多今天来报名的学生，大约都是十岁出头光景的孩子。许多人都是吃力地扛着笨重的大木箱或是大麻袋，靠近楼梯角那个学生，使劲拖着一个大麻袋包裹，不知道已经拖了多久，干瘦羸弱得如一把芦苇，头发乱蓬蓬得正如芦苇枝头的鸟窝，脸上早已被汗水渍成黑一道青一道，只剩下眼仁泛着一点楚楚的光，小臂上也被勒得红痕累累，以前我只能在看蚂蚁搬家的时候，才看到如此不成比例的以小拖大，可是他是人——还只是个孩子！如果生在都市，或许此时还在父母怀里撒娇，此时却不知道为何没有家长陪同——或许我这种疑问在这里是可笑的，因为我环顾了一下四周，像这样的情景并不少见，他们都坚定而又若无其事地努力向前拧着身子，正如伏尔加河上纤夫的姿势；有家长陪同的学生是寥寥无几，大部分孩子都弯腰埋头忙着把各自的行李搬进昨天刚刚清空的教师宿舍——也就是新的学生宿舍，少数能有自行车推着载货的孩子脸上洋溢着得意的微笑，其他男生或者女生大都用瘦小的身躯使着浑身的力气把他们在学校的家当——被子、褥子、箱子和一些奇怪的用具，诸如小汽油桶、装化肥用过的编织袋等弄到宿舍里面。在拥挤的宿舍里面，不到一个平方米的地盘可能就是他们中两个人未来的家，先搬进去的胜利者满意地安顿好自己的物品，后到的学生没有办法放东西，哀求、商量和吵骂充满了宿舍，几个老师忙着走来走去，协调，呵斥，然而正如一个篮子里无法放下一车的水果一样，窄小阴暗的房间里面即便再严密地运用立体几何的原理，也没有办法容纳更多东西了。

在我的正对面，是一个黑瘦的孩子，低垂着头和一个苍老的男人说着什么。那个男人背驼着，不住地用手搓着大腿，过了一会，他伸手从口袋里面摸了很久，摸索的时候剧烈咳嗽，几乎抖落身上的单衣。他慢慢掏出一个油纸布包，可能是被抚摸太多次了，布包已经黑兮兮几乎发亮。他一层一层地揭开布和纸，最终露出更加乌黑发亮

西海固少年之烦恼

的一叠皱巴巴的钞票,用唾沫沾着手指认真仔细地点出几张,嘴巴无力地动了一下。孩子没有伸手,仿佛拿了那钱就会失去这宝贵的就读机会,或者自己用了那钱,家里的梁柱从此就要坍塌。老男人轻轻叹了口气,把钱塞到孩子手里。我看着这一切,仿佛在看着一场庄严隆重的仪式。

这孩子边走边回头看看向校门口慢慢离去的父亲。他在注册点写下自己名字的时候,我站在他身后,看了一眼。

他用正楷写下自己的名字:霍有季。

教室外站着更多的孩子,看来他们已经把东西放置停当了,就或站或蹲地排列在那里,脸上透着疲惫的神态,有的兴奋地透着玻璃朝教室里面张望,有的愁苦地坐在墙根下默默不语,有的在操场上来回走着若有所思,有的拿出生硬的干馍就着窖水幸福地啃着,大家脸上都刻着与实际年龄不相称的沉重和疲倦,以及满足感。

　　我们也迷失在这阵势里，走了很久才到了食堂。中午照例是大米饭浇白菜汤，我们都吃得格外认真，吃了一碗走出食堂后，学生们已经基本安顿好了，三个一群五个一串地在学校里面嬉戏玩闹，欢声笑语也多了起来，学校也突然像吐出鲜绿新芽的枯木一样，猛地充满了生气，土黄色的大背景下添了许多跳动的色彩，让我一瞬间想起这才是真正属于他们的花季，与刚才的情景相比，无论这是否是短暂还是表面，都让人有点眼泪充盈般的赞叹和感动。

　　下午我和沈潇陪姜福到学校四周熟悉了一下，姜福是个随性开朗的人，笑语妙言不断，几个小时下来，我们已成莫逆小伙伴。

　　晚上姜福去英语组要教材和备课本，宿舍又复剩下我们两人四只茫然的眼睛，望着空荡荡的教室，我们默默无言，窗外的秋风呼呼拍打着破损的窗纸，胸腔内股股豪情壮志凝结成冰，在地球表面宁夏黄土上某个经纬度的交点上，我们两个坐在那里，感到了孤独的寒意。身边的一切，又回复到初到西安时候的陌生。

　　"给自己个最坏的打算吧。"我苦笑道，"开学第一天，全校老师都在上课，只有我们两个所谓的高才生在修插座洗教室看闲书。"

　　"呵呵，这哪里是最坏的打算，或许今天的情况已经不错了。日子还长着呐！"沈潇瘫在床头，说话有点迷迷糊糊。

　　我不想让自己继续沮丧下去，随手捡了本从厦门带来的书，一看封面写着《教育心理学》，摇头笑了笑，倚靠在铁床架上浏览起来。心里在想其他队友在干什么，可能他们都在灯下努力备课或者批改作业吧。突然许多儿时的歌谣挤进了脑袋，什么"老师窗前有一盆米兰"或者"我爱北京天安门"甚至"烛光里的妈妈"。我暗想自己大脑皮层一定进水了，这些歌曲应是那些漩涡卷起的碎浪。

　　正迷离在睡醒之间，虚掩的门被推开。我们起身一看，是李校长。我们忙请他进来，李校长和王校长家都在县城，不过平日都睡在各自办公室，离我们的教室型宿舍不远。李校长把一旁的椅子拎过来坐定，掏出香烟问我们抽不，沈潇撒眉咬牙拿了根，我也居然接过来点上用力吸

把梦留住

了几口。

客套了几句后，李校长轻叹了一口气，认真地说："最近实在事情太多了，可能有许多安排不好的地方，你们别见怪，有什么难处你们要主动提啊。"

他脸上本来就如刀刻般凝重的五官，此时拧聚的表情更是让人费解，三根香烟的烟雾缭绕在我们之间，在空中画了无数个问号。沈潇狠吸一口烟，说："我们来了这么久，为什么学校没有安排工作？"

"嗯，我知道。"李校长出乎意料地点点头，"我们会尽快安排的。"对于这个回答，我们几乎有点不知所云了，但是看到李校长略带严肃的脸孔和似乎重重的心事，只能点头笑笑。

三人又聊了会各自家乡的风土人情，时间将近九点，李校长回自己办公室休息了，不一会儿姜福兴高采烈地回来，看我和沈潇一脸没有讨回百万债务的表情，也嘟哝几声便开始备课了。

第二天清晨六点多，我刚刚醒来，起身看看沈潇和姜福尚在梦乡，其中一个还均匀有致地奏着鼾声，我正想研究如此雅乐的出处，门外却有人叫："起来了吗？开开门。"

我忙披衣服前去开门，心想才过六点何事如此着急。我揉开惺忪睡眼开门一看，是教务处杨主任，他笑眯眯地说："叶老师，刚起床啊？"

"嗯，呵呵，还有两位还在酣睡哩。"我笑着以最早起床者自居。

"哦，你帮我叫个沈老师起来。"杨主任进门从胸口内掏出一个红皮本子，坐在我递过来的一把椅子上。沈潇从被窝中蠕动了一下，伸出头来："哎，杨老师，早啊。"

"叶老师，沈老师，学校安排个活儿给你们啦。"杨主任打开本子说，"一个去教务处，一个去政教处，你们喜欢去哪里自己商量一下吧。"

一听说有了事情做，沈潇从昏睡中一个鲤鱼打挺立了起来，我也乐不可支地连连点头，我俩马上商量了一下：我去了政教处，沈潇去了教务处。

杨主任在本子上写完后就走了，我和沈潇来不及披好衣服，在宿舍

里面又是击掌称快,又是手舞足蹈,兴奋得一塌糊涂。姜福的欢乐戛然而止,他也从被窝中探出头来:"你们疯了,大清早梦游啊?!"

我俩还是在笑脸盈盈,坐在床沿支起腿谋划宏图,姜福嘟哝着转身继续做春秋大梦。

看时间过了七点,我们俩匆匆穿好衣服,跑到各自办公室去找活干。政教处空间不大,同时也兼备了李校长的卧室的角色——角落里摆着一铺床。李校长见我进来,停下手中的笔道:"小叶,你来啦。呵呵,欢迎来政教处,这事情繁杂,以后你要多辛苦喽。喏,那边是你的办公桌,卓主任和管后勤的李主任也搬来和我们一起办公的。"

我满口称好,又忙问早上有什么事情要做,李校长递烟过来,我忙摆手,他自己点了根烟抽,说:"开学事情是不少啊,而且很杂,你先把我们新生入学的名单整理一下吧。"说罢一叠名单摆在我面前,我点头说好,便开始忙乎起来。

大约一个多星期,都是在整理各种档案中度过的,虽然有点枯燥,但是忙碌中的时间仿佛是由一潭死水变成了勃勃溪流,还是那些水,却焕发了活力,总比清闲时候的时间流得迅速而欢快,而且,渐渐地,李校长开始分配给我一些比打字更有挑战性的任务:起草文件,分析规则,书写计划等等,幸好这几年在《厦大青年》报有时写点东西,笔头不至于十分生疏,写完稿子总是能获得一些称赞。虽然每天透过政教处的窗户看到楼下的学生们在做操晨读时,总是有一种想走近他们的冲动,但我还是留在了办公室,自己也有种直觉的预感,我正在融入西安中学,我总有一天能走上讲台,能和我的学生们一起上课。

一周后,清晨的天尚未亮开,我被窗外猛然大噪的寒风吹醒,睁眼一看原来是窗户玻璃不知昨晚什么时候被吹到地上砸成碎片,冷风便长驱直入从这个大窟窿灌了进来,我的床正对着窟窿,脑袋首当其冲被吹得发胀。我正寻思着屋里有什么可以堵窟窿挡风,门外传来一阵急促的敲门声,沈潇和姜福纷纷探头迷离地看着我。我郁闷着自己离门最近,披衣下床开门一看,居然又是杨主任,还是如上次一般拿着那个

把梦留住

在《厦大青年》的日子

小红本。我忙请他进来，心想他家的鸡是不是内分泌失调，打鸣特别早，不过鉴于他上次晨访解决了我们两个无业游民失业问题，我内心又燃起了期待。杨主任接过我递来的椅子，还是如往常般眯眼笑道："叶老师，沈老师啊，你们是不是现在还没有课上啊？"

"上课?!"我们俩眼前一亮，虽然近日在各自办公室的日子比刚来的无所事事好多了，但是我们还是太渴望能上三尺讲台和学生面对面地交流了。每次看到姜福认真地备课，昂扬地进教室上课，自言自语地批改作业，我俩都在心中暗暗羡慕师范出身的他后来居上，能上一个班级英语。后来向学校申请了几次，回答似乎大都是客气委婉的拖延，让人摸不透也猜不着。支教工作如果只是做些办公室工作而没有走上讲台，我始终觉得是种缺憾，正如中国队进入世界杯却颗粒无收。现在教务处主任和我们提及上课事宜，我和沈潇忙侧耳倾听下文。

"是这么个事儿。"杨主任显然没有注意我们脸上迫切的表情，照例

像平日一般不紧不慢地说，"教体育课的王老师前几天出了车祸，伤得不轻，你看你们两个能代他上一个学期的课吗？"

"体育？"我俩事前怎么也没有想到，自己来西部会执教体育，这个似乎与我们专业和特长相去甚远，而且我们都没有经过系统的体育授课培训，仅有的一点经验就是厦大支教团的几次体育教学培训，没有想到真的用上了，可是心里还是很没有底。我和沈潇面面相觑，又朝杨主任笑了笑，但是心中想上课的念头马上条件反射般地急切催促自己答应，于是我们连连点头："好！好！好！可以啊，我们能行。"

杨主任分配好我们所要教的班级，还认真地让我们在小红本上核实后，满意地笑着走了。

"哦！终于有课上啦！"我和沈潇抑制不住内心的喜悦，踢塔踢塔蹭上鞋子，跳着即兴自创的怪异舞步。姜福惊诧地看着我们两个，耸肩故作深沉状："哎，你们年轻人呐……"

上午去办公室时，我和沈潇各自领了自己的课程表。我仔细一看，下午就有两节课，心想幸好体育课备课还算简单，可惜学校体育器材匮乏，手头上暂时只有一个千疮百孔的篮球，便直奔三楼图书馆找点体育书籍救急。图书馆内的书大多比我年纪大，资格也老，经不起碰抚，否则定脱离书体赖在你手上不走，且空气中弥漫着上个世纪中叶的陈腐味道，鼻子和呼吸道马上进入戒严状态。我搜寻了半天，找到一本已经有五十多岁的《体育课程和体育器材》，如获至宝地开始拜读，可惜里面的内容空泛，找到的体育课教学方法差强人意。又费了不少眼力，终于在新书专架上找到一本 1999 年版的《最新体育教学漫谈》的小册子，虽然也是上个世纪的遗物，内容却十分前卫，教的都是些如何游泳，如何滑冰，如何射击，甚至如何打高尔夫的，我自诩在都市里面混过几年，对里面大多体育器材也是久仰而未谋面，何况乡下中学何来那些器材？只得恨恨地合上书本。

在图书馆十几平方米的空间里面钻了大半个早上，我感觉收获寥寥，能直接仿用的更是凤毛麟角，心想不能这么白来一趟图书馆，临走

把梦留住

时候拣了本《资治通鉴》回宿舍泻火。

吃中饭时候,我看到同样教体育的郭老师在一旁吃饭,便凑过去问:"郭老师,上体育课主要要注意什么?"

郭老师正津津有味地低头吸吞着面条,突然被我这么乏味的问题打断,急匆匆地把悬空的面条用门牙切回碗里,若有所思地回答:"安全。如果你认真教了一辈子,哪怕学生出了一件安全事故,你都不能算是个好体育老师。"

我似懂非懂地点点头,回宿舍想和沈潇交流一下,没有想到此人为了下午精神饱满,十二点刚过就酣然入睡。

我自言自语:"我的处子课还没有备好,咋办?"

姜福在一边轻松地说:"体育课嘛,最简单了,就像放羊,先集中再解散再集中,就完了呗。"

我狠狠瞪了他一眼,又复坐在床边。沈潇那边的瞌睡虫飞来,我也合上眼睛凭桌浅寐。不过一会儿又一个激灵醒过来,看表已经是一点半了,忙又在宿舍里面走来走去搜肠刮肚,沈潇迷糊眼也渐渐睁开,哈欠一连串,说:"你在干吗? 就算老婆要生孩子,也不用这么来回走吧。"

我苦笑道:"唉,要真是老婆要生孩子,倒宽心了,因为她肚子里毕竟有货,可是,咱现在没有准备,没有经验,真比憋个孩子出来还难!"

沈潇摇头道:"不用太完美主义,即使是处子秀,也不必要求太高。"说罢自己也歪头冥想,我终于没有白费脑力和体力的双重动员,踩到了一处灵感,叫了一声"哎! 有啦!"

沈潇犹如瞄到我抓住的那把灵感,眉毛一扬,也笑道:"我也有了!"

美梦中的姜福侧转了一个身子嘟哝道:"什么有了有了,你们都怀上了啊——现在午休时间,睡会,再睡会罢,我早上5点多起床跟读了……"

接下来就是开始给自己上形象工程了。最近由于上了三楼用水不便,我好不容易才找到一套不显脏的衣服换上,为了凸现体育动感,长裤褪成短球裤,再拣了一顶小白球帽带上,终于透出些许要上体育场

的味道,自己拿久违的镜子上下打量,高分通过,美中不足鼻梁上架着眼镜,粗犷色彩冲淡,不过也罢,下巴多日未剃的络腮胡须把流失的分数补上;沈潇咬牙笑道:"你今天够骚!"他自己也搬出了最精良的行头,一袭天蓝色的运动装备外加一双轻易不出脚的黑色篮球鞋,又踌躇着要不要戴上墨镜,不停征求我的意见,我点评道戴墨镜黑道味道过重,不利孩子身心健康,沈潇犹豫,我补充说更要命的是不利学生瞻仰沈老师全貌,他连忙摘下。

时间很快到了两点,我和沈潇兴冲冲分道扬镳而去。我第一节要给六年级二班上课,早上已经找好该班位置,一听到铃声便朝楼下教室冲刺而下。离教室还有十多米时,我突然止步,改用沉稳而略显矫健的步伐走过去,脸上堆砌着镇定的微笑。

教室门口还有几个探头探脑的孩子,看我慢慢走过去,便兴奋地不住窃窃私语,我走近朝他们招招手:"你们是六二班的吗? 走,跟老师到操场上课去!"

那几个孩子一齐"噢!"地叫了一声,争先恐后跑到教室里面呼唤余党:"走哦! 有新老师给我们上课啦! 走喽! 到操场上课喽!"

孩子们闹哄哄地朝教室外跑出来,边跑边好奇地不住回头看我,我琢磨着体育课应该要先兵后礼,先紧后宽,便作威严不可侵犯状,挺着脖子叉着腿大叫:"集合! 排队! 都排队! 从左到右排!"

学生们显然被我过于简明扼要的口令震慑了,乱作一团,男生互相拉扯武斗强占左右,女生叽叽喳喳争吵着顺序,我暗自吸了口气,才发现自己犯了"没有到的请举手"的错误,连忙用更加镇定的声音补充道:"男女各两排,女生在前!"纠纷终于缓和,男女生互相分开,彼此用鄙薄的眼神和轻蔑的口气告诉对方自己刚刚才是正确一方,不过排好的队伍如犬牙交错,高矮不齐,我只恨自己当初体育课和体育培训课走神得厉害,忘记队列口号,咬咬牙又唤了一声:"注意了! 男女同学都听好,高的同学站正对老师的右边,依次排过去!"内心不由泛起对历来教我的许多体育老师的深刻惭愧。六年级是全校最小的年段,争胜好强之

把梦留住

心却不见得发育得迟,两个男生为自己比对方高矮争执不休,仿佛不找出绝对真理就对不起新老师,我忙充当裁判分出高下,被评为矮个的学生嘴巴一鼓一鼓说话,举报对手刚才把脚尖垫高了。

好不容易排好队列,我已经声嘶"喉"竭,比不过个个脸上带着高原红的学生们兴高采烈。生在黄土高原上的他们脸膛都带着黑红的颜色,嘴唇是长年没有浸润充足水分的枯燥,头发也多是黏结在一起,男生尤甚。不过,我从来没有见过如此多双清澈的眼睛,或许老天觉得亏待了西海固的孩子,没有赐予他们更多的雨露,便补偿给他们一双双比其他地方的孩子更加纯净的明眸,仿佛水晶般剔透明亮,让我的心也感到被那种纯真所浸洗。他们大都披着单衣,有的裹着不合身或不合时宜的外套,衣服上面粘着灰色的土垢,脚上多半踩着布鞋。他们脸上闪着或顽皮、或羞涩、或期待、或好奇的目光,看着我,努力站得笔直。

我清了一下嗓子,笑着说:"同学们好! 很高兴能在这个学期带大家的体育课,我姓叶,希望以后课上我们能互相配合沟通,大家身体获得锻炼,学习一些有意义的东西,课后呢,我们可以无拘束地交流,一起做好朋友,好吗?!"

"好!"没有想到我平淡无奇的开场白能获得如此欢欣的回应,我喜出望外。接下来便开始带着学生们跑圈热身,做准备运动,我努力回忆起原来在厦大管理学院足球队上场之前的几个动作,踝关节,弓步压腿,环绕腰,扩胸什么的。学

体育课

生似乎之前没有做过类似活动,新鲜得劲头十足,弓步压腿能把膝盖压得几乎亲吻大地,扩胸扩得几乎肘部在背部相遇,只是许多学生做腰部运动颇有点羞涩,忸忸怩怩,我一一纠正,加以鼓励,让大家互相指正对方错误,以前先贤说过国人"好为人师",这些十多岁的孩子便体现出来了教授他人的极大热情,为了先有教授其他同学的资本,便多认真听我再次讲解,终于大家都做得有点模样,我大声强调不按标准做动作对身体有害无利,加上举了几个夸张反例加以恐吓,学生们也都纷纷注意了规范做动作。

等大家都活动开了,兴奋异常。我中午绞尽脑汁回忆出来在郑州大学培训时候学的一个素质拓展项目,这时就颇有点得意地宣布:"好了! 接下来老师带你们做个素质拓展项目!"

"树枝太窄?"下面许多面孔一脸茫然,莫名其妙。

我忙解释:"哦,嗯,就是游戏啦!"

学生们长长"哦——"了一下,不知道是恍然大悟还是认为我故弄玄虚。我收起素质拓展的冠冕堂皇,继续解释:"这个游戏叫做'勇往直前',规则如下,嗯,大家分为四队,男女各二纵队,一会儿大家提起右脚,让自己身前的队友抬住,单脚集体前进到对面排球网处,首先触到排球网的队胜利! 都听明白了吗?"

"听—清—楚—啦!"学生们已经开始抬脚跃跃欲试了,我作深沉状朝他们双手一压,道:"大家先别急,这里老师要强调几点,一定听清楚了,首先,在行进过程中只要有一名队员右脚着地,全队返回起点重新开始,第二,行进间要注意互相接应,前后一致,注意安全,嗯,第三嘛,呵呵,老师在郑州大学做这个项目,呃,——游戏的时候,当时我们班的四队只有一队,呵呵,也就是老师所在的队伍最终到达了终点,我希望大家比赛时候不要着急,能走到终点就是胜利。"我没有吹牛,当时在郑州全国支教团培训时候,我们班级只有一队走到终点,而且是尝试了好几次,费了九牛二虎的力气,当时参加的可都是自诩年轻聪慧的大学生。我一边说,一边内心紧急盘算着一会大家很可能集体折戟后的

把梦留住

安慰语言——虽败犹荣,再接再厉,重在参与之类的,以免打击士气过重,不利以后课堂气氛。

我看学生们已经各就各位准备停当,环视了一下大家,又看了看五十米开外的终点。学生们早已经等不及了,大声请战,我回头看了看急切的他们,狞笑着把手高举叫道:"预备!开始!"

"一二!一二!"我几乎不敢相信自己的眼睛,学生们马上成了一只只会跳跃的独腿蜈蚣,没有拥挤,没有纷乱,没有凌乱,大家有如在大脑输入了统一的程序一般,蓬蓬蓬地有序推进,左腿也犹如充了满格的电池,不知疲倦的蹦跶着,弹跳着,嘴巴也叫得欢实,要是太空摄像卫星在高空拍照,准会认为海原地表出现了新的大型生物。我忘记了加油了,张着嘴巴直打呵呵:"好……好……真好啊……"

男生第一队率先到达终点,冲着随后马上到达的男生二队耀武扬威,男生二队只差了一两秒,垂头丧气互相埋怨,女生的两队随后也到达,彼此倒是不计先后皆大欢喜。我从发愣中醒来,原来一番抚慰之言只能继续在肚里发酵,连忙跑到终点处整理队列,狠狠地把大家夸了一通。学生们觉得胜利来得过于容易,以为我所教他们的游戏和我在郑州做的所谓"树枝太窄"不是一回事,可能难度有差别,嚷嚷着要用素质拓展的标准再来一次,我心想总不能让你们两只脚都不能着地地向前跳跃吧,阻止了他们的疯狂念头,心里暗暗惊叹。

瞄了一眼时间,还有十来分钟,本来计算好的学生们历尽千辛万苦的费力场面和一番热情洋溢的励志演讲全没有机会出现,空气中出现了几秒中的凝滞,我情急生智,讲了原先给下节课准备的几个和体育有关的小故事,寅吃卯粮,算是额外补充奖励,学生们听得津津有味。故事讲完了,由于学生迅速完成项目而剩下的课堂空间还没有补全,我只得问孩子们:"这是我的第一节课,不知道大家对我还有什么要求吗?"

"老师!你唱一首歌吧!"下面不知道哪个得寸进尺的家伙叫了一声,他估计没有发现叶老师已经虚汗涔涔了,一有人提议,全班孩子都大声起哄嚷着:"叶老师,唱一个!叶老师,唱一个!"

望着这些天真烂漫而生气勃勃的小脸蛋,环顾了一下四周贫瘠黄土的大背景和孩子们,一向被朋友称为公鸭嗓和破锣嗓完美结合的我,脑海里面猛地浮现出一道彩虹,我大声说:"好,那我就献丑了,接下来一点时间,给大家唱一首《飞得更高》,希望大家能体会歌曲本身给我们带来的力量。"我鼓足力气和勇气大声唱道:

> 生命就像是一条大河
> 时而宁静时而疯狂
> 现实就像一把枷锁
> 把我捆住无法挣脱
> 这谜样的生活锋利如刀
> 一次次将我重伤
> 我知道我要的那种幸福
> 就在那更高的天空
> 我要飞得更高飞得更高
> 狂风一样舞蹈挣脱怀抱
> 我要飞得更高飞得更高
> 翅膀卷起风暴心中呼啸
> 一直在飞一直在找
> 可我发现无法找到
> 若真想要是一次解放
> 要先剪碎有过的网
> 我要的一种生命更加灿烂
> 我要的一片天空更加蔚蓝
> 我知道我要的那种幸福
> 就在那片更高的天空

令自己也感到惊奇,我居然不觉得自己唱得如何不堪入耳了,比起以前在卡拉OK胡乱飙歌的张狂和无稽,在辽阔的黄土高原上引吭,更

把梦留住

多了一份铿锵和坦然，自己唱着唱着仿佛像有了可以鼓动双翼的鸟，随着节奏迎着气流拼命地扇着翅膀。孩子们的掌声噼里啪啦让我幸福得无法自抑。或许，就在这一刻，我成了他们认可的老师，完成了和他们内心的一次对话和共鸣。

下课时间也终于赏脸光临了，我暗吁了一口气，总算是没有把处子课上砸了。

下完课后看到沈潇，也是刚刚受惊回来的表情，得知他也是刚刚目睹了他所教的学生们疯狂完成了"勇往直前"的项目，不觉更感到讶

一起高抬腿跳

异。不过，一会儿我们又互相吹嘘攀比自己班级的学生如何勇猛，如何聪明，如何懂得游戏策略。姜福也很感兴趣，只恨里面使用的单词不过"one，two"，否则可以通过英语情景对话来鉴赏。

昨天刚刚上了课，今天就是九月十号教师节了。我窃喜幸好昨天正式讲了两堂课，否则今天周末进城和大家一起过教师节，一定被其他队友消遣取笑。为了庆贺节日，加上已经被动享受了一个月不用洗衣服的福利，我翻箱倒柜搜索件相对意义上比较干净的衣服，最后还是相中出征仪式上那件红色长袖短衫，正合我的心意。套上衣服后，我不由想起了一个多月前从厦大出征的那一刻，那天正好是台风"珊瑚"来袭鹭岛，风雨交加之中，我也是穿着这件红衣背着行囊，和队友们一同登上前往大西北的火车，此刻又披此衣，虽然征袍上当初被淋湿的地方已经干透，心头却又拂不去当时风萧萧雨蒙蒙的情怀。

上了县城,大家互相致以最假惺惺的问候,拼命找出还没有被分配到任务的队友,最后姚克非耷拉着脑袋被揪了出来,大家欢乐地对其进行一番语重心长的鼓励,随后又找了家馆子腐败了一回,算是过了一生中可能唯一一个属于自己的教师节。

趁着在县城的一天,我找了家网吧疯狂下载了许多体育教学的文章,总算是底气充足了不少。接下来的几节体育课不复当初之狼狈,大有倒吃甘蔗之感,更加踌躇满志起来。不过每晚灯下总结,仍然在日记里面写出几点改进之处:

第一,和学生沟通不便。我强烈要求学生用普通话上课发言,学生强烈要求我用当地方言教学,并振振有词曰:这样以后我好不能忘记他们——亏他们想得出,他们不仅嫌我普通话太标准不利于听讲,连我的语速都大为苛刻,太快了!冤枉,我现在一分钟吐不出六十个字符。亏得我还带来点开明主义,一周后让学生向我提意见,否则我还真以为他们异口同声的"听—清—楚—了!"是真的。幸好上课时候形体语言丰富,弥补不足,不过普通话肯定要他们加强了,这点不能退让。

第二,和学生沟通还是不够。上了一周课,连一半学生的名字都没有记住,咳!亏自己是学人力资源管理的,一点专业优势都没有,人家姜福现在已经可以在课堂上随意指点江山了,汗颜!虽然不排除一周一个班级只有两节课的劣势,不过这方面以后明显要上心了。学生上课和课后普遍对叶老师还是有畏惧心理,看来头两节课先兵后礼、先威后恩的战略开始显现副作用,是时候采用怀柔战术了,不能再凶巴巴吝啬微笑了,否则没有等到施恩的战略阶段学生已经退避三舍了,原来那当地老师说的也不全是真理,什么上体育课一定要凶!什么否则乱了套。这一周自己绷着个脸下课都几乎肌肉痉挛了,听说学生中间已经盛传叶老师天生脸部肌肉僵化不会笑的,嗨!看来已经完全没有必要!至少下周开始多笑点。

第三,由于体育器材捉襟见肘,许多项目成了纸上谈兵,看来还是要加强本土化发展和硬件建设相结合了。已经说好和沈潇凑点银子下

把梦留住

周末上县城买个足球什么的,一来开辟学生们又一大体育热点,虽然没有球场,学学颠球传球那块土场还是差强人意的,据杨主任说以前西安中学还代表海原县拿过固原地区足球赛第四名,可惜是上个世纪80年代的事情了,不过仍可见天时地利都不重要,重要的是人心;二来这也算是个人强项,虽然在院队也只能是主力前锋的替补,不过好歹在绿茵场上摸爬滚打了七八年,教起学生来更没有误人子弟的担心,嘿嘿,顺便露几脚以壮自己威势,让学生瞧瞧戴眼镜的体育老师也是有绝活的!最近作为国家三级运动员的沈潇风头出大了,篮球场上的英姿让我看了都有弃足从篮的冲动,买了足球就可以维护我支教队的全能形象。

第四,体育课还是相对轻松的,政教处的工作晚上又没有安排,要蓄谋去坐晚自习,抢夺课外辅导这块巨大的市场,哎,为什么体育老师就不给分晚自习呢。学生曾向我反映,经常有难题不方便找老师解答,呵呵,这不是暗示他们对我的

西安中学最炫游戏:"脚斗士"

水平还是有信心的,再说我对初中各门课程还是熟谙的,具备了这方面充裕的人力资本,满腹经纶不敢妄言,那几瓶墨水总还凑合,不行,一定要厚着脸皮混进学生晚自习教室,或者讨好其他老师分我几个晚上也行,反正这块大饼我是瞄上了盯准了。这个事情和沈潇说,肯定也是一拍即合,他也自诩物理克克非,数学盖维思,没有理科给他上,天天顾影自怜,准是早就憋坏了。

第五,……

　　从晚上七点写到十点,共总结出三大章八单元十五小节,大大过了体育老师没有充分发挥备课职能的瘾,心满意足地又重新从头到尾拜读了一次,由衷地赞赏,不知不觉中就美美地睡着了,最近,因为我有了课可以上,睡眠也香甜了许多。

亲爱的母亲 挚爱的朋友
我会坚定 好好的活
沉默的大地 沉默的天空
红色的血 继续地流
纵然带着永远的伤痛
至少我还拥有自由
飞翔吧 飞在天空
用力吹吧 无情的风
我不会害怕 我无须懦弱
流浪的路我自己走
那是种骄傲 阳光的洒脱
白云从我脚下掠过
干枯的身影 憔悴的面容
挥着的翅膀
不再回头

——《白鸽》

把梦留住

三

思绪又回到几年前的西海固,大风还是常常肆意呜呜地吹着这片广袤的大地,我和沈潇已经渐渐看惯了黄土和沙尘,体育课也渐渐上得得心应手。周一早上。我在政教处写了一段文章,听到下课铃响,突然联想到手机忘记在宿舍,反正十几米的距离,便起身上楼去。我正到了教室门口,一个身材高大,衣着略显邋遢的学生慢步凑上来朝我点头哈腰着笑,我也回敬了一个笑意,他继续跟在我身后,到了宿舍门口,我觉得有点蹊跷,回身问道:"有什么事情吗?"

他搔搔头,又忙点点头说:"您是,是叶老师?"

我边拿钥匙边应了声:"是啊,找我什么事情?"

他嘿嘿自己干笑一声,给自己鼓劲,又发狠憋了一会,猛不丁地吐出一句:"我想拜你们为师!"

"什么?"我以为自己听错了,刚开好了门我来不及拔出钥匙,人被固定在门前,我笑问道:"拜师? 我们? 老师有点不明白了,你不是这个学校的学生吗? 这,这是怎么说啊?"

他憨笑着不语,忽然望墙角那边招了招手,只见又有两个男学生从那里冒了出来,快步跑到我的面前,他把食指用力地擦了擦鼻子,抬头说:"我们几个功课差着哩,白天的课老是听不懂,晚上,想问一些问题,许多老师又回家了,再说了,也不好意思老问老问的,以后想找你,沈老师和姜老师补课来着,就晚自习之前的时候。"

我哈哈一笑,拍他肩膀道:"这个没有问题啊,你们随时来问都可以啊,不必这样专门来打招呼。对了,你叫什么名字? 哪个班级的?"

他们三个紧张的脸上,散发出有如看到自己彩票突然中奖的欣喜,那个高个男生答道:"我叫张卫财,初二五的。他叫余德旺,他叫石大

魁。我们一个班的。"初二五班的学习成绩一向是年段垫底的,这几个学生名字似曾相识,沈潇和姜福都有二五班的课,好像听说过。

我开了门,正想让他们进来聊聊,上课铃声又响起,他们三个匆匆说了声老师再见,便互相拉扯着飞快地跳着跑了。

刚拿了手机,姜福下课抱着书本回来了,我笑着说:"你教的那个班级学生好精灵,瞄上我和沈潇两个剩余劳动力了,这不,刚才上门拜师来了,说请我们晚自习帮他们补课,不过算他们眼睛毒,看得出来我们憋了一肚子讲解欲哦。"

姜福道:"谁啊?五班的?哎哟,太阳西边出来了,别说,让我猜猜,李文化?马小芹?"

我一一摇头,得意道:"好像你和沈潇都经常提起的,张卫财,余德旺,石大魁!"

姜福嘴巴张成"O"形,歪着脑袋缓不过神来,半晌才说:"不是吧,太阳真的西边出来了,别拦我,让我出门再仔细看看……"说罢做伸脖看日状。

我笑道:"没有错!好像就是你们以前说的五班调皮登峰造极二人组,再加上个上课瞌睡之王——,你所谓什么'觉王',张卫财哦!"

姜福道:"正是该'特困生'!"又摇头道:"赶紧抓住这太阳西边出来的机会,扭转乾坤。他们晚上几点来?"

我敲他脑袋道:"呵呵,看你,比我和沈潇都猴急,还没有讲够啊?"随后和他开始进行了针对型的处方研讨。

沈潇自恋道:"我觉得他们是看我踢球踢得好,才额外拜师。那个什么张卫财,确实速度很快。"

我点头:"这里好几个孩子身体素质真不错。耐力和爆发力俱佳,可惜啊……"

姜福坏笑道:"可惜遇上两个赤脚体育老师。哈哈。"

顿时,沈潇怒发冲冠,我怒不可遏,两个非典型体育老师大吼"士可杀不可辱"。

把梦留住

又是一个阳光明媚的下午，我看了课程表，是八年级一班的课程，伴着上课铃声我一副风风火火的劲头跑到操场上，学生们远远看到我便东拉西扯的互相调整排好队伍。我故意放慢脚步给他们充裕的调整时间，等到走近时候他们已经齐刷刷排好四列了，一个个鼓着腮帮子得意地等我表扬，我装模作样地巡视一番，笑道："很好！同学今天的表现让我看到了大家作为一名中学生应有的素质！为此，今天特别奖励大家，准备活动多跑两圈！"

"啊——！不是吧！"大家嘴巴里面发着快乐的抗议，其实我早知道这群高原上的孩子最不怕，或者说最热衷的就是群跑了。刚开始上他们课的时候，以为他们毕竟年幼，只给绕场一圈准备，没有想到他们用百米速度很快跑完了四百米的一圈，还大呼不过瘾，和他们一起跟跑的我几乎被拖垮，连忙制止整队，这么下来，男生尤其难过，仿佛少跑一圈便少长了几盎司的肌肉。

"行不行啊?!"我撑腰挺胸故做鄙视状。

"能行哦!"海啸般的大声呼喊几乎让我开心的呼吸不过来，我摆出一副老成模样，大声说："要注意队形，四个一排对齐！你！李晓同，这次不要再自己独自跑成一列了啊，田中飞，跑步时候手不要左右摆晃，全体——向右转！左转弯，起步——跑！"学生们犹如欢快的流水在这黄色的土地上游动着，他们大都踩着单调黑色的布鞋，身上的衣服不仅没有都市孩子们的绚烂多彩，甚至连整洁或者完整都称不上，很多孩子都穿着和自己年龄不相称的衣服，大人穿旧的外套，不知道传了几年的"西装"，补丁加补丁的短衫，各种线头杂织的毛衣，却构成了这西海固大山里面最美丽的画面，因为，我更看到了他们脸上这时无忧无邪的畅笑，坚定有力的步伐，还有女孩子头上跳跃着的朴素的蝴蝶花，小男子汉们雄壮努力的口号声，"一—二—三—四！"我忍不住也伴着他们一起跑，一起大声地喊着号子，虽然高原上的稀薄空气让我有点喘。

跑了近1200米，我可能还不适应高原的空气，胸口几乎已经透不过气来，三圈热身结束了，孩子们仍然兴致盎然，我咬牙拼死装出一副

轻松模样,胸口澎湃的气流几乎已经让自己爆炸了,努力招呼着让他们调整好队伍和气息,制止几个喜欢用嘴巴呼吸的家伙。正准备做热身运动时,天空四周突然凝聚过来几片乌云,像是都喜欢往我们头顶那块空

跨 越

间挤压,很快黑色越来越厚重,学生们也幸福地张望着天空,几乎要拍手称好。几股云流在这块阵地里互相冲击糅合,渐渐饱满起来,几乎开始膨胀爆裂。

　　"下雨啦！下雨啦！"不一会儿后,胀鼓鼓的云团开始往下滴水,随着无数滴甘霖从天而降,学生们欢呼雀跃,我也不禁笑逐颜开,却又忙叫他们跑回教室,孩子们恋恋不舍地边跑边回头。以前就听说过海原的学生入学就读率是和老天的降雨量成正比的:老天下的雨水多点,地里的收成就多点,牲口吃的草也多点,能多养几口牲畜,生计也就不会太勒着脖子,孩子们来上学的可能性也就大点,在这片十年九旱的土地上,降雨量操纵主宰着一切,人们也没有向自然叫板的权利和能力,今年又遭遇了几十年罕见的大旱,虽然往年没有降雨的日子上百天稀松平常,但是今年所面临的几百天的旱魃肆虐,却让当地老百姓连哭泣的眼泪都没法挤出了,水价在涨,粮价在涨,连全世界在涨的油价都一起凑过来助纣为虐,让当地人连打井抽水的油钱也凑不齐了,这些灾难一起踩蹒着这片苦涩的黄土地。这个时候的雨,已经不能简单地说是"喜雨"、"及时雨"了,这是救命雨啊！不知道现在海原有多少人正趴在地里喜极而泣,也不知道海原能有多少人等待这场雨等得心枯肠燥了！

把梦留住

虽然已经有太多的庄稼可能已经等不到这九月的一天了,我望着孩子们带着哭腔的喜悦,如果不是怕他们衣衫单薄容易感冒,我太想和他们一起徜徉在雨中,沐浴在老天对西海固难得的恩泽中。

雨并不大,在我的江南老家,除了平添几分诗情画意,没有人会对这种淅沥小雨如此感动。学生们坐在教室里面,不住地侧头看一下窗外,仿佛一不小心老天爷便会把这短暂的滋润没收回去,我没有责怪他们的上课不认真,此时微微的滴雨打在板结的土地上的声音应该是他们耳中最美好动听的旋律吧,而我自己也有点魂不守舍地讲说着。可能太希望这场雨能让这里的禾苗喝饱一点,让小草再苏醒一点,让大家干涸已久的水窖再装满一些,天空却又慢慢恢复了平静,那几朵云彩也努力挤干了最后一点水分,逐渐淡化成为白色。

学生们大都把头扭了回来,带着欣喜和意犹未尽的神色。我耸耸肩说:"现在外面黄泥地一定成泥浆场了,我们在教室里面把课上完好吗?"

学生还没有从幸福中缓过来,好像过节似的鼓掌表示赞同,本来是没有准备室内教学内容的,我听到掌声受宠若惊,突发灵感道:"老师已经给大家上了一节课了,都是我在讲,接下来的时间,我希望同学们能勇敢地展示自我,上台来向大家推销一下自己,好吗?"

"啊——!"台下一片局促不安的叫声,羞涩中带着兴奋,紧张局促中掺着跃跃欲试。

"好,大家都说'啊!'了,这是一个表示肯定的语气词!"我狡黠地冲大家笑道,"很好,现在给大家 80 秒时间准备,每个人上台最多给两分钟十五秒,嗯,老师希望不仅能从大家的介绍中知道大家的个人资料,更希望从中发现我们同学的爱好和理想。下面,开始准备!"

台下开始出现了一阵骚乱,大家都急忙交头接耳着,有的还紧张的翻查着书本,有的匆忙拿出本子飞快的书写,有的瞥着眼睛偷看别人的新作,有的深思不语摆思考者塑像。我默许地朝他们微笑着,拼命找他们的眼神接触给予鼓励的充电。

准备时间很快过去,我拍手道:"好了,时间到,下面,我们以热烈的掌声有请第一位同学上台!"我手指着第一组第一桌的一名瘦小的学生。

他或许已经知道自己要第一个壮烈上台,衣角在局促的心情下已然被蹂躏了好几个回合,脚底的那块地方也被他的布鞋蹭得发亮。学生们掌声雷动,愈发显出他的忸怩不安,经过上下左右拉扯推波助澜,他终于在外力的帮助下移步至讲台,不过头还是很自觉地扬起来,让我舒心不小。他的嘴唇突然又像夹了一张双面胶,只能努力前后左右蠕动,难以上下张启,我忙问:"准备好了吗?"他点点头,腮帮鼓起一阵气流发力冲破双唇,用令我惊喜的清脆声音连发珠炮般说:"我叫贾魁今年13岁家住西安乡老城我的兴趣爱好是读书写作文跑步。"顿了一顿,看了看我,发现我一脸喜洋洋,又继续发炮:"我的理想是做一名农村老师最好是一名农村语文老师因为我觉得叶老师说的对我们这里的人普通话太不标准了这样会妨害我们和外界的交通也不利于我们家乡的发展而且作为一名中国人我们只有学好普通话才能更好地建设祖国。"

幸好高原的孩子肺活量大,他一口气结束了自己的演讲,总共耗时20秒,我不仅为他的"普通话强国论"所震撼,更为他的朴实抱负所打动,看到他讲完时候一脸认真的表情,面部涨得通红嘴巴重新紧抿。学生们很自觉地拼命鼓掌,我也点头赞道:"贾魁同学的演说很精彩,希望接下来的同学能继续发挥自己的才华,时间可以长一点,嗯,下面,有请下一位同学。"接下来的学生们的施政演讲大大出乎我的意料,几乎没有说要做企业家赚钱的,也没有说做政治家掌权的,学生们的目标几乎都集中在了老师、警察、医生或者司机上,最"出格"的也仅是要做记者和科学家的。我回忆起自己初中时候全班同学畅谈理想时,已经大都集中在文学家科学家企业家政治家这家那家上了。眼前这群孩子,其中有两个女生还说理想是成为一名环卫工人或者学校勤杂工,我的心着实颤抖了一下,这些在许多人眼里再平凡不过,甚至被某些人斥为"没出息"的职业,在这些孩子清澈的眸子里,却正正地闪耀着向往的

光芒。

黑板报上的梦想

此时,我说不出是感动还是心疼,是遗憾还是满足,感觉他们的话语就像大山沟里面不为人知的小草,每次在西海固的黄原上看到地上那些顽强的小草,便觉得他们带着生命的希望在抗争,挣扎着从贫瘠的黄土中挤出一点点不起眼的绿色,没有人会笑话他们不知道外面世界的五光十色,在他们展示自己微薄稀疏的茎叶的时候,有谁知道,在地底下他们已经努力扎了多深的根。

下课铃声响起时,还有几个孩子没有讲完,我拖了课让他们从容说完。走出教室时,雨后的空气显得一尘不染,格外清新,我哼着歌儿,是大学常常唱的"野百合也有春天"。

晚上我们刚刚吃完饭,慢悠悠在爬通往三楼的楼梯,张卫财等三人神不知鬼不觉地突然在楼梯拐角处闪出,每人手上捧着书本,又是三副笑脸:"老师好,吃了吗?"我吓了一跳,心想这水平都可以进克格勃了,

忙支应道:"你们好早啊? 吃了吗? 走! 开工读书去!"

我们六人进了宿舍,拼凑了几张桌子围在一起。他们三人看来是早有准备,掏出书本问题就滔滔不绝,说实话,作为初二的学生,问这些初一的常识正说明他们水平的确堪忧,不过总算是有痛改前非的态度,我们三人倒也都端起耐心讲解。我教的是张卫财,他一直吸着鼻子,仿佛那里是他灵感的源泉,节奏性正好与他点头的频率相当,一个劲"嗯,嗯"地表示理解了,我正宽慰他倒是悟性颇强孺子可教,不料回过头来再问相同题目,他却又一脸迷茫加上十足无辜:"又不懂了……"

我心里一阵抓狂,和颜悦色地问道:"刚才不是一样的题目? 不是说懂了吗?"

他点点头,很严肃地说:"刚才,哦,好像有点懂,可是现在的确已经不懂了,真的,老师。"

我几乎昏厥,心想不用我强调这个,又强颜欢笑道:"你自己再琢磨一下,按照我刚才给你的思路?"

讲了一个多小时,离晚自习还有近十分钟,大家都口干舌燥了,便停下来休息一下,姜福问:"怎么今天突然热情这么高?"

他们三个互相看了看,呵呵笑着不说话,沈潇问道:"你们平时放学回家都做什么呢? 回去也可以巩固一下啊。"

张卫财和余德旺的脸上又多了层惊诧,余德旺道:"老师,我们回家就要开始干活了,喂牲口,拣茴香,担农货,拾发菜什么的,晚上油灯一吹就睡了,到了那会儿,其实也已经累得不行了,也看不成书了。"

张卫财也点点头:"我下面还有两个弟弟,两个妹妹,我爹说下半年他们就要指望我生活了,我都不知道咋办了。不过我表叔说寒假带我去县城挣点,好歹比在田里拾掇土块强。"

我问:"打工也不能打一辈子呀,而且现在打工也需要知识。那么你能告诉老师,如果你现在已经有很多很多钱,你最想干的事情是什么?"

张卫财的眼睛一亮,脱口说道:"踢足球,我最羡慕罗纳尔多!"

接着他又低头道:"咋可能呢……"

我突然想起来,上次一个小同学愤愤地跟我说,他把班里一本公用传阅杂志里面的罗纳尔多插画撕下来,贴在他狭窄阴暗的床铺头。

我说:"咋不可能,你一口气能跑操场二十多圈,这就是你的天赋。不过,现在踢球更需要用脑子,考上高中也会有更多机会。"

他吸吸鼻子:"高中……"仿佛在看一片海市蜃楼。

余德旺在边上起哄:"老师他咋考得上高中!嘿!他连罗纳尔多是哪里人都不知道!"

我也来了兴趣:"你怎么知道罗纳尔多。"

他脸一红,以为我要我问杂志被撕的事情,忙说:"是你前次电脑里面看到的……"

我内心一热,我随时带的超级老爷笔记本电脑,课间常常给学生们放一些精彩体育视频集锦,一开始只当是让大家见见世面,不想却点燃了孩子心中的梦。

张卫财露出两颗大门牙赔笑道:"老师,还有踢球的片子没?"

我说:"月考考好了,给你们班上放去。"

张卫财"啊"一声,马上下意识捧起手上那本破书。

在平淡充实的又一周教学时光后,又到了周五晚上,手机短信不时地"滴滴"作响。明天就是中秋节了,幸好我的那些狐朋狗友没有放过在西部荒原卜的我,时不时发几句来揶揄消遣:"喂,在西部成人干了吧,赶快喝锁水保湿 SK 兔";"在宁夏没有猪肉吃憋坏了吧,回来请你来我们家猪圈过夜哦";"叶老师,误了几个子弟了啊,中秋节赶快家访啊,顺便蹭饭哦"。我一一骂了回去,不过幸好多了这几位吵闹聒噪,否则在海原乡下宁静的夜色,又摁不住那几分寂寥,平添几分幽思。过去在温州和厦门的日子很自然地冒涌在大脑中,让人不知道自己现在是否在梦中。

睡前,我和沈潇、姜福照常打闹了几下,互相攀比宣读各自收到的搞笑段子后,10 点刚刚过,就准备上床了。我刚刚铺好被子,便收到队

长谢冰宜的短信："明天周六也是中秋节，大家一起博饼如何？同意的请吱声。"博饼是闽南一带中秋节的旧俗，相传为民族英雄郑成功所发明，聊解远征战士的思乡之情，几百年来，在厦门更是每年八月十五的必备节目。以六个骰子扔出不同组合来博分大小，四个以上红四和五个以上相同数字为状元，状元大小以余下骰子数字大小区别，状元以下有对堂，四进，三红，二举，一秀等等级，依次有相应奖励。我们在厦门四年，年年都参加数次博饼，每次都是乘兴狂博，喝彩不断，高潮迭起，厦门似乎也特别厚待我这个把她做故乡的人，每年都不会让我错过成为状元的机会。如今虽然身在大西北，黄沙为伴黄土为邻，终日听到的是大风起兮歌，突然看到"博饼"二字，再仰望天上满月，回想去年此时或是正在海边与宿舍兄弟烧烤博饼，喝得酩酊大醉，卧在沙滩边听潮大声唱歌；或是在南华路逛小巷品咖啡尝小鲜，找处鹭岛小店慢酌清茶，听悠扬又铿锵的歌仔戏；正是年年月相似，岁岁人不同。一年已逝，大家各赴前程，我离东南已千里，更懂了当年国姓爷的苦心。

沉吟了半晌，我忙发了个："队长体贴民情，俺们举双脚赞成。"沈潇也在发呆，应该也是如遇见老熟人一般感慨万千。姜福天生忘记在脑子里面刻录伤感的指令，用周华健"明天我要嫁给你"的调子哼着"明天俺要去博饼啦……"，他们队里清一色厦门籍子弟兵，估计中秋不博饼更是如同缺氧。

周六一大早，我和沈潇便收拾行装直奔县城，脸上都储蓄着满满的惬意。我们一到职业中学谢冰宜他们闺房门口便叫嚣："状元驾到，为何无人迎接？"

丛爽忙出门迎接苦力："来得正好，水用完了，哪个比较壮的快去提水。"说罢扬了扬手上的蓝色巨桶。

虽然有"比较壮"的牛气头衔相诱，我和沈潇还是被他手中的庞然大桶恐吓到了，无心攀比竞争，连忙收回刚才的威风，抬出中华传统谦让之度："叶兄，您请。""不不不，沈兄，您先。"

谢冰宜笑着变魔术般又请出那个蓝桶的孪生兄弟道："不用礼让

了，两个人都有份哦！"我们惊诧于克隆技术民用化的迅速，只好暗骂朱景渊和杨希辽两个北方大汉怎么还没有显圣帮我们一把，只得一人领了一个桶跋涉到取水处。

费了九牛二虎之力把水搬到她们门口，我们正纳闷这两个单薄的女生平时怎么把两桶水挪到自己房间时，朱景渊和杨希辽从远处乐呵呵叫道："两位辛苦了！"

我和沈潇交换一个眼神，异口同声痛斥："你们关桥的下次早点来！"

不过幸好两位女生闺房里面储存食物颇丰，我和沈潇嗅觉敏锐眼线发达，两个女生也甚为慷慨，我们迅速补充了体能，这时候在海原一中支教的姚克非、詹维思和乔阅也都相继现身，还抱来不少他们学校发的粮饷，我们四个一边感慨城乡差距如此之大，一边用实际行动检阅他们带来食物的美味程度。

谢冰宜看我们从空腹逐渐撑到大腹便便，便道："好了，大家商量一下晚上博饼事宜哦？"

"我就想吃肉，大肥肉那种，一周没有见过油了！"沈潇虽然刚刚吃了不少月饼，脸上还在演绎着饿狼传说。

"顶！我刚刚上县城时候看到卖油的地方，我就有去灌一肚子的冲动。"我也脱口而出，"只要有肉吃的地方我都严重同意！"大家都忧心忡忡地看着以往斯文的我。

"地方要大点，最好能在包厢。"在县城一中教书的詹维思显然不缺油水也理性尚存，"地方不要太嘈杂。"

"嗯，要不晚上我们喝点？"朱景渊一脸坏笑盯着两位女生，"来宁夏咱就没有沾过酒唉。城乡大比拼？我们四个在乡下的对你们在县城的三男二女，你们人数优势呢！"

"哇，那他们岂不是占了大便宜。"杨希辽心领神会，继续设套，"算了算了，我们老实人吃点亏就是了。"

接下来就是典型的外交式交涉讨论，大家都兴奋地争吵着，一个小

时后,大家讨论决定去找个好点的馆子腐败一回,集体抽血赞助出一个状元,再由状元埋单请客。做出这个决定后,分头让女生去买博饼的奖品,男生去订桌子和砍价,忙碌到下午月上枝头才收工,空腹准备开赴饕餮场子。

到了一家院落式的餐馆,大家鱼贯而入。朱景渊是行政学院高才生,对菜谱小有研究;杨希辽原系经济学院学生,砍价颇为在行;詹维思读了四年数学,精打细算是在行分内事情;谢冰宜本科学的是法律,随时准备维护消费者权益;丛爽专攻室内设计,座次就由她安排罢了,我和沈潇一个学人力资源管理,一个学环境科学,好不容易找到了专业对口的事情,一个喝七吆八安排大家干活,一个督促提醒着不要乱扔垃圾,学中文的乔阅和学物理的姚克非插不进手,只好一个吟诗抒发美好心情,另一个来回做匀速直线运动递这添那。大家各司其职,很快安排定当。

博饼正式开始时,已经是晚上七点多了。大家按逆时针顺序依次扔骰子。不时有人欢呼中奖,不时有人叹骂无运。奖品很简单,一秀纸巾一包,二举是牙刷一把,三红乃洗衣粉一小袋,四进为沐浴露一小瓶,对堂为洗发水一份,状元是现金近百,事先大家商量好,状元所得奖金来付今日菜金,所以状元更多只是有名无实讨口彩。

博饼数轮,状元还未现身,乔阅收入颇丰,网罗数个对堂四进三红,姚克非出师不利,尚在垂涎一秀纸巾,其他人或多或少皆有斩获。乔阅因为财大气粗,渐渐对我们这些只有博到一点可怜纸巾的穷人出言不逊,大家纷纷声讨乔阅为富不仁,声称状元必出自己家。绕了半天,状元仍然迟迟不肯显灵,倒是两位女生也逐渐步入小康,急得我们几个尚未温饱的背运家伙嗷嗷直叫。

谢冰宜笑道:"我们闽南人有句俗话'四进不多,状元不出',大家要多博点四进啊。"

乔阅无奈地指着自己桌前一小堆沐浴露,很欠扁地说:"我都博了一堆四进了,怎么状元还不来啊,郁闷!"

丛爽也附着说:"我也全是四进,都不知道怎么回事!好讨厌!"

只有博到一把牙刷的朱景渊咬牙切齿道:"做人要厚道!"

姚克非刚刚博到一包纸巾,激动得泪花直颤,忙大声宣称:"我要转运,我要转运了!"

杨希辽属于中产阶级,满意地看着自己比上不足比下有余的战利品,扔骰子时候不住地撮着手。

我和沈潇博到物品数量众多,可惜品种单一:只有纸巾,眼巴巴看着自己心仪的沐浴露被列强瓜分。沈潇用力过猛不小心还把骰子扔出碗外,取消一次资格,急得他抓耳挠腮。

服务员不断地来催问是否可以上菜,我们坚持状元未出,绝不上菜。可是已经博了一个多小时,四个红色四从来没有聚过首,大家都饿得前胸贴后背,都用钢铁意志狠狠顶住食欲的一波波进攻。这个时候又轮到乔阅扔骰子,他拢好自己身前的一大撂,随意地把六个骰子往碗里面一甩。"状元!"大家瞪大眼睛异口同声喊道,并马上又羡慕又愤怒的嚷道:"晕啊!怎么都被小象刮走了啊!难怪小象最近越来越长膘了!"

乔阅故作无奈地耸耸肩坏笑道:"我也没有办法哦。"

接下来大家只要把剩下残留的几把牙刷和几包纸巾博完瓜分完,博饼就结束了。除非出现新的更大的状元,来压制乔阅的状元带四。眼看大家逐渐把剩下的牙刷和纸巾一一取走,沈潇低声对我说:"我们还缺个刷鞋的刷子,不要让最后一把牙刷跑了!"

我看看自己身前堆积如山的纸巾,摊手道:"看来晚上走的是纸巾运。"说罢便轮到我扔骰子,我也随便往碗里面一撒,骰子滴溜溜地滚了半天才排好队,"状元!又是一个!更大的!"大家渐渐游离的眼神突然集体放光,我也定睛一看,果然是个五个四的状元,几乎大无可及,一伙穷兄弟忙嚷着起哄着判定我为今晚状元,我朝乔阅嘿然一笑,他也微笑致意:"一会买单哦,叶总。"

"好嘞!"我爽快地答应着,一边代表已经饿得张牙舞爪的大家向

外招呼服务员,"快上菜罗!"

菜很快上齐了,大家面对满满一桌热气腾腾的热菜都垂涎不已,纷纷拔筷跃跃欲食,谢冰宜建议道:"今天团圆节,大家给家人许个愿再吃吧?"

几个男生愣愣地把要伸出来的筷子又缩了回去,大家默视了一会,朱景渊想了想说:"唉,去年这个时候我还在厦大海滨宿舍,和几个北方土人喝得大醉啊,真是爽啊。"

杨希辽也点头:"我的小女朋友酒量可好了,去年中秋一起喝,我喝不过她。"

姚克非捂着下巴说:"来宁夏没有开怀畅饮过啊,感觉大学是十年前的事情。"

丛爽出人意料地拍了一下手说:"要喝就喝嘛!拐弯抹角的想说什么啊!服务员,上酒!"

沈潇大赞道:"果然女中豪杰哦,今晚大家要醉,要醉啊!"

大家让服务员搬了一箱本地的西夏啤酒和一瓶本地的白酒大曲,我们西安关桥乡下中学的马上结成同盟要和三男二女的"县城中学帮"对拼,詹维思摆手道:"不行不行,你们四个男的,我们带两个女生喝不过的。"

丛爽�’嘴打断道:"你怎么知道我喝不过他们,今晚男女平等!你们男生喝多少我喝多少!"

乡下四位拍手称快,谢冰宜来海原之后肠胃一直不适,经过讨论后被特赦。大家吃了些菜后,便开始玩"五、十五、二十"的猜数游戏,"县城派"这边,詹维思一开始就心系没有吃完的美食,心猿意马的猜拳态度很快让他灌了不少;乔阅被我们称为"厦大首席才子",可惜酒桌上比的不是吟诗作赋,脸皮很快从里到外白里透红与众不同;姚克非点的是廉价的本地大曲,不过此酒价低度数高,前劲和后劲都十足的烈,加之他被我们内定为重点剿灭对象,很快也熏熏然悠悠晃;倒是丛爽这个小表妹(她是在支教队年龄最小的队员,男生都这么称呼

她），在"乡下派"数次围攻后巍然不倒，仍然边耍小赖边和我们周旋。朱景渊看胜利在望，向我们使个眼色，我们三个接到信号，坚决先把詹维思撂倒。姚克非虽然醉意浓浓，却看透"乡下派"意图，大呼乔阅"宁可伤吾十指，不可断吾一指"，怎奈何小象已经迷迷糊糊正似与酒仙李白对话，丛爽自保有余，让女生援救不仅道义角度上被我们四个唾弃，效果也是差强人意。姚可非只能眼睁睁看詹维思节节败退，看着他最后缩到墙角和周公会晤去了。

姚克非见状忙举手说："好了好了，今天晚上小饮怡情，兄弟们不可斩尽杀绝哦。"说罢朝我瞥了一眼。

本状元装做不知，杨希辽果然蒙古长大，酒风彪悍，不依不饶说："刚才谁说好久没有畅饮的啊？男子汉大丈夫，不可反悔！"

姚克非见我无动于衷，沈潇继续煽风点火，朱杨关桥二人组更是步步相逼，发狠地说："好了！今天豁出去了！大不了你们扛我回去。我决定了！"

大家正欲赞美时，姚克非接着话茬继续说："决定……再喝三杯！"众人皆倒，沈潇总结说："唉，酒品看人品，克非不可让大家失望啊。"

姚克非瞪他一眼，采用分而治之策略，红着眼睛说："谁要和我喝？我只和一个人拼。"我们四人个个争先恐后。丛爽以邻为壑，看着姚克非吃吃笑。

谢冰宜一直以茶代酒，头脑清楚，忙打圆场说："好了好了，我们自己人练兵就好，以后要一致对外。"

姚克非听了感激涕零："队长，今天晚上我听到第一句人话啊！"

"唉！老姚，你又说错话了，罚酒罚酒！"我们四个做好收尾工作，又灌了姚克非三杯，姚克非一边喝一边指着我们哼唱："你好毒你好毒你好毒毒毒……"

我们几个闹完姚克非，桌上也只剩下残羹冷炙了，詹维思和乔阅也缓过神来，我出去付了账，大家都多多少少收了几条短信，好像忽

然发觉自己原来还是在离家遥远的宁夏高原上,看着冷碟剩盘发呆。突然服务员进门说:"不好意思,我们打烊了。"

收拾好衣服物件出了餐馆,我一看时间已经是11点多了,大街上很少有人走动,海原很少有人家过中秋节,今晚的街道显得更加冷清,风吹着路边的塑料棚布呼呼地响,响得我们的心感觉更加寂寥,9个影子在皎洁的月光照映下黏连在一起,大家一起依偎着默默向前走着,海原的天空很清澈,可以看到清晰的月亮挂在天际,不知道家中的父母此时是否也在月下默默注视;海原的大地很开阔,却望不见远方亲人的身影,踏着脚下一步一步的道路,我知道我们至少还在同一片大陆上行走。

送女生到了职业中学,大家都各自散去,谢冰宜说希望以后中秋节能再和大家一起过,我们都轻轻地点头。

第二天下午,我帮丛爽检查了一下她的老爷电脑,一看表已经近6点,回西安的车已经不多了,急忙和沈潇跑到车站,幸好还有最后一班面的。一路上司机赚钱心切,六个位子的车子先后塞进去了无数搭车的,最高峰达到11个人,连他自己都是和一个乘客一起共用驾座,十足的为了他人方便舍弃自己幸福,可见人类生存空间是可以自我拓展的。所幸一路上虽然我高度保持警惕随时准备跳车逃命,小面的还是晃晃悠悠有惊无险地抵达西安乡,我看沈潇结实俊俏的脸已经被更加结实的人肉模具锻造成正方体,估计自己也应该受了内伤,更令人悲痛欲绝的是从县城买来一塑料袋饼干粉身碎骨,早知道如此应直接从西安街集市买面粉了,二者吃起来效果已经差不多。

到了学校,已经陆续有许多住校的学生返校,看到我俩都朝我们含羞笑笑。我们已经习惯了这里许多特别的礼仪方式,如这种略带羞涩的笑容已经包含了对老师的莫大肯定了,这里的学生极少冲老师叫"老师好",大多数人没有这个意识,更缺乏和这里传统礼仪潜规则挑战的勇气,在这里,学生觉得给老师打招呼相对递纸条的心理成本更高,找老师沟通谈话,有被同学误会为打小报告拍小马屁之嫌

疑,自我的心理障碍更难打破,师生间隔膜无形间被高高树起。在路上,看到学生在幸福地啃着还带泥的花红果或者大枣子,他看到你如果惊慌地停止啃咬和咀嚼,把吃剩下的半个果子递到你面前,认真地说:"老师吃吗?"千万别认为这是侮辱,这是他最大善意和尊重的表现了。我不禁想起了遥远的原始社会,人们应该也是用这种淳朴的方式来表示彼此间的亲密吧,正如现在结婚时候夫妻一起啃吃一颗同心果一样,也算是一种古风了。

刚接近教学楼,一阵风沙扬来,算是排场不小的迎接仪式,我赶忙低头回身致避沙礼。学校教学楼里面已经有陆续回来的学生,不时朝我笑。我快步跑到宿舍,姜福便朝我嚷道:"等你们快两个小时了,你个衰男。"

集体自习"室"

"抱歉抱歉。"我呵呵笑道."帮美女修电脑,误了时间。"

晚上食堂没有开灶,我们凑合点面条和着饼干末吞下。解决完温饱问题,不觉已近8点,姜福铺本备课,我捡了本《黄金时代》浏览。窗外风声渐渐聒噪起来,玻璃被拍打得有如纸糊的一般呼呼作响,凌厉的阵风剧烈地摩擦着地表的一切物体,发出磨砂般的钝响。小时候我听外婆说,风是老天爷的气息,暖风都是他嘴巴哈出来的,冷风都是他鼻子哼出来的;敢情今天他鼻炎发作,要拼命哼气才能顺畅。

最近上课,我和沈潇常常蛊惑学生说我们两个乃文理全才,欢迎来我们宿舍咨询问题,这周以来果然有许多孩子端着书本前来讨教,

幸好我们牛皮没有吹破,初中问题对我们来说无甚难度,不过要和学生们讲解清楚通顺确实花了不少工夫。不过凭着我们当初制定的良好的服务态度,认真的工作作风,主动的反问解答逻辑的工作计划,并得到很好贯彻执行,越来越多学生跑到三楼宿舍来询问,我们的业务范围很快涵盖了全校全部年段,我和沈潇虽然个人私生活屡屡受到打断,不过还是乐此不疲,并且互相攀比各自被索问的次数,以及所解答问题的难度。只不过张卫财他们三人从开始的每天都到,到后来成为断断续续,又演变成现在的偶尔露脸,我找他们追问了几次,他们都推说有事情,让人不解。

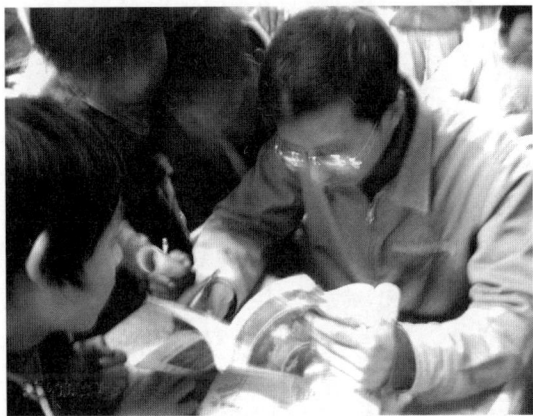

给孩子们解题时候最有成就感

过了 9 点,学生晚自习下课,我也口干舌燥,一阵困意和酸痛适时袭来。我挣扎着看了看手机上的时间,脱衣钻进被窝。姜福还在埋头备课,我伸手拿了大学毕业照片,看着上面一张张鲜活灿烂的面孔,毕业两个月了,不知道同学们现在都在干什么,不知道去了英国和香港的姐妹现在在都市的洪流中寻找什么,也不知道芙蓉 2—219 的那些"垃圾"人们现在都在地球的哪个角落活动,猩猩、猴子和柴 Bird 南下去了广东,长臂猿回老家泉州摆弄烟草,丁 JO 和汤 JO 留在厦门,一个做学生一个做医生,舍长老张远赴曼彻斯特寻找梦想,虽然刚刚毕业 3 个月,却感觉已然半世,曾经半夜三更热烈的舍聊,曾经足球场上的快意驰骋,曾经考试

把梦留住

前的全舍通宵,不知道什么时候很快到了大四的6月,火红的凤凰花木棉树映照着我们离别的路,在海边的狂饮,在芙蓉湖边的纵情高歌,可能一辈子也只有那一次了,还有许许多多大学里面让我感动过大笑过郁闷过发飙过的脸庞,都勾起了不断线的思念,兄弟们啊,你们此时在哪里呢? 都在想什么呢? 是在为爱情烦恼,还是为事业拼搏呢? 只是抽身看看四周,才发觉,大学,俱往矣,我已经不是学生了,我是一个老师。

大学时代的党支部活动:清扫山谷垃圾

静静躺坐在灯下,我静静忍受着腹部一波又一波传来的剧烈感觉,可能还是最近的消化系统在和食物作绝不妥协斗争吧,胃又隐隐痛了起来,抽搐和割裂的力量在那里迸发,很奇怪,这痛苦却让我猛地清醒起来,让我振奋起来,我支撑着身子坐好,由这痛楚却引发了心底的一阵充实,一阵莫名其妙的力量。我突然很想听一首歌曲,身边却没有任何播放设备,大学宿舍一起弹吉他一起吼唱的声音又在

我耳畔响起，一个人，我忍不住用食指敲着桌面，咬着牙轻唱了起来：

> 亲爱的母亲 挚爱的朋友
> 我会坚定 好好地活
> 沉默的大地 沉默的天空
> 红色的雪 继续地流
> 纵然带着永远的伤痛
> 至少我还拥有自由
> 飞翔吧 飞在天空
> 用力吹吧 无情的风
> 我不会害怕 我无须懦弱
> 流浪的路我自己走
> 那是种骄傲 阳光的洒脱
> 白云从我脚下掠过
> 干枯的身影 憔悴的面容
> 挥着的翅膀
> 不再回头

凌乱的梦里，我又寻找到了在大学时光的花儿。神奇的是，我居然还梦见了一年后我和我现在的花儿说再见的时候，离我现在身边灿烂开放的小花们越来越远的时候，也有了那泪流满面的感伤和不舍，也有了一生一世的牵挂和寄托，无数孩子的声音在我耳边萦绕，有笑也有哭，不过都是好认真好委屈的眼神……第二天的一缕阳光照醒了我，我慌忙穿好衣服跑到教室，幸好，现在的花儿还在我身边。

就好像有了失而复得的感觉，这样的感觉真好。

下午下课后，我和姜福正盘腿在合计如何牵条网线或者电话线解决与世隔绝的情况，沈潇用失传百年的凌波微步的脚法冲进宿舍叫到："明天就有教工篮球赛啦！叶楠，我们被分到语文组了，第一场对数学组！哦耶！"

把梦留住

"呵呵,那我应该是英语组的干活?"姜福掰着指头数着队友。

"嗯!我们准备夺冠吧,哈哈。我们语文组人才济济。"沈潇得意扬扬,开始进行蓄意挑衅,"阿福你们明天遭遇政史地,鱼腩之战,哈哈!"

"另被哇得理攻!(闽南话:我和你讲)。"姜福怒而不择手段反击,"老娘

歪脖子篮架下的球赛

到时候一定和你同归于尽,和你一起下场。"

沈潇看人民内部矛盾有激化趋势,忙转移矛盾对外,拨通姚克非的电话:"嘿!知道吗,我们明天就开始教工篮球赛喽!我们现在最新夺冠赔率1:1.01!哈哈,你们要不要来加油啊,如果干勤杂干得好,我可以考虑让你上场几分钟现眼啊。"

"靠!要是我上,包你们赔率为1:1,你们这些垃圾能夺冠,西安无人唉!"手机那头的姚克非又羡慕又恼火,声音拥挤地冲沈潇的话筒喷泻出来,"天妒英才啊,我们这里居然没有篮球比赛!我空怀有一身中投绝技……"

他们俩继续对杠着,我拿了看完的书,去图书馆换书。

第二天我起了个大早,一看手机已6点出头,便披了衣服去政教处上班。开门进去后发现李校长居然已经在埋头书写什么材料,他看到我笑着说了声早,问:"喝了吗?"

"喝了喝了,你在忙什么呐?"我应声道。

"上报的一些材料。呵呵,对了小叶,一会儿你给我写个东西。"

他指着电脑说，"帮我起草一个处分决定。"

"好嘞！"我接过他的本子，"就是上面这件事情？"

"对！上周一些学生偷了村民的东西，当场被逮了。要处理一下。"李校长边写材料边吭声。

我低头一扫眼，李宗奎？不是我教的那个班级的学生吗？再往下看，是他因为偷西红柿被抓，后来又和人打架，按规定的确是应该被处理的。我默默起草好了李校长要求的一份处分书，心里还是有个纠缠的结。

第三节下课后我下楼拿资料，正好在花圃边看到垂头丧气的李宗奎蹲在墙角发呆，四肢展开脑袋朝天。他看到我憨羞地笑了笑，我过去微笑着问："你在干什么？呵呵，以为自己是太阳灶喽？"

他忙起身低头说："体育老师好。"

我道："最近听说了一些关于你的事情，我想可能不是像大家说的那么简单，有什么话想和我说吗？"

他埋头理了理单薄的衬衫，很久都没有出声，牙齿紧咬着的嘴角，拼命要把要涌出的话语堵住。这时，上课铃响了，我拍拍他的肩膀："先去上课吧，有什么想不通的随时找我聊聊。"

他"嗯"地答应了一声，却没有走开，继续低着头。这时候上课铃声响起，他触电般突然醒了过来，看着我说了声："老师我先走了。"慢步走向教室。我看他萧瑟颤抖的背影消失在教室门口之前，还回头偷偷望了望。

我回身拿了资料回办公室，等早上的活计基本干完了，一看表也快到吃饭时间。沈潇跑到政教处问下午球讯，正好看见走廊过来的姜福，便继续炫耀武力："姜老师下午加油哦，小心被盖帽！哈哈。"

吃过午饭，姜福便换上全身打球整齐装束，只见他身披黑色绸球衣，脚蹬一双油亮的气垫阿迪，白球袜也若隐若现一个 NIKE 的标志，背上挂的球衣号码是象征着青春激情的"7"号，更闪眼的是一副绑着绕头绳的晶亮眼镜。"哇！酷呆！帅毙！"我和沈潇笑赞道，"不

把梦留住

过下午五点三十才打球,葡萄成熟还早得很呐,你现在爬上来干——什——么?"

"燕雀安知鸿鹄之志,哼哼,我练球去!"姜福迈着京剧里面标准的跑龙套的步子,锵锵锵昂首出门而去,留下瞠目结舌的我和沈潇。

五个小时后,我们看到英勇的姜老师还弹跳在篮球场上,不禁为他不高的身躯里面蕴藏的能量惊叹。球场边上聚满了放学围观的学生,有的还捧着饭碗痴痴地望着球场,姜福默认这些学生都是他的拥趸,脸上洋溢着幸福的微笑,从比赛开始到结束都散发 NBA 巨星的气质,跑位也是神出鬼没般地飘忽,无论对方还是队友都无法找到他确切的位置,英语组场上进攻仿佛四人应战,只好狂打快攻,对手政史地却如同要对付十个防守队员,因为姜福玩命地阻拦打劫抢拍抢绕,就差没有使用足球里面的飞铲。

比赛结果是英语组小胜,本场 MVP 是李校长,快攻频频得手出球快准,姜福被我和沈潇评为非官方的最佳防守球员,并被拖去"小林餐厅"请客吃凉皮。

接下来是我和沈潇所在的语文队对上届冠军数学队的巅峰对决。沈潇篮板抢断运球投射一条龙,像打了鸡血似的,对方想犯规都跟不上,我也凑合着大学踢球时候跑不死的美名,抢了不少篮板,防守也肯卖力气干脏活累活,樱木花道般全场手舞足蹈,其他队友老师也颇有水准,下半场还有 5 分钟的时候就提前把比赛扫入垃圾时间。学生们在场边叫得也欢,乐得我好不容易在篮下拣了个补篮入网,便冲学生们夸张地做鬼脸动作,大半个月苦心经营的稳重严肃形象险些毁于一旦。

比赛结束,语文组无限接近冠军。我和沈潇美滋滋地跑到食堂,好险饭盆里面还有半壁江山,连忙抄起大勺拣来海碗结结实实搋了一大碗,差点把碗头撑破,蹲在门口大口吞吃,一边进行各个方位的比赛精彩镜头回顾。

下午乡邮电所给我们电话,说是乡里电话线早就用光了,没有办

法拉线装电话,更不要说网线了。沈潇一直不明白线不够用是什么意思,只是明白与世隔绝的情况要延续下去,着急上火,鼻头上大痘愈发红润。

吃完晚饭后回宿舍的路上,我远远望到一个有点熟悉的身影,便叫道:"李宗奎,你过来一下!"

他正失魂落魄般地在操场上晃着,听到自己的名字像被针扎一般猛地四下张望,发现是我在这边招呼,还疑惑地用食指指着自己,我笑着朝他点点头,他便保持着刚才那脸沮丧模样慢步走到我跟前。我问:"吃了吗?晚上。"

他看了看我,仿佛思考一个难解的数学题目,费了不少力气才说:"吃了。"

我领他到宿舍里面,他站在门口附近不安地打量着周围,我随手拣了把椅子说:"请坐吧。我们聊聊?"

他用看外星人的眼神盯了我一眼,木然没有动,我笑道:"我也要坐的,你站着,岂不是你变成讲课的老师,我变成听课的学生了。"

他笑了一下,客观地说,那几乎是脸部的一次痉挛,可能他的面部已经许久没有做类似的神经运动了,随后,缓缓地蹭着椅子靠沿坐下了。

我也坐下了,姜福和沈潇一个在改作业,一个在看书,并没有在意我们。我问道:"能和我说说那件事情吗?"我的眼睛猛然一瞥,发现他小臂上爬有几条若隐若现的青紫痕迹,很刺目。

他说的第一句话有点含糊不清:"是,是我偷人家果子的事情?"

我没有点头,问:"家里有什么难处吗?还是有其他原因。"

他仿佛听到严厉责问后才出现的慌乱,顿了一顿,才说:"没有没有的,老师,那天就是饿了,饿得厉害了,头昏眼花的,肚子里全是酸水。"

我忙问:"家里没有带干粮吗?没有给零用钱吗?"

他显然对零用钱没有什么概念,正如这里的孩子对于浴室或者

游泳没有什么概念一样,茫然地答:"干粮不够了,一天吃一个馍,那周只带了四个,本来想一天吃一个,周五早点回家拿,没有想到周五那天走不成,周六回家全身已经没有气力走了。"

我点点头,问:"晚上真的吃了吗?对老师要说实话!"

他嗫嚅着没有说话,我回头看食堂已经关门了,便找了几块饼干,他看到我的意图,忙又声辩道:"我吃了,真的已经吃了的,老师。"

我把饼干塞到他手里,笑道:"不管你吃了没有,尝尝老师从厦门带来的海苔饼干哦。"

他没有过多推辞,或许也在掩饰手上的伤楚而不敢推手,我又拍拍他肩膀问:"那你怎么后来又打人啊?!"

他眼神顿时黯淡下来,头也垂了下去:"他们骂我是贼种,骂我爹我娘……"没有说完声音便开始哽咽了,身体在微微颤抖着,胸口剧烈地起伏着,脸紧紧绷着,试图把几乎要涌出来的泪花逼回去。

我沉默了一会,说:"以后有困难可以向班主任反应,或者随便找我们三位老师,都可以的,不要自己蛮干,自己憋在心里。"

他已经说不出话,点了点头。不愧是黄土高原上的男孩子,硬是没有让眼泪流下来,把泪水忍了回去。只是平时他便寡言少语,这个时刻更没有什么话说出来。

我笑笑说:"这学期功课怎么样啊?不要以为我是体育老师,就只关心你的体育哦。"

他也缓了口气,浮出一点笑意,说:"上学期还可以,进了重点班,这学期都还听懂,就是不知道期中考试能有多少分?"

我说:"嗯,期中考试只是一次检验,主要在初二要打好基础,中考才是真正战场啊。"

听到中考,他又愣了一下,咬了咬嘴唇,猛地抬头说:"我,我也不知道有没有机会,再继续念到高中了。"

我迂回问道:"家里平时主要靠什么生活啊?一家几个人啊?"

"爹娘,我哥读到初二去内蒙古打工了,我老二,下面一个弟弟和

两个妹妹。和爷爷奶奶一起住着。"他掰着指头数着,"家里靠几头羊过活的,还有几挂玉米。"

"这么多人啊,你们家。"我不禁有点惊讶,一家三代有九口人。

他见我大惊小怪,脸上掠过难得的一点点小得意:"这算不了什么呐,我们村最多的生了八个娃子的,都有。"

我摇头道:"那怎么能吃得饱。"又问:"怎么不能读高中了,怕考不上了?"乡下的初中孩子能考到当地县城的高中部的几率是相当小的,成绩差的年份真的是要百里挑一。

他重重地叹一口气,那种仿佛中年人才有的深沉聚在脸上,那种和年龄极为不般配的沧桑让我感到震惊,半晌才吱出几个字:"不,不过家里太难了。"

我说:"相信老师,再难都会过去的。你很优秀,我相信你和你们家都会一步一步好起来的。"

他的眼睛还是有点湿润了:"老师。我……是小偷吗?"一些人对他的讥笑和鄙薄对他内心还是投射了太多阴影。

我认真地说:"和你说个事儿吧。我小时候也摘过别人园子里面的柚子。柚子,南方一种像排球一样大的果子。那时候,我和你现在差不多大吧。"

他脸上一下子放松了许多。我继续说:"我那时候只是嘴馋,还不是像你一样饿了。等我爬到树上的时候,帮我望风的小伙伴大叫一声一溜烟跑了,我在树上低头一看,柚子树的主人来了,在树下挥着镰刀大骂。"

他听着津津有味:"那后来呢。"

我一摊手:"我不敢下去,慌忙把刚刚摘到手的柚子一扔,使出吃奶力气继续往上爬,你知道人慌张的时候力气有多大吗?我爬树的时候蹭掉好几个大柚子。气的那农夫在下面嗷嗷叫。但是树就那么高,等我快爬到顶的时候,偷偷往下一看,那个农夫没有爬树,也不骂人了,只是站在下面等我。"

　　他觉得纳闷，我接着说："我这才发现,刚刚爬树把自己所有力气都用光了,手一直抖,连抱住树枝的力气都没有了,又累又怕,突然听到树下面的人喊了一声,慢慢下来,柚子送给你了!"

　　"我不敢相信自己的耳朵,但是我已经累得机会要脱手掉下去了,太阳也晒得我头晕目眩,我心想大不了被揍一顿,比摔死要好,便抱着树缓缓滑下去。"

　　"当我快滑到地面的时候,突然一双大手有力地抱住我的腰,把我轻轻放在地上。我坐在地上,他走到我的面前,拿起柚子递到我面前说,你这小屁孩,拿去吃吧。"

　　"我还没有缓过神来,他捡起其他几个柚子,转身消失在不远处的草丛中。"我叹了一口气,"我连他的脸都没有看清楚。"

　　李宗奎轻轻说了声:"好奇怪。"

　　我说:"你看,别人都会对你有宽容之心,为什么不对自己宽容一些呢。"

　　他若有所思地点点头。

　　我拍拍他肩膀:"那是我最后一次摘别人的东西。宽容,比责备和讥讽都更有力量。无论别人给不给你机会,自己都要给自己机会。明天又是新的一天。"

　　李宗奎沉默了一会儿,说:"嗯。我会给自己机会的。"

　　我笑着说:"每个人也有丢脸的时候。让你难过的事情,有一天,你一定会笑着说出来。"

　　这个时候,晚自习的预备铃声响起了,他慌忙从椅子上站起来,我说:"嗯,要上课了,你先过去吧,有什么事情随时可以找我们的。"

　　他点点头,嘴巴动了几下,却没有说什么,转身掀开门帘快步消失在夜色中。

　　姜福改完作业,伸了个懒腰道:"嗯!最近余德旺和张卫财都有进步,还和我说期中考试都要争取过 70,唉,就是余德旺上课老是话太多了,而且我发现女生多的时候他明显爱现,废话和小动作频出,

呵呵,看来是青春期到了。哎,石大魁老毛病又犯了,上课讲话下课调皮,还欺负同学,哎,头疼啊。"

我点头笑道:"嗯,表明事物前进性和曲折性的统一啊。我昨天看到他们几个在墙根那里啃书呢。"

晚自习照例有不少学生跑到三楼教室型宿舍来问问题,我和沈潇为了一个数学问题谁的解题方法更先进争执得不可开交,学生在边上看到两位体育老师为数学题各执一词吵得脸红耳赤,又奇怪又紧张又好笑,也红着脸在边上偷笑。

姜福在批改英语作业,被我们大分贝的噪音吵得烦躁不已,跑过来说:"俩体育老师,争什么争,我看看什么破题?"

我道:"这题做一道辅助线就出来了,老沈还搞那么复杂的方法,纯粹浪费!"

沈潇反驳:"你这种做法就像英式长传冲吊,根本体现不了这题的精髓。"又朝着学生嚷道:"听沈老师的,用我的方法,以后这类题你都会做了! 教你怎么短传渗透!"

他的大嗓门几乎在教室型宿舍里面产生回声,那学生吓得不由自主后退。

姜福俯身仔细端详题目一番,捻捻下巴上他意念中产生的胡须:"不用做辅助线。"

沈潇笑了。

姜福伸出食指在皱巴巴的题纸上画了一个圈,作伟人状:"也不要老沈那七八步! 用勾股定理! 妙哉!"说罢自我沉醉地眯起眼睛:"我当初是不是应该学数学专业,我的小天赋啊,我应该沿着陈景润的路子前进的……"

我和沈潇一起拉过学生:"别理他。勾股定理用在这题更麻烦。"

这位同学已经彻底晕了,只是被我们三人认真而激烈的表情而逗得想笑不敢笑,脸皮终于憋成了赭红色。

姜福道:"李文化,你自己说,哪种解题思路好。"我们仨儿眼光齐

把梦留住

刷刷看着他。

李文化低着头想了想,轻声说:"勾股定理……"

姜福:"哇哈哈哈哈!"

我和沈潇悻悻挥手:"你先学这种方法吧。嗨,从基础的方法学起。"

姜福满意地仔细把用勾股定理如何解题的办法说了一遍,李文化点头连说懂了懂了,随即抱题书夺门逃窜。

姜老师说完题,一边哼着小曲一遍摇曳到我们身边:"甜蜜蜜,我笑得甜蜜蜜……"

沈潇郁闷地看着他,好不容易来了一道数学题,晚上两位体育老师唯一的主顾被一英语老师抢走了。

我一愣,一拍大腿:"不对啊,老沈。这学生好像是初二(五)班的!"

姜福脖子一拧:"五班的怎么了!"

沈潇也恍然大悟状:"是你教的学生,他肯定怕你明天上班让他回答英语题。不对不对!怕你考试不让他及格!"

师德受到质疑的姜福急忙辩解:"胡说!这题用勾股定理本就最好!"

两位体育老师找到了心理平衡点,再一挥手:"切!算了算了,学生也不容易。"

姜福急的把手一摊,闽南话都出来了:"歹势啊!系在某哇共(实在没话讲)!瓦敏啊腰丢九扣(我明天还要上课)!靠!岭北备课去了!"

我内心暗暗好笑,一英语老师,对于一道数学题目,比两个体育老师还较真。真是不想当厨子的裁缝不是好司机。

晚自习铃声响起后,沈潇突然建议去走访一下学生宿舍,我拍手称好:"沈兄此言,正合吾意!"姜福作业没有改完,摇着头目送我们出门。晚自习过后学校基本上一片漆黑,只有学生宿舍门口还有几点

昏黄的光在晃动,我们朝着男生宿舍走过去,我突然想起来自己还是政教处的工作人员,虽然学校没有分配给我这项任务,查巡学生宿舍也算是出师有名了。

刚刚下课五分钟,学生们尚有短暂的时间料理琐事。远远便听到孩子们欢快的喧闹声音,铁器撞击声音和木床板摇曳声,甚至还能听到一两声"嘭"的撞击声,接下来就是"哀哟哎哟"的惨叫声,不知道哪个倒霉的家伙又不小心头撞到低矮的床板了。快要走到的时候,一排昏黄的灯光也淹没在黑暗之中,熄灯了,"喔——!"宿舍里同时传来一阵轻轻的叹息声,随即喧嚣声渐渐消沉下来,不过仍然不时有几位在小声发表宏论,或者是用乡音讲着笑话,引得宿舍里面一阵阵窃笑。

幸好走的时候顺手拿了姜福的手电筒,这个时候打开,有如一道白色的隧道敲开黑色的夜空心脏,在眼前推出一道明亮的通道。学生们仿佛学了夜行动物的本领,对这个时候的光芒格外敏感,以为是值周巡夜老师来了,纷纷闭嘴。我和沈潇进了一间宿舍,刚刚推开虚掩的门,发现手感似曾相识,用手电仔细一照,才发现是我们刚刚来西安时收留我们的那间房子的"艺术门",不觉暗叹与此门缘分久远。乍一进门,一股浓烈的酸臭味道顿时袭来,整个人好像突然失足堕入酱醋缸,而且是那种制造假冒伪劣陈醋的大缸的味道,浑身下上毛孔条件反射般骤伸骤缩,鼻子也痉挛似的不由一皱,连肠胃都要跟着翻酸水了。沈潇扯扯我衣角,想征求我的同感来证实他自己嗅觉并未坏掉,确系受到了重大刺激。

我轻声回应:"我也闻到了唉。"四周静悄悄的没有任何声响,反而衬得这股味道更加嚣张肆虐,整个宿舍空间好像已经是它的地盘了。我屏住呼吸,用手电筒的光照在地上,余光隐约能映到床铺上的学生。一个十来平方米的小屋原先挤着我和沈潇已经感觉转身不便,现在居然能塞进来二三十个学生,陈旧老朽的上下木床铺被紧密地排成通铺,一个床位上两个甚至三个学生,或侧窝,或蜷缩,几乎已

经容不下被子的空间了。此时正值 9 月，午夜室内热且闷，耳边只有蚊虫嗡嗡的奸笑声，肆意聚集在这群瘦弱的孩子周围，毫不怜悯地吮吸着他们本来瘦小的身体。我和沈潇刚刚徘徊了一分多种已经感到窒息，或许学生们的嗅觉神经已经麻痹退化了。我稍微凑上床边看了看，很多学生的垫褥是由化肥编织袋代替的，不仅硌蹭难忍，皮肤起泡发炎估计也是家常便饭了；盖被也是轻薄如纸，真希望这只是夏天临时使用。我和沈潇正欲退出，门外一个低沉的声音过来："谁?!"

化肥编织袋铺成的学生床铺

我忙探出头去："是我们，叶楠和沈潇。"

门外人道："哦，是你们啊。"我听出来是高老师，便和沈潇出门，问，"今天你值班?"

黑蒙蒙的夜色里，我们也看不清高老师的表情，他轻声答道："是啊，你们二位怎么来学生宿舍啊? 味道不好吧?"

幸好能躲在黑暗无边的幕布中，看不清楚我们刚才几乎九死余生的神态，我说："嗯，是啊，怎么宿舍条件这么差? 一个这么小的屋住了二三十个啊。"

　　高老师答:"嗨,没有办法啊,最多的有住四十的哩,都是排骨挤排骨了,我们这房子是 50 年代盖的,我表叔他们读书时候就用着呐,照理早也不能用了,都是危房,唉,没有法子,没有法子唉。"他不断地叹气,喃喃着没有法子。

　　我暗暗低下头,沈潇也没有说话,夜色更沉默了。过了一会,高老师说:"叶老师,沈老师,你们先回吧,你们上楼没有路灯,小心踩空了,我再看一趟。"我们和他轻声道别,便高一脚低一脚地摸着路上了三楼宿舍。

　　晚上熄灯以后,我难以成眠,夜色蒙在脸上,我仿佛开辟天地之前的盘古,沉浸在混沌之中,想用手撑开这茫茫黑幕,却又什么也没有捉住,不知道手放在哪里伸向哪里。

　　日子如高原上被侵蚀的黄土层,一天一天被剥去,虽然逝走的沙土无从寻觅,剩留下的内核却渐渐成形。我一天天地在西安中学送走自己 22 岁中的光阴,却更加感觉到青春的充实和具体。与这里一切的亲近,就像小时候在江南小溪边爬上高高的岩嘴,"扑通"一声一个猛子跳入水中,溶入其中那种融合的感觉,那种分不清那清澈的一团,什么是水什么是自己的感觉,隔了好多年,却又在这片极度缺水的高原上找到了,自己开始感觉有点莫名其妙,现在却更发现是理所当然。

在我心中

曾经有一个梦

要用歌声让你忘了所有的痛

灿烂星空

谁是真的英雄

平凡的人给我更多感动

把握生命中的每一分钟

全力以赴我们心中的梦

不经历风雨

怎么见彩虹

——《真心英雄》

CHERISHINGOURDREAMS

四

很快,我的教师生涯过去了一个多月,接近 10 月了,这是一个格外让人感到惬意的季节。上个周末根据第七届支教队全体扩大会议决议,国庆期间一起到腾格里沙漠一带走动,杨希辽和朱景渊都是北方人,近水楼台加上思乡心切,改回内蒙古和山西的老家,沈潇临时接到家里吃喜酒的鸡毛信,也直接奔赴成都。

剩下的我们六人约了时间,等到学校放假,10 月初的一天,我们兴致勃勃地坐车往中卫市开去,和我原来在闽浙一带坐大巴的情况不同,在宁南山区间穿行,极少见到绿色的树,绿色的溪流,连地表都是黄色得绝对,剥蚀得纯粹彻底极了。车子在一个又一个巨大的黄土包上爬来爬去,虽然不用置身车外,不会有"只缘身在此山中"的迷离,却已经感觉到人车在这个黄色空间中的渺小了,几乎也融成了高原上的一粒沙子,所谓"胡天六月即飞雪",10 月的西海固已经染上了星点的寒意,就像冬天时候不小心把冰水滴到脖颈处,顺着背部滑下来的感觉,冷不丁给你一阵小寒战。

车子也不知道爬过了多少道坎,反正人的眼睛在一望无际的黄土中被熏得麻木了。终于渐渐又看到了人舍,看到了车马,广告牌也多了起来,中卫近在眼前。这是一个依靠在黄河边的城市,和西海固相比,就如天生继承了一大笔祖先留下的家产,阔绰了也滋润了许多。下了车,看到了久违的公交车亭、出租车、霓虹灯,大家已经觉得很陌生很新鲜了,纷纷指指点点路边的各种都市标签,互相看看各自的兴奋劲儿,互相骂着队友已经是土人了,互相鄙夷并快乐着。

行程很紧,吃了午饭就奔到中卫沙坡头,我们一看一旁通告:带学生证或者教师证门票可以享受半价优惠。大家面面相觑,发现自

已已经不是学生了，却又不是正式教师，没有教师证，境地尴尬不由苦笑。我们无奈买了全票，在沙漠里面折腾了一个下午，我们六人傻乎乎地围着一堆沙子拍了许多数码照片，出了景点时候已经不小心偷窃了不少沙子，一路上只得不住地抖落赃物，大家

行走在腾格里沙漠

都已经灰头土脸，女生都不再顾忌形象，一个劲地在路上腾跳着甩沙子。晚上又买了去银川的站票，几个人在车厢的接口处找到一个人口密度比较小的所在，铺好报纸坐在地上开设牌局，扑克打到了十二点，银川到了。

　　晚上到了旅馆时候已经是筋疲力尽了，大家倒头就睡。第二天一大早和的哥侃了半天的价，成交后奔赴镇北堡，这是一个贩卖荒凉的地方，因为荒凉有了说头，就像宁夏五宝中的发菜和"发财"音同而在广东备受青睐一样，这里的荒凉也身价百倍了，不像西海固的彻底纯粹的荒凉一般透着让人迷茫辛酸的气息，正如黄色有金黄和土黄之分，前者已经就是镇北堡西北影视城，后者才属于西海固。

　　这里的黄土堆让我觉得感到洋气，感到了陌生。可能是因为太多有来头的人走过这里吧，所以格外沾上了些傲人的气势。大家都对电影《大话西游》的拍摄遗迹感兴趣，照例故作姿态拍下倩影留念，晃悠了半天，中午塞了几口面包，又奔赴西夏王陵，拜见了大白上国皇帝的长眠之所，后来又瞄上了一队组团旅游的队伍，免费蹭了导游

把梦留住

一个多小时精彩的解说,走到西夏博物馆时候,重新集结了一下队伍,虽然已经手软脚麻,却依旧跟着大队伍鱼贯而入。

博物馆是自由参观的,大家又分散开来,我想双腿终于可以稍微解放一下,站在一墩泥彩塑像面前作苟延残喘状。突然发现边上所书几个隶书字"西夏李元昊像",不由又肃然起敬,挺直腰杆细细瞻仰了。果然是一副英雄人物的气派,伟岸的身躯,威严的面庞,无不透射着千年前西北天骄的傲人风度,不用说话,就能聆听到他胸中气吞寰宇的韬略,感受到他眼中笑看金戈铁马的雄光。以前在电视剧《贺兰雪》中就被李元昊的盖世英才所折服,今天来到千年前他的地盘,虽然只是置身这宁静的博物馆,视线里却浮现出他一手打造的曾经的兴庆府,耳畔眼前却又隐隐泛起了当时的刀光剑影,想他也曾雄居贺兰山巅,东击南宋,北震辽金,文韬武略,英雄一世,最终却因为老年沉迷酒色,父子反目,朝纲散乱,没有能继续壮心演绎书写西夏传奇,却落得个被亲子所弑的悲惨结局,堂堂大西夏也从巅峰走向一蹶不振,最后被蒙古铁蹄践踏得几乎粉碎。

我素来喜欢看历史书,更是个喜欢胡乱猜想的人,此时也是沉吟良久,诚然,嵬名一族曾经是显赫光耀的,用自己的勇敢和胆略在中国千年长河中赢得了属于自己的位置,却走不出历史大背景的迷阵,跳不出封建王朝的轮回,最后只能埋葬在尘封之中,零落于时空之间。思绪又很快跳回了自己,跳到了 8 月青春飞扬的郑州大学,跳到了这一个多月的志愿者岁月,跳到了祖国大江南北,跳到了新千年的许多辉煌瞬间。"问苍茫大地,谁主沉浮?"在回身赞叹唏嘘西夏古国的同时,我突然觉得自己也堕入了历史的河流中,在中流击楫,在十三亿人流中一起高歌猛进,在创造属于我们这一代人的历史。在这黄河之畔,我又怎么能不见黄河之水天上来,奔流到海不复回。前一秒钟的良多感慨,已经暗涌般无声息地被历史黑洞所吸纳,更多的宏伟蓝图等着我们去添砖加瓦,相信后人重新翻开复述今朝历史的书籍,一定会对这个时代的精彩而赞叹的,毕竟,我们有一个前无古人

的平台支撑着。

看完了西夏博物馆,几近黄昏,我们在街角找了家清真面馆结结实实地填饱了肚子。晚上在繁华的银川步行街里面重温了一下都市的气息,次日我们就买了银川回海原的车票,结束了三天的国庆宁夏之旅,虽然假期还剩下四天。

回到海原时,已经是晚上8点了,我和姚克非等一中三人走在黑漆漆的路上,笑着说刚刚习惯了银川的灯红酒绿五光十色的缤纷场面,几个小时后又突然回到这寂静昏暗的大山里面,反差实在太大,一不小心已经得了夜盲。乔阅边走边向女朋友汇报行踪,姚克非念念不忘那天夜宵打的牙祭,我默默盘算着接下来四天的安排,四人正走着突然看到路边几个孩子走过来,远远便挥手叫:"姚老师,乔老师,詹老师,回来啦?!"三个一中的教师又是得意又是惊喜,虽然学生们不认识我,不过我突然也感觉到心头的一阵热度,一种"我终于又回来啦"的感觉。

国庆期间西安中学没有什么人,我琢磨着我们的教室宿舍的楼下大门应该也还被锁着,在一中蹭了三天。在此期间,姚克非得知自己已经由代课教师沦为失业教师,郁郁寡欢,如主力球员被挤到板凳上一样想不开,正好沈潇延迟返校,床铺空余,我便劝他来西安蔽世散心。

小象老师在改作文

把梦留住

　　快回到西安时,远远看到熟悉的山包,熟悉的校门,熟悉的黄土场子,虽然才分隔几天,却很有一种久别重逢的感觉。大四的时候,在厦大白城门口,我看到一个人下车就站在门口面朝厦大白城大海哭泣着大喊:"厦大!我又回来了!"随后趴在地上泣不成声,当时我俩感到诧异而惊奇,现在却发现有点能理解那个人了。这时候自己的心情虽然没有那么剧烈,奇怪得很,却由衷地很想狂热地在学校的黄土操场上狂奔撒欢儿圈了。

　　走了几步,看到许多学生已经回校,都朝我微笑,甚至轻声叫叶老师好,更是忘记了经日的疲惫和肩上沉重的行李,又看到张卫财在远处墙角啃玉米,他看到我时,照例傻傻地扬起手中的半截玉米,认真地问我要不要,我乐呵呵地说不用了。

　　回到三楼的教室型宿舍,躺到好几天没有亲热的铁架床上,也许是我这人天生有种野营的情结吧,在银川宾馆舒适的席梦思让我辗转反侧了很久,在这硬邦邦的铁架木版上却让我安然而盈发睡意。不一会儿门被推开,姜福回来了,戴着个小草帽,帽子上书"沙湖留念"四个楷书,他脸上也写满疲惫和兴奋,一进门便嚷嚷着:"哎哟喂!这几天可把我累的!"

　　两人各自趴在床头交流了几句旅游随感,相继响起了呼噜或者鼻息声。每次回家的睡眠总是最沉最死也最甜蜜,我们居然在离家千万里外的高原也找到了这样的感觉。

　　一觉到第二天早上,已经是 6 点多了。其实昨天也曾经迷糊醒过来几次,潜意识里面想起食堂没有开,晚餐无望,不如长睡避免饥饿折磨。起床后发现桶空锅冷,已经是山穷水尽了,便下楼到水窖那里寻水,发现黑板报昨天晚上写的通知:"今天下午在操场举行国庆大合唱,希望各班准时达到并列队排好。"

　　回忆起来国庆节前,学校通知各班准备全校国庆师生大合唱比赛的情景。那时候每个教室的歌声可谓此起彼伏,一个班级学生如果听到隔壁班级有了歌声,就好像半夜鸡叫似的连锁反应引得其他

班级赶快拼歌,嗓门一个比一个大,这边"歌唱祖国",那边就是"走进新时代",如火如荼,让人在教学楼里面感觉如走在声音的波涛之中。

下午吃了饭,姜福乐滋滋地向我炫耀他被特聘为比赛评委,我心里服气,嘴巴上不松:"山中无老虎唉。"不到中午一点钟,楼下已经开始有了动静,吕泽斌领着一帮学生在忙着抬桌子搬椅子,把年事已高的老爷音响也小心翼翼地请到楼下现场,我跑到楼下看看能否帮忙,正听见吕泽斌对着音箱双手合十念念有词曰:"您老下午千万别闹脾气,就熬过这一会,就这一会哦……"

我忍俊不禁,但没有打扰这严肃的仪式,过去和刚来的李校长商量了一下布局。很不容易拼凑了学校千挑万选的几张毁容不是很严重的桌子做评委席,在墙头贴好毛笔红纸的"国庆大合唱"几个吕泽斌的墨宝,架好骨架松散的音箱设备,忙碌了近一个小时,简陋的舞台搭好了,麻雀虽小,五脏俱全,连摄影师都叫了:马卫员老师借了台老相机,不时来回走动虔诚地取景。

吕泽斌拿起话筒试了一下,虽然声音已经足够达到了刺耳的范畴,却不失响亮:"同学们注意了,合唱比赛马上开始,请各班同学自带板凳,按广播操队形集合。班主任请协调。"通知还没有播送完毕,学生早已经拎着各自高低不等的小板凳,乌压压地从各个方向汇拢,场面热闹沸腾有如开审判大会时候的激昂,坐在台下这般跃跃欲试,看起来不像是为了表演而是为了上去砸人。

赛前是王校长简短的开场白,稍微抑制了一点台下几乎燃烧起来的激情,大家发现就要自己上场了,紧张又像旁生的枝节一样从心里探出头来,大家纷纷把脖子缩进领口,把手掌拍地震天响,努力用这样方式把局促送出去。接下来按抽签顺序登台,第一个上场的是初一(二)班,没有想到出师未捷音箱先死,他们的曲目《保卫黄河》的伴奏带哼哼唧唧就是唱不出来,满耳都是机械零件的尖锐摩擦声,急得吕泽斌几乎要把老爷音箱大卸八块,在一阵按摩足疗的拍打之后,音箱大爷终于干咳一声,吱呀吱呀开始吭声,还算识时务地找准了旋

把梦留住

律,大家长吁一口气,初一(二)班也连忙趁着它心情好的时候引吭高歌,吕泽斌激动地一个劲抚摩心口。

接下来是初二(五)班的节目,国庆前余德旺神秘地告诉我要给我们一个惊喜。我忙扯扯一起混迹于评委席空位的姚克非说:"沈潇的心腹班级来了,喏。"他们进场倒是整齐,没有辜负前阵子沈潇体育课队列训练喊干嗓子,我正眼巴巴地等惊喜,只见张卫财和余德旺两个人突然向前迈了一步,我定睛一看,两人今天穿着倒还是清楚,只不过头发还是一如既往地爆炸鸟窝式,脸也没有舍得用水抹一把,他们走了一步,却面面相觑,我心里咯噔一下,不知道葫芦里面买什么药,他们可是上了学校后进生帮扶文件名单的,属于调皮捣蛋成绩差的一类,这个时候不知道搞什么花样。

此时,台下已经蠢蠢欲动了,老师们也是一脸莫名,就在十秒钟之后,他们向全校师生深深地作了一个标准的九十度弯腰鞠躬,随后脸上出现几乎是殉道者般诚恳的表情,声音虽然带着颤抖,掺着紧张,还是很大声地响彻在操场的上空:"尊敬的老师同学们,我们或许做不到最好的,但是我们一定要做最努力的!"

全场一时静默,没有想到这两个平时让老师头痛让同学头大的小霸王,今天却说出了让大家如此震惊的话语。或许我心里早已经有了期待,反应也就出于本能地迅速,第一个用双手鼓掌用力回应,随即全场波涛席卷而来的掌声,让人感觉这一刻中洋溢着人生的幸福和快意。

初二(五)班的歌曲选的是《精忠报国》:"马蹄南去人北往,我愿守土复开疆,堂堂中国要让四方来贺……"音色不是很准,和声也差强人意,但是声音却格外的雄壮豪迈,气势也在大家梗直脖子憋红脸庞后被激发出来,张卫财、余德旺、石大魁更是几乎斯里竭底,嘴巴张合的幅度可以吞下对面南华山,姜福听了兴奋得直摇头,姚克非捶了我一拳:"你们平时怎么威逼学生的,这么个比赛,跟玩命似的。"

接下来的是解老师带的初三(六)班,也是补习班。他们的《山丹

丹花儿开红艳艳》显然是精心准备了很久,领唱加男女声二重唱,波澜起伏让人感到耳朵美不胜收,仿佛春天里面采桑葚,刚刚找到这边有个大大的,又突然发现那边还有一堆红熟的,欣喜不断,尤其是领唱的两个女生,有着大西北孩子那独特的高亢苍凉的声线,虽然是在人海中演出,却仿佛让你置身于面对辽原中的高高山冈,心意也随着高扬绵长的声调慢慢向远处攀升。

六年级的孩子蹦蹦跳跳地聚集出场了,他们排队的功夫也没有让我丢脸,迅速整齐。这群大多十岁刚出头的孩子可爱的童声也赢得了阵阵掌声,一脸稚气却绷着认真严肃,大家边唱边左右来回晃动着身体,好像一片会移动的花海,每个人随着旋律与节奏轻轻地左右点着脑袋,童年的纯真如含苞欲放的花蕾让人怜爱,姚克非平时不羁的表情都被感化陶醉得满眼鲜花模样,我想起这群孩子平时与年龄不相称的老成,此时才是属于他们的本色花样年华啊。唱完后,他们突然从放在身后的双手中掏出一朵朵鲜红的纸花,高举到头顶欢快地挥舞着:"谢谢大家!"眼前数不尽的姹紫嫣红,果然是"乱花渐欲迷人眼了",我感动得忘记了鼓掌,这一刻,仿佛真的一不小心掉进了天堂里的春天。

在一首又一首旋律中,我渐渐不由自主地重新端详我身边的这个小世界。或许作为一个志愿者,作为一名刚刚走出校园的大学生,西海固或者海原西安给我更多的,是一种让我用悲天悯人的心情去同情她,怜惜她,为她的悲苦身世而难过,替她的坎坷前景而担忧,不知不觉中,把自己看做了盗火的普罗米修斯,不能替人类分担苦难,也要与他们一起沉浸在痛苦之中,为宇宙的不公而怨天尤人或者哀叹不息。而眼前站着的高声欢唱的学生们,他们穿着杂乱无章的破旧衣服,头发蓬乱脸蛋黑黝,干裂的嘴唇在诉说自己从来没有喝够水,瘦削的身体提示着自己日子的清苦,但是却没有人放弃,他们有自己的精彩,有自己的生命中的追求。或许我不远千里来到这里,不仅仅是要给予我原来所自然迸发的感情一个出口,更要从贫瘠的土

把梦留住

地中挖掘出属于这里的梦,属于孩子们的达观快乐。眼前这些满脸诚挚的我的花儿们,让我有着看到奥运会上的运动员拼搏时刻同样的感动,他们是真正的真心英雄。

比赛一直持续了三个多小时,我和姚克非掌心都鼓得发红,还是伸直脖子等王校长颁发奖状。一等奖由红花儿一般的六(一)班获得,余德旺代表初二(五)班去领二等奖的奖状,或许还是不适应这么隆重的场面,尤其是这么隆重的欢迎他的场面,这个时候他的脸却看不出刚刚宣

每周西安乡中学最神圣的时刻

称时候的自信,因为自始至终脸都是平行于地面而前进,还差点直愣愣地撞到王校长,不过可以从腮间看到挂在上面的赭红。下面不时有人叫他的名字,他听了好像小偷在街上听到后面有人叫喊着捉打他一样,更加惶恐不安。拿了奖状,王校长鼓励地拍他肩膀,几乎把他击到趴下,飞一般地溜入人群中,又是引来了学生们善意的哄笑。

活动圆满结束,吕泽斌千恩万谢地对音箱又是吹灰尘,又是整理线路。学生们也如电影散场般拎着木凳退去,不时有争执评论的声音。我们三人回到三楼,正准备放下东西直奔食堂,门被推开,沈潇回来了,进门就嚷嚷:"兄弟们看我给你们带了多少大肉罐头啊!"我们欢呼雀跃,齐以老鼠爱大米的旋律唱:"我爱你,爱着你,像爱红烧肉罐头……"

晚上大家狠狠心,每人吃了一个珍藏了大半个月的从厦门邮寄过来的肉罐头,又是开心,连罐头里的咸汤也统统灌进肚子;又是心

疼,边吃边骂自己是败家子。

沈潇错过好戏,忙催促我们把数码照片弄到电脑里面回顾精彩。我们看了都颇为满意而感动,第二天上课忍不住和学生们吹嘘,学生们比我们更兴奋,像每个人领到大奖一样又蹦又跳,跑圈都格外卖力。下课时候我又强调了一下晚自习可以拿题目来问。正往宿舍走去,远远看到余德旺正在被一位老师在发狠训斥,我看到姜福从那里走过来,便问:"怎么了?"

姜福摇头道:"老毛病又犯了,上课递纸条。"

我俩刚刚走到三楼,一群学生已经在门口恭候,个个手捧课本练习册,这不是刚才我教课的那个班级的学生吗?我惊诧于他们行动的迅速到几近诡异,忙叫他们进宿舍。

十来分钟过去,几个学生问完问题后,互相窃窃私语不好意思地讨论什么。我便问:"还有问题吗?""老师,我们能看看前天我们比赛的照片吗?"一个女生红着脸轻声说道。

"好啊!"我连忙回应,"来来来,都到这边。"他们脸上顿时浮现出兴奋和激动,一哄过来围在电脑边上。我找了那天拍的他们合唱的短片播放,由于没有音箱,我递给张梅耳麦,她睁大着眼睛,嘴巴微张仔细倾听着,其他几个同学羡慕地看着他们,纷纷伸手要接班,张梅慢慢地把耳麦交给另一个学生,眼睛却没有离开电脑屏幕。看完短片我又打开他们班照片文件,"呀!那个是我!"身后一个女生脱口而出,学生们哄笑着她,却马上也纷纷跟着忍不住叫:"我在这!""我咋只有照到半个头?""吚?我衣领忘记扣了"……他们的表情突然变得严肃虔诚,大家都对着屏幕仔细端详。

看了十来分钟,他们起身说要走,陆续出了教室,我送至门口,最后出门的一个女生望着我说道:"这是我第一次看到自己的照片,谢谢老师了。"

我心颤了一下,笑道:"以后有机会一定再多给大家拍点。回去早点休息吧。"

把梦留住

　　送完学生,姚克非举手说:"要解决问题的同去?"我们三个皆附议,出门天色灰暗,昏黄的路灯下似乎有雨水飘扬,姜福嘟哝着咬文嚼字:"淫雨霏霏,什么天气!"

　　"无所谓,走吧!"沈潇催促道,刚刚下了走廊,路灯近了,我们透过窗户一看,愣得立定住了,异口同声大叫:"雪!是雪!下雪了!居然!竟然!"四人登时雀跃欢呼,连忙跑到操场上伸手接雪,在黄色的路灯映掩下漫天雪花占据了整个世界空间,密密麻麻地飞舞在空气中,周围的一切点、线、面、体都被白色的雪花覆盖了,这灵动的白色精灵毫不客气地向你迎头盖来,让你甚至透不过气。我们在操场上笑着跳着,高举双手张开巴掌,不一会每个人头上都覆了一层薄薄的雪花,在夜光中晶莹剔亮,仿佛每个人都戴了铂金的皇冠。

　　"叶楠,你说明天会有积雪吗?我打赌肯定有!"沈潇得意忘形,展露出赌徒风采。

　　"估计不行,根据我在浙江多年考察经验,难!很难。"我故作深沉,以区别他们厦门从来没有见过雪的几位。"下半夜如果雨雪交融,雪就很难积累,加之现在气温不在零下,积雪谈何容易。"

　　"喂!我们这里下雪哦!"几个没有

雪中西安街

见过雪的南方佬又不约而同地拿出手机打电话,"哈哈哈,羡慕吧,大哩,大得很,标准的鹅毛大雪啊!……"雪仍在下,我们身上雪渐渐化成水,我们忙撤进旱厕解决身体内部矛盾,姜福唱兴大发:"2005 年

的第一场雪,比 2004 年来的早了一些,我们也在厕所排水,虽然比大雪逊色了一些……"大家都笑骂他歌词不堪,影响如此美妙意境。沈潇提议:"我们要牢牢记住今天,10 月 12 号!""走走走,楼顶上看雪去!"姚克非补遗道,大家又飞也似的奔上教室宿舍。

第二天,学校通知我们从三楼教室搬到操场上的平房,房子是刚刚盖好的,湿气甚重,许多当地老师纷纷架炉烤湿气,烟雾袅袅蔚为壮观。我们贪图早点方便用水,加上三楼教室近日寒风凛冽,晚上实在难挨,顾不上提早入住得关节炎的隐患,便连忙打好包裹准备迁徙。姚克非昨晚接到电话,得了一个差事,乐不可支,一早就屁颠屁颠奔回一中,临走前摇头晃脑地教诲:"搬家之事要发动学生运动,让学生帮忙搬家对你们是一种福利,对学生是一种荣誉——咳咳!当然,除非你们实在惹学生讨厌喽。"

我和沈潇把他撺上车后,望了望堆积如山的物品和几张大床,叹口气,便各自到所教班级问:"哪些男同学中午有空帮老师搬下东西?"顿时喊声雷动,无数支手臂高举着嚷着:"老师!我去!""我也去!""我能行!"

我俩大惊,看着学生们卷起袖管涌进宿舍,断言此乃姚克非愚者千虑,必有一得,便领着浩浩荡荡的队伍到了三楼教室,其他班级学生见状纷纷加入其中,犹如起义大军一路滚雪球似的拥挤不堪,我俩忙叫:"人够了,后面的同学回去吧。"说完我们就后悔了,这句话仿佛暗示搬家是有名额限制的,需要竞争夺取,而此类事情多半僧多粥少,勾起大家趋之若鹜的心思,学生们越聚越多堵在门口,有如通货膨胀下大家哄抢货物的情景。

姜福下课过来搬家,瞠目结舌。高呼自己老师身份才挤进房间,许多学生已经搬了一些家当,领到物品的眉开眼笑在炫耀,没有搬到物品的东张西望搜索合适的负担以便申请,平时寡言忠实的学生扛起东西就走,调皮滑稽的还在摆弄一些新鲜玩意。我和沈潇背大床开路,并保持轻松状以展示老师与学生体能上的差别,一路上观者芸

芸,我俩硬着头皮憋着气脸带笑意绝不休息,差点撑坏肚皮。

搬到楼下房间里面,我们使出最后一点力气,故作轻盈姿态放下床,我抬头一看,20平方米的房间挤进了近50个学生,站在外围的学生纷纷起立向我们打招呼,仿佛热情主人招待两个惊诧的客人,里层的学生刚刚放下物品,尚未看到我们,都在攀比自己的力气和刚刚搬到的货物价值,状况形同农贸市场。我正想寻点什么零食犒劳孩子们,突然有一个身影在我左边蹲下,飞快扯开我刚刚买的一包枸杞,可能是有点慌乱紧张,猛一用力他把塑料袋扯烂了,枸杞铺了一地,他手边颤抖抓把枸杞往兜里塞,指间不断有枸杞滑落。

"你在干什么?!住手!"我有点血冲脑门,定睛一看,认出他是我教的重点班的一个学生,一想他平时一直看似很老实认真,更是感到一阵心痛。我瞪着他冲他厉声问道:"你知道你在干什么吗?!你知道这是什么行为吗?!"

他脸顿时涨红了,眼睛惶恐地望着我,双手不住的揉着,舌头机械地顶着上嘴唇。房间里面有许多还在帮忙的学生,我低头发狠扔下句:"跟我出去。"

站在刺目的阳光下,寒风呼呼拍打在我和他身上。我看着他问:"你是二(1)班的吧?叫什么?"

"我……我……"他紧张的舌头打结,头快垂到胸前。

"刚才怎么回事?说一下吧。"我缓了缓语气,心里希望这是一场误会。

"我……老师……"他带着哭腔,但是仍然一句话也说不出来。

我叫来边上围观的一个学生问:"他叫什么名字?"

"马国开,他刚才偷老师枸杞呐!"那个学生有点幸灾乐祸。

这时,上课电铃急促地尖响着,马国开身子颤了一下,随即又使劲揉捏着自己的手指。

马国开还是结结巴巴地在用当地方言吐着含糊不清的音节,我蹙下眉头说:"马国开,你有什么困难可以和老师说,想吃什么也可以

提要求,但是刚才你做的,你知道是什么行为吗?"

我脑海中浮现平时他上课时候的认真努力的样子,叹了口气,准备听和接受他的解释。近来几个星期,在政教处工作的我已经见过个别学生做错事后百般狡辩。出乎意料,他挣扎半响说清楚了五个字:"我错了,老师。"

我被打了个措手不及,一番鸿篇大论谆谆教导胎死腹中,脸上堆砌的威仪竟然突然崩溃,我轻轻点了点头,看他几乎要把干裂的嘴唇咬破,便把手放在他肩上,拍道:"嗯,你先去上课吧,有什么委屈或者要解释的再找老师说。"

他什么也没有说,转身低头走了。我望着他的背影,正百感交集回味刚才一刻,突然他调过头来轻声说了句:"老师,对不起。"

声音很轻,耳畔风声很大,但是我听得很清楚。我微笑点点头:"先去上课吧,有事情课后再找我谈。"

我转身回屋,便见姜福在笑骂道:"这群小崽子,把我纸箱里面的三瓶酸奶拿去消灭了。咦?作业本的答案呢?"

我朝他意思意思地笑了笑,开始准备整理房间。房间里面已经堆满了各色物件,我们三个很快淹没在刚刚搬来的家当中埋头整理。这时候虚掩的门被推开,张校长进来道:"哟,搬下来啦,咦?这咋一地的枸杞呐?"

"哦,呵呵,刚才我们不小心洒的。"我鬼使神差地顺口就说。张校长寒暄几句便出了门,姜福又哼起了小调,沈潇边理东西边吼嗓子,我刚才沉重的思绪也渐渐被他们的声音扯散,手机响了,是丛爽和谢冰宜恭贺乔迁新居笑着讨问吃搬家酒,我忙恐吓她们要包大红包给我们,才封住她们的嘴巴。

三个人敲敲挪挪了一天,到天黑时分才在宁夏第三次搬迁后安营扎寨。铺好床,大家已经是人困马乏,顾不上房子阴冷潮湿,纷纷睡倒。

第二天大早,我分明感到自己在厦门海边坐帆船披风斩浪,一个

把梦留住

激灵醒来发现是耳边大风呼呼作响,身体已经如冰棒般僵冷,忙翻身披上大衣活动筋骨。沈潇已经出去查早读课回来,一照面就是大呼天气诡异,冻人骨髓。我们肉体上被冷空气摧残,便一起在语言上抗议反击大西北的气候,渐渐感觉到身体暖和了些。

寻了锅里昨晚吃剩的冷花卷馒头,填了些气力,我和沈潇准备去各自办公室上班,正缩头御风前行,突然看到两个学生架着一个虚弱的身影快步向校门跑去,后面是气喘吁吁的冯老师。我俩忙跑到跟前,我看到瘫趴在两个学生中间的人大惊道:"马国开?! 怎么了? 他怎么了?"

两个学生用乡音结巴不能言,我和沈潇忙说:"你们闪开,我们来扛他。"这时冯老师赶到,边喘气边向两个学生挥手道:"你们先过去卫生院。"我问:"马国开怎么了?""唉,估计是吃坏肚子了,唉,我们这里学生经常吃些不卫生的东西。"冯老师停下来说,"就怕是急性肠炎,刚才他疼得蹲在教室地上轻轻地哭。"

"要不要给家里人打个电话?"我问道。

"唉,马国开是个孤儿……"冯老师轻声叹道。

我的心就像爬悬崖时候突然一脚踩空的感觉,脑袋仿佛被人抽成了真空。高大的冯老师说完便扛上马国开,一路小跑向乡卫生室奔去,我和沈潇相视默默无语,慢慢转身走向各自办公室。

进了政教处办公室,李校长正拿着半块馍在看文件,看到我便扬了扬手问:"哎,小叶你来啦,喝过没有? 我这里有馍馍。"

我笑着谢绝了,坐定在自己办公桌前,埋头开始写昨天没有起草完的总结材料,原来写得颇为顺畅的许多词句突然语塞,手中钢笔仿佛接收到大脑混沌的指令,死活不肯吐墨水,我发狠上了大刑逼供,用力猛向后一甩手,笔头鬼使神差在大吐血后,弹出笔身成功实现箭弹分离,我伸手向抽屉摸去,好不容易捡到一个表面饱经沧桑的圆珠笔,好像还是当初在郑州培训时候买的,算是老臣了。在草稿纸上草草划了几下,老笔好像用实际行动抗议我刚才对他同类的暴行,坚决

贯彻抵制写字不吐墨水的政策。这时早操时间到了,我叹了口气,投笔从戎下楼去陪学生们一起晨跑,心想顺便看看初二(1)的马国开是否回学校了。

学生们像往常一样在风沙中列队跑步,我一眼就瞥到初二(1)班的队伍从操场的那一端齐刷刷跑过来,一列、两列、三列从我身前穿过,还有时不时朝我微笑叫着体育老师好的,我匆乱地点点头说加油,却没有看到马国开的身影。

跑操之后是三节课,我在办公室时不时若无其事地在初二(1)班门口和窗外晃动张望,那个位置却始终安静地空着,连凳子也无精打采地歪在一边。下课时候遇见他同班的李宗奎,我忙拉过来问:"早上马国开是不是身体不舒服?现在好点了吗?他现在家里还有谁?"

"他早上肚子痛大了,蹲在地上哭,脸都纸白纸白了。被架到医院了,后来就没有消息了。"李宗奎脸上还是挂着一点残存忧郁。

我转身去年段办公室找冯老师,却找不到。问了高老师乡卫生院的地址,这时候沈潇找我说李校长找我有事,我一想糟糕,早上要写的材料才羞答答开了个头就且听下回分晓了,忙赶回政教处办公室。

放学后,我躺在床头囫囵闭了会眼,睁眼一看,窗外竟然飘洒着星点雨丝,宁夏的深秋的雨和着寒风挟着一道道阴冷彻人骨髓的冰意,雨很小却能粘在人身上让你感到冬天在皮肤上的蠕动。可惜现在不是春夏,田里已经没有什么农作物了。我站在门口,抬头望着雨线从遥远的天际瞬间射落下来,不知道这个时候有几个人和我一样烦躁。

快到上课前的几分钟,冷雨却很知趣地被收了回去,地上的沙土贪婪地吮吸着刚才失势的雨滴,我默看了几眼昨天的备课日志,走到操场上准备整队上课。

走到操场上,初二(1)的学生早已经排好整齐的队伍。学生们看到我迎头过来,方阵中传来几声压抑不住的声音:"老师!今天跑

把梦留住

步!""什么时候有篮球啊? 老师!""对! 老师能不能有球哇!"

我走近环视了一下,咦?! 马国开! 脸色还是像平时那样红扑扑,头发还是像以往一样乱蓬蓬,眼睛也还是平时列队时候那样喜欢东瞟西瞥。我禁不住眉毛一扬心里乐了一下:"嘿! 看我这节课要好好盯着你!"我们目光对视那一刻,他略带羞涩而嬉皮地低头笑了一

下,我在千分之一秒后马上堆聚起平时的严肃:"全体立正!"这节课安排的是跳绳跑接力赛,男女各两队比赛。我规定不能单脚跳只能双脚跳等等规则后,便吹响比赛哨。

灿烂的孩子们

学生们今天都很兴奋,加油声音此起彼伏,不过也有几个单脚跳着前进的,我喝了几声才有规矩地双脚跳。马国开是第四个接力出场,刚一起跳便如被触电般抽搐着身子向前单脚跳步,幅度之巨大身形之别扭动作之难看皆创了新高,我忙喝道:"马国开! 犯规了,注意点!"

出乎我的意料,他没有像之前的犯规同学那样继续埋头敷衍前进,却朝我无奈地看看,转身拎着绳子退回了起点,盯着另一队的学生的正确动作注视了几秒,又重新扬起绳子一步一顿地双脚向前跳,速度很慢,步伐也比刚才艰难许多,双脚着地却十分坚定。比赛还在继续,他拖慢了全队接力的速度,却赢得了不少喝彩。

比赛结束了,我照例让输方狠狠地予以赢家掌声。一阵欢呼过后,我用双手压了压沸腾的队伍,继续说:"比赛胜负其实是次要的,同学们,今天我更看到一种勇气,知错就改的力量,一种态度,认真对待纪律和规则的心态。让我们给予这方面做得最好的——马国开同学以鼓励的掌声,好吗?!"

　　"哦！马国开！"大家看着他喊着他的名字用力鼓掌。马国开显然对突如其来的掌声袭击没有什么准备，一脸愕然地看着朝他微笑的我，那一刻仿佛大脑中枢系统短路，表情很不配合地出现老年痴呆症才具有的罕见表情，在全身神经系统的紧急修复调整后才指挥面部堆砌平时害羞的样子，脖子却在掌声中失去联络，不由自主地缩进衣领。

　　下课后我哼着"最初的梦想"的调子回到宿舍。沈潇已经换好他心爱的"BOBO11"球衣，见了我就嚷嚷："快！叶老师，比赛快开始了，换衣服啊。"

　　我看他猴急的样子，指着自己说："老沈，你晕了！我刚刚上完体育课，换什么衣服啊，走嘞！下午我状态一定好。"

　　我们跑到篮球场，已经有许多老师在练习了。今天是我们语文组最后一场比赛，之前我们三战全胜，只要拿下政史地就稳揽冠军了。看我们两个后生兴冲冲跑过去，政史地队的张校长朝我们叫道："沈老师，叶老师，今天让你们组只能拿第二！"

　　沈潇笑着不客气地说："好嘞！我们队第二没有队能拿第一喽！"

　　比赛很快开始了，场边站满了围观的学生和老师，大家都希望政史地能阻击连胜的语文组，给剩下的三场比赛留下悬念。只有姜福在叫嚣着语文必胜，估计他是在惦记着我们请客吃饭。

　　今天我们语文组首发五人是沈潇、王云强老师、王雪封老师、黄则东老师和我，对方政史地组也集结了最强组合：张校长、卓俊老师、吕泽斌老师、郭日胜老师和韩马老师。典型的平均年龄 30－VS30＋，不过今天沈潇运气贼差，篮下中投三分统统不进，带球会绊蒜，抢篮板和一米八几的张校长相撞，就算是他弹跳好在篮下连抢连投了四次，随着全场一次一次惊叹声，篮筐对他好像封了盖，任你不断地抢了篮板补了三四次，还是在框沿上晃晃悠悠绕一圈硬生生落出来，气得他站在篮下干瞪眼，甩手跑开了。我过去拍拍肩膀："哥们，今天别扔了，看我的。"

把梦留住

　　上帝在关上一扇窗户之前果然开启其他好几扇的窗户,除了前几场的 MVP 沈潇外,包括我这个半路出家的都手感极佳,齐刷刷分数上了两位。最近学生也和我们熟悉了,在场边猛喊叶老师沈老师加油,叫的最凶的是余德旺一伙,仿佛在我身上押了一赔一百的赌注,我也被他捧得飘飘然,进一个球摆一个庆祝 POSE,惹得学生们笑声不断,吕泽斌击我背部一掌道:"嘿!你个花大虫!"

　　比分最终锁定在 58∶36,语文组顺利夺冠了。

　　转眼又到了周六,我和沈潇一早来到职业中学,见屋里面没有人,便霸占在丛爽的小床上,细数今天进县城要置备的物件。

　　过了一会儿,丛爽进来叱道:"擅闯我们闺房,你们好大胆呐!"

　　他身后跟着的关桥二人组也装腔作势道:"招了吧,你们两个刚才在房间里面干什么勾当?!"

　　我嬉笑着说:"贵客莅临,无人出迎,沈大爷在生闷气哩,还不过来赔罪?嗯,有没有什么吃的啊?"

　　丛爽笑着恐吓道:"吃的没有,水桶倒是有两个哦。"我们吓得噤若寒蝉不敢吱声,看到谢冰宜和一中关桥的几位随后也进了门,照例和几个男生肢体扭打言语互损了一番,队长拿出一个小红本子,张罗着叫我们别吵了,有要事宣布,等到安静下来,她对着红本本一字一板地念道:"下周末团中央赵书记率全国青联、政协委员艺术团来海原进行慰问演出,期间要下乡到关桥中学视察,大家有什么建议。"

　　大家七嘴八舌地说了一下各自观点,谢冰宜一一记下,又讨论分配了一下每个人的分工,时间已经过了 12 点,大家便在县城街道大路上开起了现场办公会议,旁若无人地在路上热烈地争论着,一扯扯到小饭馆里面,老板以为我们发生民事纠纷,半天不敢把菜单呈来。

　　每次我们支教队集体在县城饭馆吃饭,总是让我联想起初中历史课本上中国近代史一个章节:《帝国主义掀起瓜分狂潮》。服务员每端上一道菜,男生顾不上风度,尤其是我们乡下四位,一闻到久违的油腥味就张牙舞爪,仿佛到了月圆之夜的狼人露原形。女生也不

要了矜持气质,举着筷子企图用眼神唤醒我们遗忘的绅士风度,服务员捧着菜一现身,现场马上剑拔弩张杀气腾腾,等到服务员战战兢兢把菜放稳了,"吃!"大家一起下了总攻令,桌上的菜犹如日本鬼子中了八路军的埋伏,只能置身于一场硝烟弥漫的歼灭战中,我又想起了小学时候的一首歌曲:《游击队歌》——"我们都是神枪手,每一筷子消灭一口美味,我们都是飞行军,哪怕筷子够不着……"准研究生们没有了羽扇纶巾的洒脱,饭菜顷刻之间樯橹灰飞烟灭,男生一个劲埋怨上菜慢,只得宜将剩勇追穷寇,拼命用碗底最后几滴菜汁浇灌米饭。值得一提的是詹维思最近突发奇想说要乘机减肥,咬紧牙关咽着青菜土豆,我们几个又是感激他又是坚决鼓励他。

第二天一早,我就要回西安乡了。和沈潇一起扛着四大编织袋厦大外文学院研究生党支部捐赠的旧衣服,衣服很重,勒得双手紫青几乎肢体坏死,我们彼此攀比着谁的蛮力大,一路上也不让最后一个运动器官嘴巴空闲着,挣扎着讨论这个学期剩余的支教工作,倒也不觉得十分费力。屋子里灰尘巨大,沈潇和姜福各自买了一个放衣服的简易衣柜,需要自行搭建,他们忙活了一下午还是没有整理出头绪,余德旺和几个学生正捧着书来问问题,见状嚷着说这个他们在行。沈姜二人已经折腾得几乎泄气了,便大胆放权。没有想到这些孩子心灵手巧得很,不出半个小时就搭好了衣柜。

我吃惊地看了看姜福,姜福尴尬地点头:"不错不错,我本来就是想这么搭的。"

沈潇拍了一下余德旺脑袋:"这么聪明,更不要浪费了,认真点,我包你能上大学!"

余德旺默默点头。

边上一学生补充道:"老师,余德旺他们家的屋棚子都是他搭的,可结实了。"

姜福说:"看不出来,你有建筑师的潜质啊。"

余德旺:"姜老师,啥是潜质?"

把梦留住

姜福："潜质就是你天生比人家更有竞争力的东西。"

余德旺："姜老师，啥是竞争力？"

姜福一愣，吼道："你平时多读点书！"

我笑道："姜老师一直在夸你呢！你以后想当建筑师吗？他说你能行！"

余德旺皮着脸笑嘻嘻："建筑师赚钱多吗？"

沈潇一拍大腿："巨多！一个月收入比我们三个老师一年的加起来还多！"

余德旺张大嘴巴："好……以后我就做建筑……师。"

沈潇："我说的可是英语好的建筑师。"

余德旺赶快捧起书："My name is Han Meimei, What's your name? ……"

姜福："你总算能读完完整的句子了。"

余德旺：My name is Yudewang. Thank You, Miss Jiang."

姜福怒道："我是男的！不是 MISS！"

我笑道："孺子可教。"

星期一召开了期中考试会议，我这才发现时间果然像个小偷，不注意的时候他已经带走了你好几个月的光阴，来不及蹉跎。本体育老师和其他任课老师一样，被安排到了三场监考工作，犹如享受了WTO 的最惠国的国民待遇，因此会卜听得也格外认真。

开完期中考试准备会议，已经是6点多了，沈潇嚷着要自己做菜吃，姜福怀念醋熘包心菜，我饥肠辘辘翻锅倒碗。我们三个忍饥挨饿，张罗着煮了半锅土豆包菜，好歹也是热气腾腾出了锅。我们正拿来碗勺张牙舞爪要掀起瓜分狂潮时，我手机响了，沈潇和姜福奸笑不止，说我没有口福。

我嘟哝着拿起手机一看，是我爸的，忙用泰顺老家的方言接听："喂？爸。"

"吃过了吗？""吃了。""嗯。"爸爸的声音有点阴郁，"我告诉你一

件事情。"

"怎么了？爸。"我听得出他似乎心事重重。

"今天你妈做了个手术，哦，不过很顺利，良性肿瘤摘除。"爸爸终于加大了点声音说了出来，边强笑着解释，"很成功，你妈现在精神还挺好……"

"妈什么时候检查出来的?!"我忍不住打断了爸爸的声音，"怎么都没有和我提起?!"

"唉，我们怕你担心……你妈更不让说，呵呵，你一个人在西部的，不过现在好了，手术顺利，要不，要不你和你妈聊几句?"爸爸的声音里面掺着厚厚的疲惫。

"喂，楠儿。"妈妈的声音有点颤抖，"吃过了吗?"

"妈……"我突然感到很难过，"你，你现在感觉怎么样？疼吗?"

"现在还有麻醉打着。"妈妈笑着说，"没事的，小手术，很快好的。"

"妈……"我不知道说什么好，刚才听了妈妈的声音，我猛地强烈感觉到，妈妈也是快五十的人了，妈妈快是老人了。我强忍住内心酸楚的情绪，脑袋一片空白地说话。此刻，我好想飞回家乡，坐在她的床前看着她，听到妈妈的声音。过去记忆不断浮现，却有点凌乱，小时候，总是她一边打着毛衣一边看着我写作业，每天早上，在我吃的面里，额外加一个鸡蛋，以前家里有个提水的大桶，妈妈总是一步一顿地用双手抬着走过无数台阶，我想上去帮忙，妈妈总是慈祥地看着我，笑着说："等你到了十八岁，就可以帮妈妈拎这个大桶水了。"转眼间，我从十六岁就离家在外求学，每年回家的日子寥寥，到了现在也没有机会再帮妈妈提水上楼。大学时候，每次打电话，她总是那几个问题，吃什么啊最近，冷不冷啊，学习累不累啊，我却每次机械地回答着，眼睛盯着电脑的显示屏。

妈妈一开始是反对我来西部的："那里气候那么冷，听说连水喝都没有，你怎么受得了啊……"但是他看着执拗坚持的我，还是软

把梦留住

在哪儿都带身边的全家福（摄于 1997 年）

了心。

　　我什么也说不出口了，鼻子酸酸的，很难受。我忍着哽咽听妈妈艰难地讲着话，半晌，我吐出几个字："妈，你早点休息吧。晚上早点睡觉。"

　　挂了电话，我静静坐在床边，想着茫茫黄土千里外的爸妈的面庞，现在他们承受的一切。读大学时每次回家，每次都是行色匆匆，没能看到爸妈眷恋的眼神。来宁夏之前，妈妈说要给我打件厚厚的毛线裤，我说现在不是有保暖内衣吗，更暖和啊。妈妈黯然说，我再给你打几件衣服，再过几年也织不动啦。

　　暑假时候，她熬夜给我打了毛衣毛裤，她说觉得只有自己亲手织的，多加厚点绒，才能保暖，才放心我去远方。

　　现在回忆起来，句句揪心。

　　中考时候，妈每天晚上都给我熬甜甜暖暖的绿豆汤；高考时候，妈请假陪着我照顾饮食，怕我听了闹钟刺激，每天不敢深睡一大早就起床，按时叫醒我；高考分数出来后妈妈高兴得噙着泪花，说我们家楠儿出息了；高考那年我骨折住院时，是她和爸爸每天不分昼夜陪在

我身边。一直以来,她和爸爸含辛茹苦筑着我的心的堡垒,我疲惫时候受伤时候最可靠的暖窝。而这一刻,我突然感到她和爸爸也累了,奔波劳顿了一辈子,作为乡村教师的她们,在三尺讲台的无数春秋岁月,就像他们手中的粉笔渐渐耗去。我却还不能为他们做一点什么,甚至在这个时候不能陪伴她左右。

坐在床边发了很久的呆,我突然发现自己手掌间起了几个薄茧,身体已经有点疲惫,胸腔里跳动的那颗心更是沉重,便靠在床边墙上,不知不觉,昏昏沉沉地睡去了。

第二天,我继续教学生们踢足球。可能是太久或者从来没有碰触过足球吧,西部男孩子本性中的狂野和蕴积的蛮力,让大家都对这个全校仅有的足球爱不释脚,我讲完传接球的基础技术要领,又让学生每人逐一练习了一次,便让大家围成圈做"抓猫"足球游戏。

学生们没有几个有足球训练鞋的,连胶鞋都属于可以让同学艳羡的装备,绝大多数人只有用布鞋来对抗这个气鼓鼓硬邦邦的家伙,不过每个人有机会踢到球时候还是不遗余力"嘭"地凑上一脚,那声音响!让我听了都感到自己脚尖发酸,不由一阵心疼足球和学生的脚尖。

张卫财是学生中踢得最好的一个,他踢得位置是前锋,几堂课下来,时不时能连过几个后卫顺带把守门员也晃得晕头晕脑然后再从容打空门,一开始学生们都爱和他分为一队,后来又纷纷嚷着要调到另外一队,我看出来了,张卫财这家伙,过了半场他就不再传球了,一个人生生带着球冲到禁区就射。学校的简易球门其实就是划在土场上的一条线,球越过线而不高于守门员腰部才算进,张卫财暴力而又狂放的射门常常开了高射炮。

"停!"本体育老师兼主教练看不下去了,"张卫财,过来一下。"

他喜洋洋地跑过来,显然射门后就是快乐,无论进了没有。

我问:"刚刚这个球,你射门角度那么小,门前有三个你的队友,为啥一个人一直带着,不传球?"

把梦留住

张卫财愣了一下："老师，罗纳尔多也是这么踢的。"

居然拿国际巨星来压我这个业余体育老师，估计是他的射门集锦给张卫财的印象深刻。我哭笑不得，但又不能打击他的自信："你在我电脑里面看到的只是射门时候的罗纳尔多，很多时候，他传球也好。"

张卫财："他不是前锋吗？前锋不就是射门的吗？"

我说："有强烈射门欲望是好事，但是每个球员都是为球队服务的。你的球不也是队友传给你，你才有机会的吗？"

张卫财不屑道："球在他们脚下就只能打转转。"

我夺过他手上的足球，叫来边上所有的孩子，说："我和你比赛吧。"

张卫财涎笑道："老师，我跑步挺快的，你要是比我慢的话……"这话倒不假，他虽然只有十五岁，但是奔跑的速度比一般成年人还快。

我笑道："我不和你比，球和你比。让你十米。你往前走十大步。"

张卫财疑惑地往前迈着步子，一边走一边把脸拧回来看着我。

我对他喊道："我说跑，你就向前跑。"

他点点头。

我将球放在地上，用脚内侧向他跑步的同方向稍用力一推，同时喊："跑！"

张卫财如猎豹一般嗖地跑了起来，不过很快球从他身后追过，他跑了二十多米，球已经落到了他前方。

我喊道："捡球起来，扔给我！你回原地！"

他跑过去将球捡起来，抛给了我。自己跑回起点。

我又如法炮制，边踢球边喊道："跑！"

他启动的反应速度明显加快了，跑动的频率也拼命加快，还是被我踢出去的球赶上超过，这回他没有等我说话，继续跑过去把球捡回

奔跑在黄土高原上

来给我。

我朝他喊:"继续回原地。"

他咬咬牙点点头,说实话,他速度真够快的,蹬着布鞋在土场上一溜烟那叫尘土飞扬,就像一部马力十足的四驱车在高原上狂驰,不少孩子们都已经开始为他呐喊了:"老财加油!老财加油!地主老财加油!"

我集中注意力,加大腿的摆幅用了八成劲儿一推:"跑!"

他低着头箭一般飞了出去,就像百米跑选手就要越过终点一般努着全身的力气冲刺着,不过这次球速更快,他看到身边流星划过时,泄了气放缓了步子,慢慢走过去,把球捡起来走到我跟前。孩子们也哄笑着围了过来。

我说:"明白了吗。"

张卫财有点不服气,也发现了我的小伎俩:"老师劲用的一次比一次大。"

我说:"你已经很快了。比大人都快。是我见过的跑得最快的初中生。"

他听了,喘着气的脸更红了,不好意思笑了。

111

把梦留住

　　"但是",我把球郑重交到他手上说,"哪怕是罗纳尔多,也没有办法比球跑得更快。记住! 要想比对手跑得更快,就不要忘记传球"。

　　他若有所思地点点头,什么也没有说。

　　说完。我抬头一挥手:"大家继续踢吧! 输球的继续俯卧撑5个!"孩子们欢呼雀跃又跑向简陋的球场。

　　第三节课后,我和沈潇马不停蹄奔回宿舍,抓紧时间开始张罗着发放衣服,卓主任随后也拿着贫困学生名单走过来,我们抬来四大袋从千里之外运过来的衣服。许多学生和所在班级的班主任已经等候在门外,更有一些学生向屋里面探头探脑,脸上洋溢着幸福和兴奋。我们整理完毕后,已经是加自习结束了,学生们不断聚集过来,我和沈潇忙拖来姜福帮忙维持秩序,并示意卓主任可以开始了。

　　卓主任念着学生的名字,便有一个学生低头从人群中走出,我看了更加不忍,便朝人群吼:"其他不用领衣服的同学请不要聚过来!"但是人群还是越聚越多,不时还有几个起哄的学生在聒噪,出来领衣服的学生红着脸,头垂得几乎和胸口平行,我和沈潇面面相觑,沉默了一会儿,便一起和卓主任商量:"卓主任,要不剩下班级同学的衣服让他们班主任代领吧?"

　　"啊?"卓主任正认真地念着一个个学生的名字,"咋了? ……哦,能行,能行。"我和沈潇把衣服稍微清理了一下,便通知没有领到衣服的同学先行回去,其余衣服由班主任代领。又分发了半天,才把近两百件衣服发完。一看时间,已经将近8点了,身体筋疲力尽,屋内锅凉炉冷,正想挣扎着准备洗菜弄点吃的,门帘外好像有人轻声叫"报告",我掀开一看,是几个怯生生的男生,害羞地看着我:"老师,刚才我领的衣服,有点大了。"

　　我心里一阵周星星式的"我靠!",忍着饥肠笑着回答:"这些衣服是厦大的大哥哥大姐姐捐的,可能都比较大,你们克服一下,给家里人穿也可以啊。"

　　"我家里没有人能穿这个的。"一个学生壮着胆子提起手中的衣

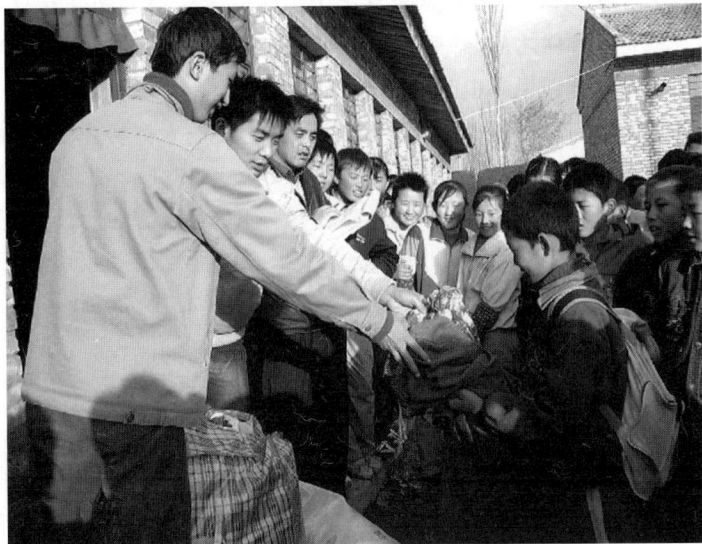

赠人衣服，手留余温

服,衣服挺新而且颜色鲜艳,只是袖口多了两个夸张的开口装饰。

　　"你们自己协调一下吧。"我和沈潇都饿得头昏眼花,只是挥挥手口干舌燥地迸出几个字。

　　"哦,谢谢老师为我们发衣服。"一个学生恭敬地说,声音里面却杂糅着委屈和失望,随后一个个转身低头走了。

　　我望着他们的背影,心突然被扎了一下。如果我也是像他们一样的十四五岁,一样的一年只有一次新衣,一样的充满期待憧憬的心,是否也会鼓足好久的勇气来叫那一声"报告"? 想起孩子们平时都穿着破皱且脏的衣服,我又暗暗自责叹息了。我刚想喊他们回来,沈潇似乎看出我的想法,指着装衣服的袋子说:"唉,剩下的衣服更不适合他们了,以后看看还有没有机会再联系些吧。"

　　第二天下课时候,我从沈潇那里得知一个噩耗:我们西安中学唯一的足球在每天的超负荷工作下,于 2005 年 10 月 23 日下午 15 时 6

把梦留住　　　　支 教 记 录 2005—2017

分,光荣殉职了。这起事故的直接肇事者——张卫财同学在兴奋地用力踢完那脚球之后,忍受不了长期折磨的足球"砰"地在空中用一声巨响完成了它生命中的绝唱,足球内胎炸出一个大窟窿,从蔚蓝的天空作无力的自由落体坠下。他和在场的其他人都愣住了,可怜的孩子绝望地在原地发呆,几乎如股民看到股票狂跌一般无力地慢慢软倒在地,其他学生又是难过又是愤怒,口诛笔伐要他赔偿,遭受千夫所指的可怜的他几乎眼泪要挂下来了。沈潇连忙制止众怒,不过学生们还是捧着足球的遗体,围在一团瞻仰伤心很久。我还是第一次看到平时逍遥乐天的张卫财这心伤心。大家都散去了,他还呆呆站在原地,一句不说,不动不动。

　　周五,我和沈潇提前把设计好的海报拿到县城去喷绘,第二天又马不停蹄交到关桥的兄弟们手里。做完这一切终于长出一口气,下午接到李校长电话,让我们去县教育局领取明晚文艺演出的入场券。领了票,我们出了教育局,沈潇突然浑身球瘾发作,叫了辆"三二八"去一中找姚克非他们去打球了,和我约定好晚上5点回民中学门口见面。我找了家网吧发了几封电邮,之后找了家小店吃了一海碗面条。5点近了,我问了一个路人回中怎么走后,忙往回民中学方向走去,我看时间不够,正加紧脚步赶快行走,突然边上一辆摩托车缓缓驶来,停靠在我身边,我侧身一看,此公约莫三十出头,一脸胡子拉碴,不就是刚才我问路的那人吗?他一扬浓眉道:"走吧,我载你。"

　　我心想怎么海原竟然也有摩的,而且正好被我问到,现在拉客语气就如此斩钉截铁,心中更是疑窦重生,忙笑道:"不用了不用了。"

　　胡子仍然不依不饶,而且语出惊人:"你是支教老师吧,去回中看节目?"我不由大惊,心想此人眼睛甚毒,一看我是外地人不奇怪,连我去回中干什么都知道都知晓,国安局没有招他真是疏漏人才,便笑得更加轻松些:"回中,嗯,呵呵,应该很快到吧。"

　　他笑笑说:"这么走你恐怕要迟到,上来吧,我带你。"

　　我心生一计想用价格机制退敌,便干笑道:"那一次多少钱啊?

我现在身上没有带钱。"

胡子脸上居然出现莫名其妙的表情,一副无辜加困惑的表情,自言自语道:"什么多少钱?"过了一会豁然大笑:"不用钱的,不用钱的,顺路嘛。"

我有点被他爽朗的笑声打动,一狠心跨腿坐在身后,一路上脑子里面问号不断。

车子快而稳地走了好几分钟,到了回民中学校门口,我下了摩托车,心里的感动和愧疚驱走了刚才的狐疑和猜忌,忙感谢道:"真是谢谢你了,请问你怎么称呼?"

胡子嘿嘿一笑,说:"呵呵,按说我们是同行啊,我是西安小学的老师,听说过你们呢。你们晚上看好节目哩,今天上县城给娃娃们带文具,一会儿还得回村,先走啦。"说完踩了油门,向我招招手,扭转车头便开走了。我望着他远去的背影,呆立许久。

我扭头一看校门,已经是人山人海了。姚克非、沈潇和詹维思在远处大声叫着我的名字,我忙过去与他们汇合。四人很快挤进人流中,随着人群的移动而缓缓向入口靠近,我和姚克非身形苗条,属于先天流线型设计,此时颇能发挥优势,只消一个空隙就可以安然在人堆里游动。沈潇也勉强扛住,苦得詹维思一身圆滚滚的硕肉,仿佛置身于一个流动的压榨机,在越来越拥挤的人团中被压夹得哇哇大叫:"别挤!别挤!唉,救命啊!"

沈潇道:"老詹惨了,你看他脸都被压成方形了。听说清朝十大酷刑里面就有这么一招。"

我正欲发表言论,却听见姚克非朝一位男子怒目而视:"你干吗捏我!"大家自救不暇,只能在人海中随波逐流。好容易接近晚会会场,一群警察和保安过来把人群分为三队剪票,插队者很快蜂拥而出,三队成了六队,六队又分化为八队,八队很快成为一坨更大的人堆,让我很自然联想到周版《鹿鼎记》里面,无数人被卡在皇辇里面动弹不得的情景,当时觉得周星星真是夸张,现在才悟出艺术果然都是

把梦留住

来自生活。詹维思在拥挤中痛不欲生地煎熬了许久,终于扯着前人的衣服,被人潮推进了会场。

四人赶紧找了位子坐下,我们志愿者的位子专区是前面四排,我边上却坐着一位五十余岁妇女和一位七八岁小孩,我顿时惊讶于现在志愿者的年龄幅度如此之大,他们一张口就是海原本地口音,我更惊异于现在志愿者融入当地社会之迅速。支教队的其他四人下午被抽走参加座谈,不过现在我们也没法为他们占位置了,人实在太多。我们属于幸运能找到一席之地,更多的人只能站在边上旁观。

人还是源源不断往会场里面灌,几乎要把一个不大的礼堂撑爆了,许多后到的志愿者堵塞了前排通道,这个时候有几个警察过来,终于把这些过于年轻或年老的"志愿者"撵到靠后的位置。舞台上幕布徐徐拉开,演出开始了。

表演总算不是让我们失望,演员很卖力,舞台效果在海原也称得上一流了。听说下一个节目是冯巩出场,大家都忍不住努力押直了脖子,我连忙拿起手机拨家里电话。妈妈最喜欢的演员就是冯巩了,这个时候不知道是虚荣心作祟,还是本能使然,虽然现场是不允许打手机的,我也知道这样不礼貌不文明,我还是很想让在病床上的妈妈听听现场里面冯巩的声音,于是还是跑到边上,用力摁了拨打键。

台上冯巩和他的搭档已经出场了,现场的掌声如山呼海啸一般一浪盖过一浪,照相机的闪光嚓里啪啦耀得人眼花缭乱,可是电话还是没有接通,爸爸的手机也关机了。我试了又试,手机屏幕还是没有显示通话读秒,边上的人用手势提醒我,我只得摇摇头,放下手机,拼命想记住今天晚上冯巩的台词,回家好讲给妈妈听。

冯巩的演出是晚上最出彩的,而我却不仅仅为他的表演技巧所打动,他的相声里面丝毫没有许多大牌明星的敷衍了事,却包含着自己对自己事业的真正热爱和理解。他和搭档一口气讲了近40分钟的相声,包袱一个接着一个,还有许多现场的互动,观众们也竭尽全力为他喝彩。会后一位和我熟识的在后台工作的志愿者告诉我,冯

巩好像累得够呛,演出完在后台只留下闭目养神喘气的力气了。

这一刻,我真正佩服他,一个真正的敬业的人。

散场后,大家得知今天许多活动都很成功。尤其是赵书记得知乡下中学的很多具体困难后,联系了一位企业家为关桥中学捐了一笔巨资修缮校舍,更是让我们欢呼雀跃,疲惫被满足和欣喜赶走,大家在街边买了一堆香喷喷热气腾腾的烤地瓜,好好犒劳了一下自己。周日下午,我和沈潇便返回西安。

周一早上我被昨天晚上调的手机闹钟吵醒,十月的最后一天似乎注定要成为天气的承上启下阶段,昨天还略带暖意的西安在 10 月 31 日变得严酷起来,呼呼作响的寒风用低沉的声音提醒人们明天就是 11 月了。出门时候,昨晚泼在门前的水坑已经冻结成冰,在熹微的晨光下闪耀着晶莹的光,冷风拍打在脸上犹如用铁铲刮锅巴般的力度和毫不留情,沙砾也狐假虎威地张扬地作群魔乱舞状,嚣张地向人身上扑来,并伺机入侵口鼻耳,眼睛有临时做挡风玻璃的眼镜保护幸免于难,我忙快步奔进教学楼内,学生们已经基本坐在自己位子上,我到教务处领了试卷,快步走进监考的初三(3)班教室。

学生们看到我手中的卷子,不禁个个做伸脖之鹅状,仿佛这样便能洞穿密封的卷子。我作威严状,环视了一下教室,用手在空中往下一摁,提醒考试马上开始,众鹅意犹未尽,仍然窃窃私语交流自己幻觉中似乎看到的试题。我看了看手机上的时间,说:"好了,等你们安静了,我就开始发试卷考试。"

学生们顿时噤口不言,直身端坐,我和一同监考的李老师发了试卷后,便开始在教室里踱步巡走监考。教室里面逐渐只剩下写字的沙沙声,我之前都是被老师监考,平生第一次监督别人考试,很是有点得意,所以发自内心地格外卖力,不停地轻步走来走去和东张西望,但学生们都辜负了我的辛勤劳动,这里的孩子好像不会起什么滑头心思,做不来的就直接跳过到下一题,连歪脑袋瞟眼睛都不会,个个只顾着自己埋头狂书。

把梦留住

　　乡下没有类似涂改液什么的洋玩意,可能学生们也没有听说过有那个东西,不过用圆珠笔做错了题目也难不倒他们,每个人都准备了一圈廉价的透明胶,遇上需要修改的地方扯出一截透明胶小心地贴在答题需修订处,摁住试卷猛地轻轻把胶布向上一提,试卷表面轻微的皮开肉绽被胶布粘走,留下新的空白书面供重新书写,每个学生好像都是这项技术的能工巧匠,个个手法纯熟。我看了半天,没有一个失手把试卷扯烂的,不禁暗暗称奇。

　　语文考试是两个半小时,我几乎在教室里面走完了一个半程马拉松,看着学生们规规矩矩挨个交完了考卷,揉揉自己发酸的膝盖,心想还是无为而治的好。

　　收完考卷送到教务处后,我下楼看到余德旺在拐角处,不知道怎么回事,我总是在楼梯拐角或者房子墙角之类的地方看到他,我向他招手让他过来问:"早上考得怎么样啊?"

　　余德旺点点头道:"都能写上去,就是不知道能不能对。"

　　我笑道:"能写上去就是做正确的第一步啊,先别想语文了。下午英语好好加油吧。"

　　余德旺嘿嘿一笑道:"唉,英语,我是没有希望啦。我爹都说学那玩意没有用的。我也是从来没有过 30 分的,嘿嘿,幸好选择题多啊。"

　　我刚想驳斥,边上凑过来的几个学生也赞同声援道:"是啊是啊,英语学了又不能写文书,又不像数学能算账,嗨,对我们来说纯粹不知道什么用处!"西安中学学生,甚至海原许多乡下中学的英语平均分向来都是比较低的,能及格的已经是属于优秀一类的了。

　　我沉默不语了,想了想,还是等他们考完,再做这方面思想工作吧,便让他们先去食堂打饭了,这事情让姜福知道,他一准要伤心郁闷了。

　　下午监考英语时候的情景,果然应验了余德旺他们的话。学生们仍然像早上一样遇到不会的就干脆跳过,我观察了一下,许多学生

选择题做得飞快，ABCD 勾得流畅像已经知道答案似的，我仔细往一位卷面上一看，他倒懂得一点统计概率的知识，上面全部是 C！我郁闷地换了一位观察，这位是循环规则——ABCDABCD 这样填下去，我忍不住敲了敲桌子："慢慢想，时间很够，有信心点！"

他的脸像龙虾放在滚水里浸了一浸，用我几乎听不到的声音嘟哝："我是真的不会……"

考试时间刚刚过了 15 分钟，已经有学生举手要交卷了。我快步过去拿起试卷一看，几乎无语，低声狠狠地说："再多想想不行吗？考试一小时才能出教室。"他只得低头继续咬铅笔。许多学生也认真地嘴巴一张一合地搜肠刮肚地找答案，一个劲儿地搓脑门，可还是只能痛苦地瞪着眼前一条条外国小虫子发呆。

以前我听姜福说过，这里的孩子学英语，不知道为什么要学，想要学没有书没有工具，借来了书放学回家要赶农活没有时间，加上教学的多方面条件都有限，平时更是没有语言环境，家长也更重视语文数学，所以英语在这里被认为天书和屠龙技，华而不实用处小。说实话，这里连普通话普及道路尚长且艰难，与茫茫黄土千万里外的英语更是作为一门奢侈的学问，虽然中考依然重视考核英语，但是其在这里的成长环境正如荒芜贫瘠的黄土地，很难培育出鲜嫩苗壮的禾苗。

两个小时的英语考试接近尾声了，那几个被我勒令多想一个小时再出考场的学生，交卷的时候无奈而委屈地看了我一下，或许他们在教室煎熬出来的一个小时，可以多读许多其他科目的书，或者赶紧回家多拣点草料给牲口。望着他们，我居然无言以对，机械地整理着试卷。

监考完英语，已经是 4 点半多，食堂大门紧闭。我箭步奔回宿舍，并严格按照肠胃的最高指示翻锅倒碗寻找食物。中午的土豆饭没有经得起我肚子的三板斧折腾便烟消云散，从 3 点半开始，我一直有一种自己消化系统自我消化骨肉相残的感觉，正担心现在胃尚在否？无奈昨日是周末，储备粮方尽，新麦子还没有打，青黄不接的残

把梦留住

酷现实让我的大脑飞速排找可能存在粮草的地方,突然我猛然扯出上周去县城背的登山包,现实和理想在这一刻高度吻合:里面还残存着几颗队里女生馈赠的栗子。我大喜过望,正如烟鬼在房间地板缝中抠出几颗烟屁股,心想上天真真厚待了自己,忙用实际行动迎合上天的恩赐。

这时候沈潇和姜福也进了宿舍,看我在全神贯注地对付栗子,忙扑过来大嚷见者有份,边吃边拷问我何时暗藏储备粮,我的嘴巴此时只有一个功能,所以并没有心思向他们解释刚才跌宕起伏的心路历程。我们三人火力迅猛,顷刻之间残余栗子灰飞烟灭。

大家一起齐喊不过瘾,沈潇和姜福几乎用武力逼问我交粮不杀,让我在饥寒交迫中想起了万恶的鬼子进村年代。打闹了半天,大家体力不济,各自瘫在自己床上。这时候语文组组长王老师笑着进来说:"今天我们语文组聚餐,用前次篮球夺冠的钱出去吃肉,沈老师和叶老师你们5点多准时出发啊。"

我和沈潇被这突如其来的幸福惊了一下,顿时如打了兴奋剂般忙起立连声叫好,姜福急切地问:"那我们英语组呢?王老师你知道我们英语组有活动吗?"

"这个,我不清楚,要有消息5点之前应该会通知你吧。"王老师没有注意到姜福的痛苦表情,颇为冷血地继续说,"我们语文组晚上去乡政府边卜那家店吃大肉和牛肉,自己早点过去啊,呵呵。"

我和沈潇高呼吃肉万岁,笑着送王老师出了门,姜福痛不欲生,眼看就要5点,我和沈潇抖擞精神在高唱吃肉歌,他几乎要发誓改行教语文。这时候英语组组长贾老师也掀起门帘,姜福眼中射发出万丈光芒,犹如被围困的残兵看到友军的接应,一个鲤鱼打挺从床头挺立起来,还没有打招呼便问:"贾老师,晚上有饭吃?!"

"嗯?是啊,姜老师你知道啦?哈哈,就这事情,马上走啦。"贾老师有点惊奇。

姜福欢快地哼着翻身农奴把歌唱,连忙披上衣服催促我和沈潇

赶快。贾老师看着我们三人如中大奖的场面,愕然笑着出了门,姜福忙出门送救星。

大家正整装待发,沈潇突然捂着肚子:"糟了,怎么肚子疼⋯⋯"

"哈哈,你是没有口福啦。放心,我和叶楠把你那份吃回来。"姜福还沉浸在幸福中,不住打趣,过了两秒,却也顿了顿,紧缩眉头,"奶奶个熊,怎么,怎么我肚子也不舒服。"

我坏笑着说:"不会吧,你们俩都把自己那份让给我,我怎么吃得下啊?唉,任务艰巨啊。"这句话仿佛一句魔咒,话音刚落,我忽然感到肠胃一阵抽搐,竟也硬生生地痛起来。

"完了,我们一定一起吃了什么东西了。"我边捂肚子边检讨。

"栗子!"沈潇和姜福犹如弥留之际拼尽最后一点力气叫道。

"不要这么看着我啊,是你们自己要吃的⋯⋯"我有气无力地说。

"肚子痛不要紧,可怜晚上有猪肉吃啊⋯⋯天妒英才⋯⋯"姜福卧倒在床头喃喃自语。

"不管了,拼了!我死活要过去吃啊,大半个月没有吃肉了。"沈潇发狠地说,过了一会又突发奇想,"嗯,或许吃了肉肚子就不疼了。"

"生命诚可贵,肚痛更要命;若为吃肉故,二者皆可抛⋯⋯"我吟诗咏志。

三位壮士咬牙站起来,互相搀扶着一步一个脚印迈向数千米之外的小饭馆。三人表情悲怆地迎着萧瑟秋风挨到了目的地。

许多老师已经端坐在屋里,看到我们三个强颜欢笑地走进来,忙叫老板增摆了三双筷子。不一会儿,热气腾腾的大盘肉在氤氲香气中登场,它是今天餐桌上的主角,正端坐在桌子中央得意地闪着油光,加之红椒、大蒜、洋葱辅佐,更显得气派非凡,配角虽然也只有水煮扯面一种,但是我们都觉得太丰盛了,仅仅过了眼瘾都不虚此行忍痛前来。老师们都拿过了筷子,可是组长没有来,大家都踟蹰不前,这时候吕泽斌调皮地笑道:"来,我先尝尝有没有毒。"说罢拔筷夹肉,大家哄堂大笑,纷纷以身试毒。我们三人刚刚被肉香熏陶了一番,已

把梦留住

是精神大振,有如《七龙珠》里面的人物吃了仙豆,战斗力飙升,一同加入饕餮队伍。

这时候王老师来了,大家集体笑着出卖吕老师:"他带头吃的!"王老师呵呵笑骂着入席,吕泽斌举酒赔罪,王老师挥手道:"赔罪不用了,晚上改考卷,你要多出力,嗯,也要辛苦大家了啊。"

大家正在大快朵颐,都不忍腾出嘴巴来回答,个个点头含糊不清地说着能行能行。看来古人说的民以食为天太精辟正确了,我们三个更是全情投入,愈嚼愈勇,估计王老师说晚上让我们去熬夜挖煤我们也一样边啃边点头。

吕泽斌开了两瓶当地产的西夏啤酒,认真地给大家每人平均倒上一杯,老师们举杯一饮而尽,我也只得硬着头皮喝下,由于经费紧张,这一杯就成了每个老师今晚的绝唱。吕泽斌乘兴拍拍我的肩膀道:"我说,你知道你们刚刚来的时候,学校干吗不给你们排课吗?"

我忙问:"怎么说?"

他笑嘻嘻说:"原来你们重点学校的研究生也不尽都是鼻尖顶到天的,说实话,我们都没有闹明白你们一个什么人力资源管理,一个什么海洋环境管理是啥子专业的。所以你们刚刚来的时候,安顿你们闲差,不必扰民就好了哦。"

我正想听下文,王老师一拍他脑袋骂:"学校是你家开的啊?!"他吐吐舌头笑着跑了,我和沈潇似懂非懂地回味他的话,看来想真正融入支教生活,我们更要努力证明自己。

饱餐后天色渐暗,大家陆陆续续回到学校办公室,开始提笔改考卷。我先改的是初三阅读题目,答案大都倒也写得中规中矩,就是许多学生字迹多变,时而狂草,时而写意,有几个居然写得神似小篆体,颇费眼力,有好些是水笔吐水不畅,笔迹也是时浓时淡,环肥燕瘦,不一而足,撑着眼睛改了五个班级,居然已经是10点多了,组长王老师体恤民情,拿来一包馍馍给大家充饥。我和沈潇由于晚上肚子里添了油水,能量倍长,改了不少仍不断请战,到11点多,又分了初一基

础题来改。本来基础题呆板,但是学生们的答案却五花八门煞是让我们大开眼界,一蹴而就的"蹴"的各种版本从"就""醋""趾""躁"一直排到 25.0 版,"巧夺天公""巧夺天宫""巧夺天弓"绝多于巧夺天工,"咬死青山不放松"的说法足以气活郑板桥来找他理论。我和沈潇开始还只是矜持地忍俊不禁,后来实在被学生们答案的无穷黑色幽默打动,咧嘴笑了个痛快。

改完六年级语文,已经是近凌晨 1 点了。没有改完的试卷仍然堆积如山,馍馍已经消耗殆尽,大家个个倦意频袭,刚才吃饭多喝了几杯的老师更是呵欠连天。王老师见大家已经是疲敝之师,便让大家先行回去休息。

回到宿舍,炉子里的火不知什么时候已经熄灭,屋里阴冷潮湿再现。我们三人忙找启火木材,寻了半天,只有找到几张半潮报纸,点了半天除了烟熏满屋没有半点热度,我们三人只得悻悻蜷进各自被窝哆嗦。

这几日的监考与改卷生活突然让我想起了什么,考完好几次和学生聊天,总感觉他们的微笑和无奈背后深深埋藏着什么,每次走在路上看到学生们伛偻着身体靠在墙根念书,似乎能触摸他们瘦削身躯里面包含着看不透的沉重,这好几个疑问让我和沈潇想到了家访,或许只有真正走进他们的生活,才能真正知道什么是他们的生活。我问了县城几位队员,好几位都想与我们一起去乡下的乡下,体味学生每天要面对的日子。日期定在周六,11 月左右是当地回民的封斋月,我和沈潇又向回民马老师问了一些当地风俗,向学校说明了一下我们的动向。周五改完试卷,我和沈潇早早便上床睡觉了。

一碗浆水白花了

摇一摇

天上的太阳没有了

摇一摇

咯呀咯呀噔摇

咯呀咯呀噔摇

阿爷哥哥回不来了

摇摇摆

稀里哗啦塌散了

哗呀哗啦摇

咯呀咯呀摇……

——海原民歌"花儿"

C H E R I S H I N G O U R D R E A M S

把梦留住

五

周六,我尚在梦中与周公会晤,一阵激昂铃声把我活生生从美梦中拖了出来,我本能地按了通话键,电话那头是乔阅温和地催促我快起床,说他们已经上车快到西安了。我大惊失色,忙披衣服拉起正在梦呓的沈潇:"快,打扫一下我们的豪宅,至少给他们一个能进来落脚的地方。"

在大学多年应付卫检的娴熟工夫使我们的房间很快井井有条,昨天学校送的几斤苹果让我们不大的空间弥漫着淡淡的苹果香味,我和沈潇满意地怀疑着这是不是我们的住所,正想瘫在床头补个回笼觉,手机又响了,他们到了,我吩咐沈潇留守宿舍检查卫生死角,便出去到校门口迎宾。

谢冰宜、丛爽和乔阅老远处就在朝我招手喊叫,此时时间尚早,门卫大爷都还在酣睡,他们只能在铁门外哇哇直嚷。等我走到门口,门卫大爷从传达室探出头来:"谁啊,这么早!"

大家忙笑脸相迎劳驾大爷开门,进了校园,他们三个又嗷嗷待哺,我笑着说我们因为明天要进县城,今天已经严格执行坚壁清野政策,他们大骂着我们西安二人组好狠毒。刚聊了几句,就拐到了我们的宿舍。

三人进了屋,环视了一下屋子,都各自煞有介事地评价了一番,乔阅摇头晃脑地叹息:"乡下如此幽静,可以修身养性,甚好,何必居城市?"

我和沈潇痛斥他饱汉不知饿汉饥,丛爽逼供道:"你们学校不是发了苹果了吗?还不拿出来孝敬?"

我惊叹道:"果然每个女人都是克格勃啊,连这个你都知道。"便

和沈潇笑着从床下拖出一袋苹果。大家笑着洗果子充饥,我和沈潇又翻箱倒柜找出几个饼干和馍馍,拾掇了个果子,灌了几瓶水,接过女生肩上的背包,锁门便向家访第一站西安乡白吉三队出发。

昨天只问了大概方向,走了数百米,才遇到一位头戴小白帽骑自行车的回族大爷,我忙拦车问道:"大爷,您好,知道白吉三队怎么走吗?"

"白吉三队?我就是那的人啊。"大爷停了车,不紧不慢把车靠在一边的墙根,大有和我海侃之势,"那里现在修路,不好走啊,沙土大啊,人过去会陷下去啊,嗯,我给你们带个路,拐过去就好走的。"

"太好了!"我向随后跟来的他们四人回了得意的眼色,"真是太感谢您啦!"

"谢啥啊。"大爷把话匣子一收,上了自行车在前头慢慢蹬着,我们忙尾随而上。清晨的西安乡郊微风袅袅,秋天的枯树懒懒地互相倚靠着,麻雀惬意地在路边窜跳着,悠悠的阳光抚摩着身子凉苏苏的。大家都忍不住想拿出相机,边疾步边抓拍。大爷在前面专注地骑车,碾在土路上划出一道长长的沟壑,却并不说话。

走了两分钟,大爷停车指着前面蜿蜒的小路通向的山脉脚下:"前头直走一个多钟头就是白吉三队了。你们是支教老师吧?"

我们忙点头:"大爷您好眼力啊,真是麻烦你了。"

大爷淡淡地笑道:"听口音就是啊。我们这里的娃娃书念不上去,每年能考上一中的少得很啊,你们多费心啊。今天开斋节,我要赶到高台清真大寺,快来不及了,先走了。"

来不及再言谢,大爷已经掉转车头使劲蹬车而去。我们垂下手中相机,沿着刚才他指引的方向前进。走出西安乡中心十分钟,一路都是泥沙土路,路边多是荒废的田地,贫瘠得连野草都不肯落脚,除了土坷垃就是沙土堆,风吹着飞舞的塑料袋在广袤的荒原上显得更加萧瑟,只有不远处横亘的西安州古城墙在一片苍茫中,浮现出过去的丝丝文明线索,在诉说着它往日曾经拥有的辉煌。

把梦留住

支 教 记 录 2005—2017

    我边走边向大家介绍:"今天早上去的白吉三队我们要访的是一个孤儿家,叫马国开。初二重点班的,理科很好,据说现在和哥哥一起生活。"

    谢冰宜说:"我临来的时候带了点本子和文具,到各家都分点吧。"

    沈潇说:"嗯,如果实在看到穷得……穷得看不下去,我们还是摊派凑点银子先给人家救救急。"

    丛爽说:"到时候大家凑钱不方便,而且人家见了也不一定肯收,不如现在先凑点,包在纸上,有用处直接夹在文具中。"

    大家点头赞同,纷纷掏钱凑了几个红包,夹在本子中间。在沙土路上行走了半个多小时,深秋的太阳渐渐从云端醒过来,烘人的温度让我们不断拿出水瓶喝水,黏湿的汗液也爬上额头,洇得皮肤又痒又腻,我看着地上覆盖的厚厚的沙土庆幸道:"今天幸亏没有风,否则午饭都省了,这么多沙子够我们喝一壶的。"

    大家正欲点头称善,突然乔阅惊叫一声:"看前面!"我们循声抬头望去,一股黄沙从不远处犹如一个黄色的陀螺晃晃悠悠旋转着呼啸而来,一路掀起地面入伙的黄沙,越聚越多攀到半天高,大家忙纷纷转身以背迎之,谢冰宜有先见之明带了口罩,沈潇和丛爽忙拿围巾遮口救急,乔阅和我只能以手抱头伏地。不一会风沙向我们几个拢了过来,我眯眼偷看身上一阵黄色的雾气腾过,无数沙粒经过头发时钻入其中准备定居,刚才脸庞上的黏汗也留住不少过客,几颗放肆的沙粒还愣头愣脑地往我微眯的眼睛里面闯,我忙紧闭双眼。几秒钟后,耳边的风声渐过,我慢慢睁开眼睛,看着前方不远处一团黄色的布袋又张网向另一个方向奔去。浩劫过后,大家忙拍打自己身上头上的沙土,嘴巴啐的眼睛揉的耳朵扇的,都是颗粒不等的沙子,我念念有词曰:"莫非今天走了华容道,刚刚庆幸着,它就来了。"

    众人笑骂着让我出言切切要慎。此时已经是日上三竿,为了不再和沙尘暴邂逅,大家都加快了步伐,眼见前面一座小村庄趴在广袤

支 教 记 录 2005—2017

家访路遇沙暴

的荒原上,我们以为白吉将至,兴高采烈地沿着小路疾走。

进了村子,前头正有几个人在挖水渠,我忙上前问:"你好,请问这里是白吉吗?"

一个青年男子扬起头说:"是的,你们找哪个?"

我朝他们几个抛了个胜利的微笑,回头说:"我们找白吉三队的马国开家。"

"三队啊?"他放下铁锹,看着我说,"我们这里是一队,你们沿着这条路直走到那边山脚下就是了。"

"山脚?"我们望了望远处逶迤的大山和通向大山的蜿蜒绵长山路,僵硬的腿有点不听使唤,我一看手机时间早上已经走了近两个小时了,今天要去好几家,忙又催促自己和队友加快步伐。

又走了十几分钟,路边出现了一条干涸的沟渠,是用混凝土浇筑的,可能长时间没有水流滋润,渠干道里面龟裂的缝隙长着一些杂

草,在一段渠端垒着一块水泥面碑,上面写着"农业学大寨",字刻得很苍劲,还遗留有当初修成时候曾经的气度。沿着渠道再行半个小时,几座房子稀稀拉拉蹲在黄土上,很少有牲口在村口游走,乌鸦却成堆地在地上跳着低飞,哑哑叫着饥饿。

我们进村询问,得知已经到了白吉二队,大家啃了残存的几个馍馍,喝完了剩下的水,环境科学出身的沈潇认真看了看我们带的食品袋:"嗯,可以降解的,可以扔在路边。"

囫囵吞完带来的所有食物,可能是因为太久没有走这么长的路,大家还是饥肠辘辘,我看着空空如也的食品袋,想象道:"回家一定好好吃一顿猪肉。"

"嗯,银川穆斯林餐厅那里的羊肉也好吃。"丛爽也在望梅止渴,"我现在一个人可以吃两斤。"

沈潇坏笑着调侃:"表妹,小心再长膘……"他估计饿昏了头,忘记取笑女生体重和问年长妇女年龄一样罪不可赦,果然丛爽清丽的脸庞冒出三昧真火,怒目而视痛斥道:"要管管你家老婆去,吃点肉也这么腻歪,有没有人权啦?!"

乔阅忙打圆场:"呵呵,其实沈潇的意思是怕你只长肥肉,不长瘦肉。"

经他这个大乌龙一摆,丛爽几乎抓狂,集中火力向乔老爷扫来,乔阅好心说错话,但是客观上起到了解脱沈潇的效果。谢冰宜见小象越抹越黑,也笑着说:"嗯,就这么说定了,下次再去银川,一起去穆斯林餐厅吃爆炒羊肉,好好挥霍一把。"

大家都憧憬着晚上的美味,个个一脸花痴般地侃着来宁夏后吃过的好东西,沈潇推崇西安后街大嫂的猪肘子,乔阅留恋县城汉民街山鑫餐厅的鱼汤,两个女生的最爱是羊肉串,美中不足那玩意太上火,不利美容,我念念不忘刚来海原时候在招待所吃的手抓羊肉。聊了半个多小时,那条小路把我们带到了山脚下的白吉三队小村,村口许多小孩看见我们纷纷站起来往村里跑,我们诧异地互相看着对方

130

西海固民居

的形象,自我感觉和鬼子进村还是有天壤之别的,虽然有点心虚,还是抖擞精神整理装束大步向前。

在村口看见一位扛着锄头的中年人,我上前问道:"你好,请问你知道这里有一家小孩叫马国开的吗?在西安中学上学的那个。"

他放下锄头用生硬的普通话问:"你们找马国开做啥?"

我解释道:"我们是西安中学老师,今天想去他家家访。"

那人沧桑的脸上浮出了几丝理解的神色,指着前面不远处一间平房说:"喏,那间就是马家。"

我谢过他后对大家强调:"马国开是个孤儿,到时候说话时候注意些,不要伤害他自尊。"

大家走近那间平房,那是一间泥土砌的小院,表面的泥墙面已经被风化剥离,露出朴拙的泥芯,杂草爬满了墙根一直蔓延到墙头,院门是两块破败的木片,在微微的秋风中轻轻颤动。我推开虚掩的门

向里面环视了一番，小院里面都是黄土垒砌的，靠北面是三间浅屋，陈旧却整洁，门口挂着些金黄的玉米和火红的辣椒，南面的牲口棚里面站着几头惊惶的绵羊，看到我们这些生人都退缩到墙角。正对的院门的一壁是靠山的黄土，上面被锥了许多深洞，下方堆着几捆草料，最惹眼的是院中间的一棵梨树，不高但很舒展，躯干虬韧，茂盛黄叶在秋风中瑟瑟悠悠，树根周围铺了一层浅浅的叶毯，我提高声音问："有人吗？是马国开家吗？"

屋里出来一个中年妇女，打量了一下我们，问："你们是哪个？"

"哦，我们是马国开的老师，今天来家访的。"我忙介绍道，"请问你是……他在家吗？"

"哦，是老师啊！快屋里坐！"她眼中突然闪着兴奋的光，领我们到了靠院门的一个小屋，"今天开斋节，马国开去清真寺了，可能下午一两点会回来的。老师你们再等等？"

"哦。"大家脸上都掠过一丝失望，这时候一个老妇人和一个小男孩从院门进来，老人黝黑的脸上刻满沧桑的符号，在小男孩的搀扶下一步一顿地颤到我们面前，小男孩六七岁光景，也是被风吹日晒过后的乌黑色，头发乱蓬蓬地黏成一团一团，害羞地半个身子躲在老妇人后面。

"你好，您是？"我心里猜想这应该就是马国开的奶奶了。

"哦，这是国开认的干娘，我是国开侄媳妇。"那位大婶忙介绍道，"今天男人都出清真寺了，就剩下我们几个妇人了。"

"侄媳妇？"我们都诧异地互相看着，我又问："国开他哥哥多大了？"

"哦，我公爹快七十了。"大婶一边回答一边忙活着抹桌子，"国开是他二妈的儿子，他爸妈走了八九年啦，从小和公爹一起过。"

兄弟俩的年龄居然相差近六十岁，那马国开岂不是从小和已经暮年的哥哥相依为命？这大大出乎我们的意料，大家都面带惊愕之色，这时候老妇人用沙哑的声音说："国开这娃从小命苦啊，没有几顿

能吃饱的,我看着可怜,唤他做了我干儿子。这几年搬到这里好了些,前几年住的老房子根本不是人住的地方啊。"

我们又打量着老夫人所谓的"好了些"的房子,仍然是黄土垒建,屋里面阴冷潮湿,已经是深秋零度以下也不见火炉,唯一的桌子表面是剥离的黑漆,一脚下面还垫着半块砖头保持平衡,桌脚边放着一架小油灯,唯一的亮色是桌面靠墙一端摆的矿泉水塑料瓶装的几根塑料花,虽然已经年代久远褪色得泛白,却被擦拭的一尘不染。

马国开家

"来来来,吃梨子吃梨子。"大婶托来一个装满香水梨的盘子放在桌子上,"都是自家产的,甜着哩,尝尝!"海原香水梨是当地有名的土特产,个不大,水分特别多,皮薄肉软且清香扑鼻,一口咬下去,满嘴都会充盈着溢出的甜汁。

我们忙集体摆手辞谢,大婶见状在每个人手中分别塞了一个,小男孩看着我们手中的梨子,舔了舔干裂的嘴唇,把头埋在老妇人大衣后面,谢冰宜和丛爽拍拍他肩膀:"小朋友,吃梨子不?"

大婶忙笑着说:"自家人,有的吃的,有的吃的啦,你们吃啊。"

小男孩刚才探出来的头又缩了回去,老妇人也忙把她俩的手推了回去,说:"你们吃啊,我们这个大梨树每年能摘不少果子呐。"

我们大家都垂着手拿着梨子,我问:"能带我们去看看马国开前几年住的屋子吗?"

大婶和老妇人都沉默了一会,说:"好吧,去看会,老师别笑话。"

把梦留住

我们认真地点头，随他们慢慢出了院门，门外左拐便是一条狭长的小巷，只能容一个人通过，大婶在前领路，身后的老人颤颤巍巍地扶着墙慢慢向前挪着步子，我们五人逐个跟在她身后，时间仿佛在穿越这条黄土巷时凝滞，脚踩在沙土上咯吱咯吱作响，头顶射下来的阳光让我们眩目。

走了大约五分钟，出了长巷，大婶领着我们转到左侧的一个院门口，指着前面的一片残壁断垣说："那就是他以前住的地方。"

我仔细一看，那堵墙原来应该是有院门的，在坍塌之后被压毁的门框还在土堆下面露出一段朽木，塌方处稍矮的地方被踩出一个豁口作为新的入口。走过那个豁口，里面趴着两间小土房，一间已经半伏在地上，依靠在另一间的身上苟延残喘，大半部分已经骨肉剥离，露出用稻草和短木混杂成的筋骨；另一间虽然尚有屋型，但是屋檐下方却也崩了好几个大洞，用几块青瓦片勉强盖住。窗户原是用报纸糊的，早已经千疮百孔在风中瑟瑟发抖；房门薄如纸片表面凹凸坑洼，却仍有一把锈迹斑斑的铁锁把关。大婶拿来钥匙开门，拧了半天也无法打开，她有点着急，稍一用力，锁头被生生扯了下来，她小心翼翼地推开门，门后陈积的灰尘扑嗖嗖地倾斜而下，大家忙向后退避，大婶指着里面黑漆漆的一片说："去年国开还在这里住，住了好几年，小时候胆大，长大了却说一个人怕黑，正好今年我们家攒钱整了间新房，就搬过去一起挤着。"

屋里面几乎是一片废墟了，看起来这里仿佛刚经历过战事，不一会我们又闻到一股刺鼻的臭味弥漫出来，大婶忙又小心地把弱不禁风的门掩上锁好。我们在门口发了一会呆，那阵强烈刺激的味道把我们扎醒，谢冰宜看了看表，向我们示意时间不早了。我和沈潇说："大娘，大婶，今天我们还要到好几个村子家访，时候不早了，我们先走了，国开回来你对他说，以后学习和生活有什么困难尽管来找我们商量。"

"咋不多坐会呢？快吃中饭了，我都让小军洗了好几个人的土豆

份哩。"大婶忙拦住我们,"国开马上就回啦"。

我们忙边辞谢边往外走,临了掏出事先准备好的笔记本和夹在本子里的红包塞到大婶手中,大婶沉吟了一会说:"唉,本子咱收着了,我笨嘴笨舌也不会说谢话,以后一定让国开好好念书。"

"嗯,只要他肯读书,就有盼头啊。"我说,"对了,这次期中考试他考得不错啊,一百分的卷子,数学物理都是九十几,可惜英语只有四五十分,以后让他多补补这门。"

"能行能行! 老师啊,你们就留着吃饭吧?"大婶边点头边挽留,"虽然我们乡下没有好饭菜,吃饱总是有的!"老人也在旁点头看着我们。

大家边往外撤边说:"没有关系,我们来的时候在路上吃了中饭了。你们回吧。"说着已经走出十几米开外。走出村口的好一段时间,大家都默默无语。

出了白吉村,照例又邂逅了几股小规模的沙尘暴。走了十多分钟,在路边黄土坷垃的一个角落,我们突然看到一个小孩蹲在那里呆呆地看着我们,衣服脏而褴褛,脸上挂着鼻涕,面颊刻着饥色,仍然掩不住他无邪的面容,在辽阔无边的黄土高原的背景下,他显得那么渺小,仿佛一阵风就可以把他刮得从地球上消失。我们停住脚步望着他,不知道他从哪里来,也不知道他将往哪里去,西海固大地为什么总是承载着这么多辛酸与无助,无奈才有了这么多如弃儿般苦难的孩子。他只

家访路上偶遇的孩子

把梦留住

支教记录 2005—2017

是孤零零地在无边无际的沙土中，麻木地一次又一次接受风沙的洗礼，迷茫着看着我们，那种目光，让我们突然觉得自己同样也微不足道，发现脚下步伐也如灌铅般沉重。丛爽和谢冰宜几乎噙着眼泪，把剩下的饼干塞到他手里，他什么也没有说，也没有看我们，只是贪婪地啃着，闭着眼睛沉浸在其中，一点一点地通过干涩的喉咙艰难地咽下去。我们慢慢转身，不时回头看看他，直到他彻底在视平线里面沉没。

拖着双腿，我们走向下一个家访的村庄——北坝。海原乃至西海固有许多包含水分的村镇名字：北坝、关桥、小河桥、龙池、贾塘、胡湾、红井、水洼、双河、西沟、田家滩……或许给人以水草丰富的感觉，实际情况却是，这些地方现在都干涸得一无所有，或者就是剩下连牲口都不愿意碰的盐碱水，正因为水在这里的金贵，人们才把这么多美好的名字寄托给这块年降水量 300 mL，年蒸发量却高达 2 000 mL 多的饥渴陆地，这里居然还有个叫"喊叫水"的地方，或许更能让人体会到这里为什么很多人视水如命，把一滴滴咸苦难咽的窖水作为最宝贝的财富，几乎到了疯狂的地步。

在西海固行走，向淳朴的山民讨干粮馍吃或许不是什么难事，问他们要口水喝却着实要主人犯难了。

走到了西安州古城墙，我们耗尽力气爬上了这据守千年蜿蜒无尽的庞然建筑。他背靠天都山，前临锁黄川，向为"固靖之咽喉，甘凉之襟带"，宋夏时期，为两国兵家必争之地，现存古城址平面呈方形，边长约 700 米。城内有隔墙一道，将古城分为南北二城。北城倾塌严重，城墙只存 3～4 米慢坡状土垒。南城现存状况较好，城墙高约 4～8 米，开东西二门，绕以瓮城，四周有护城壕痕迹。西安州本来是西夏南牟会，创建于西夏建国初年，后来更是成为西夏枭雄李元昊的避暑离宫，根据《宁夏历史地理考》180 页，天都寨条：今海原县城南，原为西夏所有。庆历六年五月（公元 1046 年），西夏王李元昊娶大臣没移皆山的女儿没移氏为妃，在天都山（今海原西安乡南华山）营造避

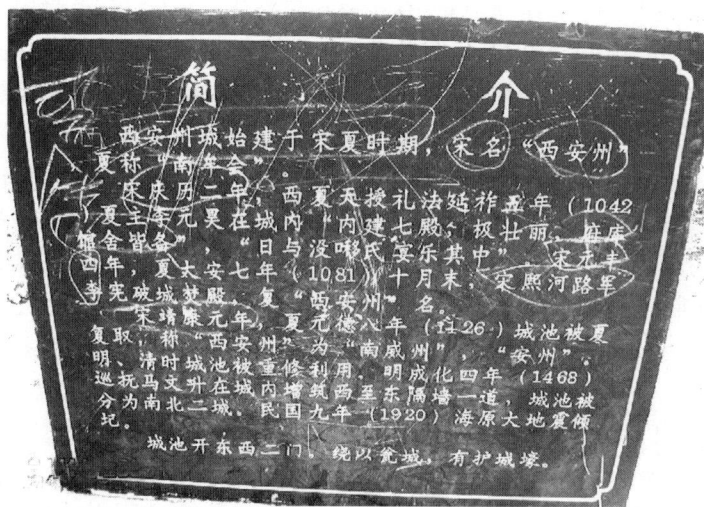

西安州简介碑

暑行宫,每日与没移氏宴乐其中。据《宋史·夏国传》的记载,在宋元丰四年,也就是夏国大安七年,公元 1081 年,宋神宗派遣重兵分五路讨伐西夏国,熙河经略使李宪率兵"营于天都山下,焚夏之南牟内殿并其馆库,追袭其统军仁多凌丁,败之,擒百人,遂班师。"天都寨旧名洒水坪,亦名东冷牟会,元符元年(1098 年)宋收复,次年筑新寨,赐名"天都寨",《宋史·地理志》卷八十七西安州:"天都寨,元符二年,洒水坪新寨赐名天都。东至临羌寨二十里,西至西安州二十六里,南至于天都寨一十里,北至绥戎堡六十五里。"《宋史·地理志》中说,宋元符二年(公元 1099 年),宋朝把南牟会新城建为西安州,据《乾隆盐茶厅志》:"宋元符二年,大将折可适伐李元昊。因置西安州,海城(今海原县城)亦附其中。随后于夏人更名东牟会,及元代封豫王于西安州,海城是其属堡也。明洪武二年,遣大将徐达攻走豫王于西安州……成化四年,土达满四叛据石城,都御史项忠,马文升剿之,移红古

137

城游击于西安州。"城"周围五里六分,高阔三丈二尺"。又据史书《海城厅志》记载,宋靖康元年(夏元德八年),公元1126年,西夏国皇帝嵬名乾顺乘宋金开战,无暇顾及其他的机会,攻取了西安州,从此以后西安州又复为西夏控制,并成为向南侵犯宋朝边疆的重要军事据点之一。

西安州历史上的响亮名字,并不仅仅是武将的天下。这里出了西夏历史上唯一的汉人宰相和唯一的汉人皇后,西夏史上同样都赫赫有名性格却截然不同的一对父女。公元1137年(夏元德三年),数月前还头顶着大宋朝西安州通判的南朝臣子任得敬,在短短几天时间改头换面挂上了大夏国西安州知州的牌子。虽然那次看似是西夏崇宗李顺乾兵临城下的不得已而为,其中噼里啪啦的精细算盘,恐怕只有任得敬自己才算得清楚。

这个由一个普通小吏升为宋朝西安州通判的汉族男人,有着对时势的"准确把握"。在宋夏战争中,他准确地判断了双方的军事力量,便以西安州古城作为后半生的一个赌注,携带着古城投降了西夏,被西夏政权封为知州事。西夏崇宗时,他把自己的女儿献给了崇宗为妃,那位据说美若天仙的女子,长袖善舞、嘤语娇颜地走进了离这里虽然有300多公里,但许多人毕其一生也走不进的西夏皇宫,成了海原历史上见于史料的第一位也是唯一一位被册为皇后的女子,与其父不同的是,任太后并不配合任得敬的那副算盘,反而忠心地辅佐西夏王朝,颇有母仪天下的风范,崇宗崩后,她被立为太后,尽力维护继任者仁宗的统治。

和历代实施美人计者一样,任得敬和他们的目的一样,不过是所投放的砝码不同,任得敬是以自己的女儿做诱饵的。于是,他从防御使升都统军。到仁宗时,封为西平公,后贿赂晋王察哥,入朝为尚书令,进中书令,更进国相,爵楚王,几乎位极人臣。西夏历史上,汉人能跻身如此高的地位实在罕见,这也是海原历史上第一位列身宰相级的人。野心总是充斥那些权谋者的心里,也总能扰乱他们的心智,

已经晋爵楚王的任得敬还想进一步觊觎帝王之位,此时的任得敬擅权专政,又领兵二十年,握有军权,仁宗受他威胁,已经不能制驭了。公元 1169 年四月,任得敬之女贤良淑德的任太后病死。1170 年闰五月,任得敬公然胁迫自己的外孙西夏仁宗"分国",分夏国之半归他统治。夏仁宗被迫分西南路及灵州啰庞岭地归任得敬,建号楚国。任得敬又胁迫仁宗派遣左枢密使浪讹进忠等去金朝奏报,求给任得敬封号。金世宗同尚书令李石等商议说:"有国之主,岂肯无故分国与人。此必权臣逼夺,非夏王本意。况夏国称藩岁久,一旦迫于贼臣,朕为四海主,怎能容忍此举?倘若他无力自治,当发兵诛灭。"金世宗下诏给夏仁宗说:"自我国家戡定中原,怀柔西土。始则画疆于乃父,继而赐命于尔躬,今兹请命,事颇靡常,未知措意之由来,续当遣使以询。"金世宗退回了任得敬的贡物,拒不承认楚国。

行走在西安州脚下

任得敬遭到金朝的反对,随即又阴谋附宋自立。夏仁宗得到金朝的支持,策划诛任自保。公元 1170 年八月,任得敬密通宋朝,宋四川宣抚使虞允文派使者以蜡丸书回报任得敬,约夹攻金朝。不料宋

把梦留住

密使被夏国捕获,夏仁宗拿到这项铁证,派遣殿前大尉芭里昌祖等到金朝奏报,并把宋使和蜡丸书一起献给金,先命弟仁友等诱捕任得聪、任得仁等,在八月三十日设计杀任得敬,并大肆捕杀任党。夏仁宗取得胜利。分裂夏国篡权阴谋终于败露,遭到了被诛的惩罚。历史似乎又一次证明了一条铁律:玩火者必自焚,摇摆者必无以附。

西安州更不会忘记那段传奇,一代天骄成吉思汗横扫欧亚大陆,威震四方,但他亲率大军征伐西夏快到西安州的天都山(今海原西安乡南华山),却出师未捷,被西夏"神臂弓"所创,一代天骄折戟沉沙于这块他们眼里的弹丸之地,陨落与沙尘黄土之间,不久便死于宁夏南部的六盘山。蒙古军队密不发丧,带着强烈的复仇心理,把前来和平谈判的西夏末代皇帝断然处死,铁蹄横扫西夏全境,烽火殃及无辜黎民,肆意烧杀掠夺,当时隶属于原州的西海固人民又经历了一次生灵涂炭。此后,西安州经元、明、清数代逐步修缮,战略地位显赫一时。这个聆听过自宋夏以来数代金鼓的历史老人,目睹了西海固沧海桑田的悲欢沉浮,又见证了 1920 年 12 月 16 日令整个地球都为之颤抖的海原大地震,在那次人类历史上罕见的 8.5 级地震中,苦难的海原西安却不幸被选为了震中,一时间地壳像被一把巨大的铁锹把海原翻了个底朝天,近 40 万人在这次山崩地裂后永远失去了生命,一切顽强或者脆弱的物体在这场浩劫中都化为灰烟,消失在永恒的一刹那的天塌地陷。唯独这厚重的西安州古城墙,在历经了人类刀兵铁马的无数次攻守撞击后,虽然被大自然无情地用力摧残着,坍塌和损毁在所难免,他却没有因此而被埋葬,岁月的侵蚀和折磨反而让他在西海固大地上卧得更加安详,更加稳固。

我和队友行走在这敦厚的高高城墙上,不用号角,不用金鼓,苍茫的古战场上依然覆着一层浩瀚的杀气,大西北凌厉的风刀扬过身体,耳边不住的厮杀呐喊声喧嚣,眼前又有了成吉思汗、李元昊、范仲淹等无数英杰或运筹帷幄指点江山,或纵马驰骋弯弓射雕。或许脚下踩的某一块土地,也曾经有过他们坚定脚步走过的足迹,或许头顶

上一片的天空,也曾经听过他们威震四方的仰天长啸。如今这一切却只能从史书和考古遗物中追溯,战争使他们伟大,战争也使他们渺小,历史给予他们扬名立万的机会,历史也让他们最终望天兴叹。古代英雄最终只能成就自己的赫赫威名,却不能改变西海固年复一年地走向中落,当漫漫黄沙依旧低沉地叹息时,曾经的显赫辉煌随风而逝,祖祖辈辈生活在这里的人们,并不能依靠英雄们的荫庇。我想,我们西部志愿者更新的足迹,虽然不能彻底改变这里,但是,至少我们努力踏实地在这里走过,这里也深深埋下了我们的青春梦想。虽然我们不知道我们能改变什么,但我们知道我们必须为之做点什么。

梦想,有时候甚至可以不那么清晰,却一定要充满力量。

大家喝完了最后一点水,咬牙继续前进。越过了绵长的古城墙,翻过了一个又一个土坡,北坝村终于渐渐浮现于眼前。在地平线上的房屋只是凸出半个脑袋,便无力再向上伸展了,如果你眼睛达到中度近视而不戴眼镜,你可能发现不了眼前这个匍匐在地表的小村庄。这个村子有好几个我们要家访的孩子,每天他们都要从这里步行近两个小时去西安中学上课。进了村子,我们立即东张西望想找人问路,周围却静悄悄地连鸡犬声都没有,沿着村口一条狭长的小路走了几百米,终于看到前面有几个人挥着铁锹在修路。我忙快步上前,拉住一个大约十三四岁的孩子问:"请问你知道康娟家或者柳季峰家在哪里吗?"他一脸都是灰尘,瘦削的身体几乎还没有铁锹高大,手上已经蒙了一层厚厚的泥土,掌中几个磨打了水泡的地方隐约看出点绯红肉色,他一脸疑惑地看着我,用舌头舔舔干燥的嘴唇,正待说话,边上一位也在铲土的中年妇女忙放下手中的活计,说:"我们家就是柳家,你们是?"

沈潇忙说:"阿姨您好,我们是西安中学的老师,来你们家家访,柳季峰在家吗?"

中年妇女长长地"哦——"了一声,扯了一把那个少年笑道:"怎么你们学校老师你都不认识啊,哦,呵呵,老师好,这个就是我们家季

把梦留住

峰,喏,那边提土的是我们家述峰,今年也去西安中学读初一哩。你们俩小子,怎么见老师也不问好啊?!"

我们笑着点头,问:"这倒不怪他们,我们今年刚刚到西安,而且没有教他们班课程的。能到您家坐坐吗? 现在方便吗?"

她忙不迭地用手搓泥土,连声应道:"那要的,那要的,季峰述峰,还不快领老师到院里!"或许是第一次和陌生老师在家见面,两位孩子有点羞涩腼腆,被妈妈一催促脸更红了,轻声和我说:"老师,这里走。"

他们家离这条小路并不远,推开院门,里面的摆设简单却井井有条,朴素却干干净净,整洁地让人忘记了家里本应该还需要有太多必需品,旧木桌水泥床都被擦拭得锃亮,阿姨又麻利地用布在洁净的凳子上抹了抹,一个劲儿地让我们坐,不过家里只有一条板凳,我们四人互相推让,都站着环顾四周,两个孩子紧张地站在门口处,低头用脚摩擦着地面。

阿姨看我们执意不坐,自己也有点不好意思,尴尬地笑了笑,又小心翼翼地问:"我们家阿峰是不是又惹毛子了? 还是读书不用功了?"

我忙摆手道:"不是不是,这次家访只是来看看大家平时的生活情况。"看来这里的人对家访并不是很了解,很多时候是办理处分或者退学手续时候才要找家长面谈的。

沈潇问:"平时回家都要干活吗?"孩子们轻轻点点头,阿姨摇头无奈笑道:"唉,自打孩子他爸没了以后,我一个人拉扯他们几个实在没有办法了,好在他们懂事,也能干活,呵呵,否则真的不知道怎么办了。"她的笑意里透着淡淡的酸楚,不知道她此时看似轻松的笑容,背后藏着多少痛苦挣扎,虽然没有啜泣,也没有抱怨,我们却更加感觉他们的不易,仿佛如饱经风霜的菊花,越刻骨的严寒越能看到其中的别样美丽。我看到孩子脸上忧郁和伤感的表情,不忍心再问这些。便拍拍他们肩膀问:"这次期中考试感觉怎么样?"

读初三的季峰低头说:"还行,改出来的几门都有八十多。"八十分在乡下中学已经是优异的成绩了。弟弟紧张中略带了点自豪:"老师说这次我应该能拿班级第一了。"乔阅问道:"那平时学习生活主要有什么困难吗?"

兄弟俩没有说话,阿姨默默无语朝我们笑着,或许心口淤积的难处已经压得他们说不出话来了,现场只有风吹着纸糊的窗户啪啪作响的声音。过了许久,哥哥开口问:"老师,您觉得我们能上大学吗?"

他眼睛里面闪耀着清澈的光,这应该是他在西海固的大山里面珍藏的最宝贵的梦想吧,在现在大学升学率普遍提升,进入大学校园不再如走独木桥的年代,他虔诚地问我,我知道等待他们的还有太多关卡,太多阻碍,而一个看似普通的几里路,几百块钱,几十天干旱,就很可能葬送了他默默包藏的梦想。

我们都点头:"好好努力,一定能行的。老师保证,以后会更好的。"不知道对于现实,这是善意的谎言,还是仅仅只是诚挚的祝福而已。但是兄弟俩都微笑了,妈妈看着懂事的孩子,脸上也写满憧憬的幸福。

我问兄弟俩:"这学期有啥愿望呢?"

季峰不好意思地说:"我成绩没有弟弟好,希望能赶上,也拿一次第一。寒假后我和小峰就要上县里帮工了,也没有时间看书。"

述峰迟疑了一下,还是壮着胆子说:"我想再看一次动画片。"

我问:"哦? 啥动画片?"

述峰说:"我也不知道啥名字,上次跟我哥上县城,有一家包子铺的电视在放来着。我觉得可好看了。"

季峰笑道:"后来说梦话都说到那部动画片,在梦里还挠我。"

述峰不服气说:"你还学女孩子攒贴贴纸哩。"

季峰小恼道:"你自己还不是天天在哪儿画,画,画的,那本子都被画完了。"

妈妈摇头笑道:"真没出息的娃,尽让老师笑话。"

把梦留住

我说:"呵呵,我和他们一般大的时候,比他们还着迷呢!"

乔阅拍胸脯道:"只要好好读书,我的电脑里面好多动画片,下次让叶老师拷给你们!"

丛爽轻声笑道:"乔老师好幼稚哦。"乔阅为瞬间失去的一贯稳重形象而很郁闷。

两个孩子没有听到丛爽的话,注意力全在乔阅那边的动画大仓库,一脸羡慕和崇拜地看着他。

我说:"没有问题,下次课后带到班上放去! 能让我看看你的画吗?"

述峰不好意思脸红了,季峰偷偷冲他使了个鬼脸,转身跑到枕头底下拿出一本卷了边的作业本,述峰想来不及制止,身体不由自主微微缩到妈妈身后。

我们几个一起凑过来看,上面每页都用铅笔画上了图画,似乎是先用铅笔轻轻描的轮廓,然后再重重地花下画面,虽然是初一的小孩子,画的笔锋却已经有几分老练,而且每页纸的图画都是连续的,如果快速翻动作业本,画面居然开始连贯跳跃起来!

我们被这简朴的动画惊呆了!

虽然画面衔接还不是很畅快,但这个动画片的雏形让我们很感动,我们几个都不住发出啧啧的赞叹声。

乔阅彻底把稳重形象抛弃:"哇! 厉害厉害! 述峰这是谁教你画的!"

述峰红着脸说:"图是我照着隔壁阿刚哥的一本小人书描的……"

季峰插嘴道:"老师。故事他瞎编的! 笑死人了!"

我又仔细翻了几下,几十页的画面讲述的是一个孩子在兔子一家种了土豆,收成后其中有一颗无比巨大,兔子爸爸把它雕刻成大老虎吓坏大灰狼的故事。故事和画面童心闪烁,让人看了也忍俊不禁。

我问:"你学画画学了多久了?"

述峰说:"我就会照着小人书学着画,三年了吧。"

季峰不满地说:"隔壁阿刚可坏了,小峰每借一本小人书,他都要他帮他打半天的水。而且每次都只能借半天看,这么破的小人书,还这么小气。"

我们捧着这本作业本画册,仿佛有如千斤重。

家访:在柳氏兄弟家

又聊了一会,问了一下他们这学期的愿望,季峰想学期末和弟弟一样拿第一名,寒假到县上攒够下学期的生活费,述峰想了很久,不好意思地说想跟着哥哥上县城,能看几眼电视动画片,前年看过一次,太精彩了,以后想到那些画面几乎都是魂牵梦绕了,寒假如果有机会再看一次就好了。他妈妈笑着骂他怎么不懂事。

我们解释说还有几个同学家要去,便向他们道别,临走时把准备好的礼物硬塞到他们哥俩手里,述峰自告奋勇给我们当起了向导,季峰则又和妈妈提起铁铲去修路了。

把梦留住

　　没有想到周末的孩子比平时更忙碌,我们到了马鹏家,大门紧锁着,邻居大爷说一早和他大(爹)刨地去了。我们又让述峰带我们去康娟家,大门倒是半掩着,院子里面却没有人,我们等了一会儿,还是不见踪影,正托付好述峰把礼物带给他们,出了小院,看到康娟远远地跑过来,一边招手喊:"老师!老师!我在呐!等等!"

　　我们喜出望外,又回头向她走去。康娟是个很瘦小的女孩子,读初二了个子才一米三多,不过在学校倒是很活泼,在我的体育课上更是个小机灵鬼,天真无邪整天能出点小主意弄点小游戏,同学们都喜欢这个快乐开朗的小妹妹,叫她"小土豆"。这时候述峰惦记着他妈他哥今天可能赶不完修路的进度,先和我们告别再回去铲路了。

　　康娟把我们领进小院,一边不好意思地解释说刚才在后山包想拣发菜,老远就看到我们了,便急忙一路跑回来。发菜是当地一种野菜,细黑如同发丝,零星散在这里的土地上,是孩子们谋生的一个重要途径,虽然发菜细小而且常常沾上土色,很不容易找到,一天下来弯断了腰看酸了眼也拣不出几克,但是这毕竟是"宁夏五宝"之一,当地收购价一两能卖几十块钱(据说销售终端价格是一两几大百元),也是西海固难得的一点值钱的山货。

　　我笑着问:"拣了多少了啊?"康娟撅起小嘴不满意地说:"一个多小时了,才几根呢。"我这才注意到她手里寥寥的几根乌发般的细草。

　　沈潇道:"很少吗?还是很难找?"她叹口气道:"唉,我小时候跟妈妈上山寻的时候比现在可多了,后来大家都去挖发菜,现在几乎都快绝种了,我隔壁的几个挖发菜的说今年宁夏这边已经很少了,有几个人还去内蒙古找去了。"小脸上挂着与年龄不相称的愁苦。

　　我突然回忆起前一阵报纸报道的,西海固发菜挖掘过度,不仅发菜资源被恶性破坏,而且连带许多黄土草本植物也被清除,土地沙漠化加剧。我不禁想起了近日在历史书上看到的海原,曾经有一个浪漫的名字——海喇都,蒙古语的意思是"美丽草原"。翻开史书,我曾经惊奇地发现,明代之前的海原是水草肥美的地方。据《续资治通鉴

长编》记载,海原曾经是"畜牧耕稼膏腴之地,人力精强,出产良马。"《后汉书·西羌传》中也曾用"沃野千里、群羊塞道"来描述海原的丰饶。直到明代成化年间,驻扎在这里的士兵为防御鞑靼、瓦剌等民族的侵扰,专门筑起了堡寨、高墙,并焚毁墙外的林木开阔视野。从此,这里逐渐成为荒芜的土地。后来,清政府广招流民开荒、屯田,致使植被遭到了更加严重的破坏。随着生态环境的不断恶化,干旱、风沙频频光顾这里。或许现在在这个生存第一的山角落,很多人的希望只能寄托于活下去,就像在寒冷的冬天人几乎要冻死,即使是《蒙娜丽莎》的画像,或许也要先用来烧火取暖了,其他的,真的没有能力考虑了。

乔阅脱口而出道:"爸妈平时都忙什么活计呢?"康娟眼神顿时黯淡下来,脸上蒙上了一层厚厚的悲伤:"爸爸去年不在了,妈妈今天早上到田里干活着,中午不回来的。"

我们的心灵又一次感到了极大的内疚和不安,看着眼前平时无忧无虑的小女孩现在的迷茫,我们几乎都无言以对,或许现在任何安慰都是苍白无力的,自己的心也如浸在油锅中煎熬着。屋子里只有单调的土黄色和烟黑色,桌子上的半截蜡烛沾满了烛泪,似乎也在无声地啜泣着。

沈潇问道:"你还有兄弟姐妹吗?"我们也希望能知道她有几个能干的哥哥之类的。她点点头道:"嗯,有两个妹妹,都还在西安小学念书的。"我心里又是一阵抽凉,他妈妈虽然不在眼前,我似乎也看到了一个坚强的农妇在烈日热焰下,咬着牙用力挥舞着锄头在干裂生硬的土地上一下又一下地狠狠砸下去,生命,对于他们来说,只是走一步再走一步。

乔阅也忙弥补刚才的失口:"那现在主要有什么难处吗? 都可以随时找你们沈老师、叶老师的。"康娟歪头沉吟了很久,才说:"嗯。我知道了。"我暗暗埋怨小象问题设计得太不具体,不过低头瞥到小女孩已经粗糙的手掌,环顾四周简陋破旧的摆设,桌子上摆的吃剩下的

把梦留住

糠面糊,都在无尽地诉说着她的重重心事。

康娟所在的班级是初二(1)班,学校的重点班,功课应该很不错了。上课时候她表现也很积极,我照例问她最近有什么愿望,她努力把刚才的情绪摁回到心底,低头想了想,突然抬头冲我害羞地问道:"老师以后上体育课能不能多给我们一些跳绳的时间?"

我一愣,还没有从内心复杂情绪中挣脱出来,丛爽已经用毫不置疑的坚决口气下令:"听到没有,叶老师!以后给康娟一个人配发一条跳绳!"我忙嘿嘿一笑:"嗯,呵呵,老师会安排的,不过一人一条不太现实,其他同学也要跳的。"心里想丛爽几乎已经心疼地要认她做干女儿了吧,虽然她自己也才二十一。

我揉了揉自己酸楚的腿,随口问了句:"康娟,你平时到学校要多久的时间啊?"

她想了想,认真地说:"应该要四五十分钟吧。"

我摇头道:"不可能哦,别骗老师了,老师今天刚走过了,我们都走了快两个小时呢。对吧?"

她一脸着急的神色辩解道:"老师,真的,是真的可以的,我没有骗你!"又顿了顿道:"我每天都是一直跑着上学的,四十五分钟能到的……"

跑着上学!我的心被震了一下,看着她瘦小的身躯,仿佛能看到每天清晨天还没开亮时候,或是放学后昏黄黝黑的山路间,这个单薄的身影在奔跑,不,应该是在追逐,追逐自己心里的梦,跌倒的苦楚和孤单的害怕,陪伴这个年龄的孩子的每天,一步一步挺过的,就是一步一步接近自己的梦想。我放下了揉脚的手,心中有种说不出的压抑滋味。

已经是下午近5点了,康娟妈妈还没有回来,11月的西海固暮色渐渐压下来,我们拿出礼物给康娟,她却执意不肯接受,推让了很久,我和沈潇软硬兼施才摁到她手里。出了她们家小院,她一直送我们到村口。

我们重新绕着西安州古城往中学走去,黄昏太阳即将西沉之际,远处城墙那头山包上突然传来驮水的人吼的"花儿",漫过苍凉的山野,飘荡在西海固的旷野与山塬上,听来有一种牵人心肺的感觉:

> 山梁梁来个沟垴垴
> 不见(者)长一根草草
> 吆上个驴娃子驮水水
> 十里八里(么)跑断个腿腿
> 下坎坎那个爬注注……
> 汗水(者)湿透了裥裥……

"花儿"有着几百年历史,流传于回、汉、撒拉等八个民族,覆盖宁夏、甘肃、青海、新疆等地,宁夏作为中国最大的回族聚居区,"花儿"更融会了陕北信天游和阿拉伯音乐风格,在西北"花儿"中一枝独秀。但是海原才是公认的"花儿故乡",这里广阔的土地孕育出西北情歌中的精髓,每次听见豪迈粗犷的"花儿"响彻辽原,或者从这个山沟飞过那个山沟的时候,贫瘠和干旱总是会被抛得无影无踪,在没有热闹生命的黄土高原上,有着这样另一种压制不住的狂放不羁,扯开嗓子那一声吼,仿佛地下孕育许久的种子,破土那一刻的惊天动地,总是让人感到无比惊喜。在南华山下大大小小的乡村,不管是田间地头的老农,还是放牛挑水的娃子,都能拉开嗓子唱上几首有关神话传说或风土民俗的"花儿"。

此时在回家的路上听到这么悠扬高亢掺和着浓郁乡土味道的旋律,我们都不住地四处张望,侧耳倾听。这里并不肥沃的土地上既然已经催生了如此美妙的歌声,让我们这些异乡的游子都如痴如醉,脚下的步伐轻盈而踏实,感到自己的视野拓展,心胸开阔了。我相信一样的豪情也在当地人心中涌动,没有什么不能改变的。

回到西安中学时候,已经是下午将近六点。在饥寒交迫中走了一天的我们只能又望梅止渴,重提早上那个令我们每个人满口生津

把梦留住

我们的青春在飞扬

的话题：什么最好吃。可能是老天爷也听不下去我们一再啰唆地谈论美食,6点多还派出一辆开往县城的小面的从我们身后缓缓驶来,大家欢呼着一拥而上,钻进这"开往春天的地铁",直奔县城。

我来自偶然 像一颗尘土
有谁看出我的脆弱
我来自何方 我情归何处
谁在下一刻呼唤我
天地虽宽 这条路却难走
我看遍这人间坎坷辛苦
我还有多少爱
我还有多少泪
要苍天知道
我不认输

——《感恩的心》

C H E R I S H I N G O U R D R E A M S

把梦留住

六

在县城待了一天,次日便回到西安了。姜福的 25 岁大寿在即,我和沈潇都琢磨着怎么给他老人家在黄土高原上庆贺一番,顺便也给我们解馋巧立名目,大家津津有味地聊到晚上 12 点多。在宁夏,除了上课和坐办公室,如何安慰老是和我们身体过不去的肠胃成了我们主要的议题,它时而像个无底洞,怎么喂土豆面片也哄不了;时而像个漏斗,让我们只能在寒风中的旱厕中忍受煎熬;时而像个搅拌机,闹得五脏六腑一齐不得安宁;时而有如小喇叭,发出各种声调不一的旋律。加在菜里当地老师喜欢吃的辣椒大蒜组合,也是常常让我涕泪飞流直下。自从上次学校请我们到那家小饭馆大快朵颐一顿以后,肠胃便对那个地方一见钟情,时不时传达给大脑强烈的刺激,虽然去该店路途遥远,临睡前,大家英雄所见略同,决定再一解肠胃同志相思之苦,只得出些脚力。第二天也是东亚运动会足球决赛,中国足球队居然挨到了最后一场,虽然乡下没有闭路电视,我们还是决定早点去店里蹭电视碰碰运气,那天我注意到那么偏远的小店,里屋居然有台小电视。

沈潇下午在教务处,还在发挥 OFFICE 技术骨干作用,统计期中考试成绩。我和姜福先到了肘子店的时候,得知放置电视的内屋已经有客人,只得沮丧地趴在侧屋翘首等待,我一看时间已经将近五点,内屋时不时传出兴奋的猜拳声和高亢的笑声,只得郁闷地和姜福剥了颗大蒜狠狠地咀嚼。这时候老板娘的小女儿跑到我们跟前说:"我们睡觉的房子也有电视,你们要去看吗?"我们大喜,边夸小妹妹善解人意边跟着进了卧室。

到了卧室,我们才如泄气皮球一般无力地瘫在椅子上,原来这里

的电视不仅年龄和姜福相仿，而且重点是根本没有接卫星线，只能莫名其妙地收到一个布满雪花的浙江电视台。我们无奈地看着小女孩立了大功自豪的笑脸，连赞带夸谢了几句，鼓起自欺欺人的勇气摆弄着老爷机的频道选项，希望奇迹发生。时间已经过了5点，比赛已经开始了，电视还是无动于衷地闪着雪花。

姜福面无表情地盯着屏幕好久，突然掏出手机说："大不了我用手机上网看比分！"我点头称是，关了电视走出卧室。姜福低头又摁又掐手机键盘半天嘴巴还念念有词："什么破网络，居然走出村口就没有信号唉！"

捣鼓了半天，我正环视四周看看还有没有什么新的发现，姜福"啊！"的一声尖叫，我兴奋地问："连接上了?!"

"奶奶个熊！"姜福把手一摊，"没电了。"

我听到这消息悲极生乐，看了看表已经是近6点了，便说："也好也好，我们安心吃饭吧。今天是你生日，生日最大。"

这时候干完活的沈潇也冲进院子，马上冲我们嚷嚷："怎么样？几比几了？"

我们没有好气地说："看个球！"

沈潇还没有反应过来："没有错啊，就是看球啊，你们怎么站在外面？"

我们拖他进了侧屋，指着内屋说："里面一群醉汉，人家早到了。"

这时候老板娘掀了门帘进来说："内屋人走了，你们要不要过去？"我们连呼万岁跑了过去，开了电视，屏幕里面依旧大雪纷飞。

"哦，我们这里因为频率信号冲突，不但中央五套接受不到，一二三四套也没有，嗯，好像能收到阿拉伯电视。"老板娘一连串吐出好几个专业名词让我们眼前发黑，我和姜福差点没有把刚才嚼的大蒜呕出来。

"好了，你先去做饭吧。"我们三人有气无力地回答，我一看墙上的钟指着6点30，只得拿起手机打电话给小象："哎，比赛怎么样了？"

"什么比赛?"乔阅有点抓不到头脑,也难怪,此书生向来不关心足球。

"靠!身在福中不知福啊!"我不着边际的嚷道,"速开电视,调至中央五,查中韩比分报来!"

十几秒后,手机那头还是诧异的声音:"是足球决赛吗?不是中韩啊,是中国对朝鲜。"

"啊?"我脑海中迅速回忆到半决赛是中国击败日本,另一组是韩国对朝鲜,本以为韩国稳赢朝鲜的,所以狂期待决赛中中国克韩夺冠,没有想到朝鲜竟然闯入决赛,愣了半秒后,我问:"现在比分多少?"

"零比零,唉,估计要踢罚球了。"小象显然三心二意,把篮球规则带到了足球场。

"好,多谢了。"我悻悻挂了电话。

菜一会儿便上齐,一盘土豆片和一盘炒牛肉。热乎乎的香味直窜我们的鼻子,激烈地刺激我们的嗅觉器官一个劲儿地催促我们快动筷,根据马斯洛层次需要理论,生理需要为最基本需要,看球之类至少应该属于第三四层了,我们的辘辘饥肠马上强烈要求再一次用切身行动论证该理论,大家迅速把足球抛诸脑后,娴熟地把大片大片的美味放入口中大嚼。

沈潇叫了三瓶啤酒,给大家一一把盏,举起杯子说:"来来来,今天姜爷大寿,是我们三人在宁夏第一次也是唯一一次有机会过的生日,大家第一杯要见底哦。"

"干!"我们用力碰了杯,柔软的一次性塑料杯经不起这么热烈的撞击,马上折腰洒了不少,落在刚才出锅的肉片上嗞嗞作响,我们就在美味的欢唱声中,豪饮了来西安乡后的第一杯酒。

屋里面生着炉子,很温暖。我们三人围聚在小矮桌边,正好拢成一个密合的小三角形,门外突然呼呼地刮起大风,我起身关了门,只听风声掠过,不觉一丝寒意,连白炽灯的光芒都照得人暖融融的,热

气腾腾的饭菜摆在我们面前向大家脸上散发着温柔的蒸气。姜福扶了扶镜框，突然很认真地说："说实话，刚刚到西部的时候，我有点迷茫，那几周虽然有热情，却没有想到这里的孩子英语基础这么薄弱，前几周真的很打击自己的自信啊。"

我和沈潇举杯浅酌，继续倾听，姜福顿了顿，低头沉吟了一会儿，抬头说："不过，现在我觉得自己的选择是对的，来西部，至少我能做到无怨无悔。不知道为什么，现在真的很喜欢这里的孩子，虽然基础不好，却非常发奋，还有这里的学校，这里的许多东西了。哪怕抛开其他一切，我也应该来这里做些什么。"

"呵呵，不过我现在是大龄青年喽，参加工作好几年还是光杆司令，去年本来想找好女朋友的，今天看来是没有希望了。呵呵，现在我寄希望于相亲了，还是这个现实点。"姜福又饮干了一杯，继续说。

我和沈潇平时都把姜福当做同龄的兄弟，此时此刻，才发现他大我们好几岁不是虚度的，平时乐观开朗嘻嘻哈哈的他，突然显露与他年龄不匹配的沧桑，我和沈潇没有经历过工作的各种压力，不能为赋新辞强说愁，但是他那份伤感我却能切实地感受到。

"来来来！过几天就是 11 月 11 日光棍节了。我们祝你这是过最后一次！"我和沈潇举杯笑着调和气氛。

"嗯！呵呵，更是我们在西部能做些实际有用的事情！大家西部快乐！哈哈！"姜福又恢复平日的开怀大笑。

正饮完此杯，我手机大噪，我一接听，是乔阅兴奋的声音："进了一个，中国赢了，夺冠了！"

"太好了！"我冲他俩叫道，"中国赢了！"

我们三人一起拿起啤酒瓶，狠狠碰了一下："干！为我们的祖国！"把剩下的酒咕噜咕噜畅快地灌到肚子，这个时候，我仿佛置身于上个世纪中期的激情燃烧的年代了，感觉自己和那些响应高尚号召怀揣着神圣理想的青年一样，呐喊着时代的口号，全身血液都是沸腾的。

大学的时候，我的一些球迷朋友已经因为国足的成绩不佳，而鄙视我这个依然热衷于看中国足球的人，对于他们来说，欧洲赛场才是最纯粹的足球享受。诚然，我也爱看欧战豪门盛宴，超越想象力的射门，精准的传接球，行云流水的配合，几十年数百年积淀下的足球文化，甚至那如绿毯一般的豪华球场也给人莫大的享受，中国足球在这种种方面都差距不小。但是我不能忽视一种与生俱来、最重要的观球要素——立场。

有了立场，哪怕是乏善可陈的零比零，只要对你支持的球队有意义，那也是一次美好的回忆；

有了立场，哪怕只是取得一点微不足道的成绩，也值得你振臂高呼，仰天长啸；

有了立场，你才会真正爱上这支球队，你才会与球队的每一个人有一样的心跳，你才会真正感到自己也如同站在场上奔跑。

因为我和场上的 11 人一样拥有黄色皮肤，黑色头发，用汉语呐喊，用炎黄的血去战斗！

在我有限的记忆中，中国队太久没有夺冠欢庆了，我们三个已经喝了不少，突然激动地唱起了"越过高山，越过平原，跨过奔腾的黄河长江；宽广美丽的土地，是我们亲爱的家乡！"

共和国的腹地，三个年轻人在黄土高原上，用沙哑的声音伴随自己的梦想起舞。

狂欢了好一会儿，我们付完账准备回学校。今晚月朗星稀，我们三人一路天南海北侃着，争执的声音回荡在西安乡幽静空旷的乡间路上。大好时刻，姜福回到宿舍又跳起了自己的绝技甩衣舞，逗得我和沈潇笑蹲在地上起不来。

21 世纪的今天，过去的某些精神是否还能停留在我们的心中呢，风云际会依旧，浪潮澎湃不减，在物欲横流的社会中，突然体味到这种纯澈的年轻冲动，何尝不是一种幸福！我没有真正经历过那个时代，却向往能有一颗和那个年代前辈一样勇敢的心，而自己慢慢接

近那种感觉的时候,仿佛也在慢慢接近一种顿悟的自我嬗变。

周二,下午体育课时天气晴朗,阳光照得大地暖洋洋的。铃声响起时,我兴冲冲地抱着几个皮球大步迈向操场,远处操场上学生们看到我走过去忙吵嚷嚷地拉扯着排好队伍,一个个瞪大眼睛盯着我怀里捧着的三个球,女生则鼓掌欢迎我肘部勾着的几根跳绳。

我走近放下体育器材赞了一声:"嗯,今天不错,排队很整齐。只不过老师希望,下次大家能自觉提前先排好。"

一个女生举手说:"老师,杜燕子生病发烧请假。"

"嗯。"我点了点头,男生堆里面噪出一声:"咋又生病哩!病秧子哦!"我狠狠瞪了一眼插嘴的学生,让大家排好队伍做准备运动。

上了30分钟的课,接下来时间安排的是自由活动,我们把体育室的主要家当跳绳搬到操场上,学生们每六个人合用一条绳子,我分完绳子又吼了一句:"老师不希望看到一位同学没有轮到跳绳,大家自觉点轮流跳,每个人不超过一分钟!"下达完解散令,正拿出手机想把握一下时间,却看到远处一个绵软无力的身影慢慢走过来,这不是杜燕子吗?我忙快步上前查看,这孩子已经被烧得几乎脱水了,脸上还带着没有干掉的泪痕,我知道发烧时如果体温太高人便会不由自主地流眼泪,此时看到平时俏皮的小脸也已经干巴巴的显得苍白没有血色了,两根平日一翘一翘的小辫也随着沉重的呼吸颤动着,我忙问:"怎么不在教室待着?看过医生吗?"顺手往她额头上一贴,已经发烫了!

她眼泪又不由自主地唰唰往下掉,哽咽道:"看了医生了,打了针了,中午。老师说请假要课前请的,我还没有和您那个时候(课前)说的,所以……"这条我的确说过,上周好几个让别人代替请假的学生,弄得课堂秩序不正常,让我想到了这个措施。

我一时语塞,心疼盖过了内疚,又用平静的语气问:"你家在哪里?要不老师送你回去吧,回头再找班主任请假?看你烧得不轻。"

她擦了擦眼泪,坚定地说:"家很远的,没有关系,晚上应该会好

点,卫生院的人说的。"

我继续问:"那家里人有没有联系方式呢?怎么找你爸妈,我打个电话给他们。"

她低头道:"没有电话,家里。爸妈也不在家的,现在。"

我轻轻摇头叹气,环顾了一下四周,此时大风渐起,忙招手叫了体育委员张再行陪送她回教室,临走前补了一句:"要多喝水啊。"

不一会儿,张再行又蹦跳着飞快跑回操场,估计是惦记着跳绳已经错过几轮了。我没有体谅他的兴致盎然,又叫他到面前问:"今天杜燕子的确去看了医生吗?"张再行点点头,不时眼睛朝他所在那组瞟瞟,我又问:"她附近有亲戚吗?"张再行摇摇头,或许发现栽在这个啰唆的体育老师手里,今天继续跳绳无望了,便主动开口道:"班主任已经让他同村的明天先送她回家了。"

我稍微缓口气,停止审问做出重大自我牺牲的体育委员,正挥手让他去跳绳,他刚跑出去几步,我又忙添了一句:"你先回来!"张再行一脸委屈地看着我走回到我跟前,我笑着轻声说:"老师交代给你一个任务,下课到我们宿舍拿几瓶水给她,窖水不干净发烧了尤其不能喝。嗯——,记住,就说是你送给他的,呵呵,这可是我们之间的秘密,咳!如果让她和其他同学知道,老师以后可就不相信你喽!"在我的软硬兼施之下,张再行有点机械地再次点点头。

下课后我收完绳了,唤了张再行来我宿舍,趁着大家课间做广播体操的空当,让他如窃贼般从我宿舍溜出。我在房间里踌躇了一会,还是没有去教室看看情况。

第二天课间操完毕时,我从办公室向外看,恰巧望到张再行,他的眼神也朝我看来,目光交汇的一刹那,可怜可爱的张再行同学本能地用食指指指自己,我微笑点头,他便慢跑过来,我问:"你们班昨天那位同学今天怎么样了?"他有点无奈地笑着说:"我把水送她了,她说我肯定没有那么好心肠!今天好像好多了,烧好像退了许多。"我摇头笑笑,让他回教室准备上课去了。

虽然杜燕子已经没有大碍,孩子们平时的健康条件却让我乐观不起来,每次上体育课时候都有孩子举手申请去喝学校水窖里面的水,就是沈潇刚来的时候喝了以后跳起来的那种水,那种有着浓浓苦涩味道掺着厚重汽油味道的水,他们喝得甘之如饴。我和沈潇做了一次小实验:我们把一瓢水放在锅里煮,水蒸发干了以后,结果让我们呆了:仅仅一小瓢子的水,却在锅底留覆下了一层明显的矿物质,勾勒出的图案好像是魔鬼的脸孔向你狞笑。

以前在厦门从科普杂志上看到,每年全世界有如何如何多的因为饮水不洁而死亡,当时没有什么概念,当时我每天幸福地喝着厦大随时随地提供的免费甘甜矿泉水,甚至也想象不出来为什么喝水会让人有性命之忧,看着锅底令人作呕的物质,回味着每天水里怪怪的味道,我愕然,无言以对。以后的体育课,我不止一次对孩子说,不要再去喝凉窖水啊,可是孩子迷茫地看着我的时候,我也给不出答案,除了窖水,他们还能喝什么呢?

排队打水

把梦留住

支教记录2005—2017

怪不得他们三天两头会捂着肚子痛苦地蹲在墙角！三天两头有人请病假！

周六，照旧到县城和其他队员汇合。我们到了职业中学时，已经是下午近两点了。谢冰宜还在午睡，大门紧闭。丛爽在我们睡的那间画油画，屋里很灰暗，午后的光线无力地伸触进房间。我们猫到他身后端详了一番，此人仍然全神贯注笔耕不辍，画板上出现的是沙海胡杨，已经被抹得有模有样，颇有当初我们在腾格里沙漠里面看到的神采。沈潇朝我坏笑，我本也想吼吓她一下，看在这幅即将出炉的画的份上，我摇摇头，在她耳边轻声嘿一句："好认真啊，丛老师。"

丛爽"啊"的一声猛地回头，脸色骤白，手中油笔几乎落地，看到是我们两个一脸坏笑，大怒道："找死啊！进来也不吭一声，用这么阴森森的声音，吓死我了！"正是大声吓人伤害的是耳朵，小声吓人伤害的就是心灵了。

我俩忙躬身笑着赔罪："唉，看您老画得投入，不忍打扰，加之作品美轮美奂，无比传神，我们也看呆了。"

这几句歉词很是挠到她的痒处，丛爽很受用地笑笑，换了和缓甜美的语调说："哎，还好啦，我画了蛮长时间了，久没有拿笔，都生疏了。我准备多画点卖了捐给这里的学校。"

我俩拍手称好，又狠狠赞了一番，不慎符合了边际效用递减规律，丛爽回省道："好了好了，少拍马屁了，有事情说吧。"

"呵呵。"我们媚笑拎了拎手中的袋子说，"今天下午还有事情，这衣服……"

"靠！免谈！"丛爽挥手回绝道，"你们上次来不及的时候，也是我帮你们洗的，喂！我以前的男朋友以后的老公都没有可能享受到这样的待遇啊！"

我们本来就是抱着死马当做活马医的想法，现在果然遭到严词拒绝，只能摆出一副死猪不怕开水烫的架势："唉，世态炎凉，人情冷暖，谢冰宜没有醒，没有机会让她证明一种叫奉献的精神存在。"

丛爽不受激将法，哼了一声，继续低头画画，沈潇继续打趣道："表妹，看你气色黑郁，最近有什么不幸发生啊？讲出来我们替你分担？"

"看到你们就是我今天最大的不幸啦！"丛爽一边说，一边顿了顿，扬头展示她脸上少见的忧郁，"这里有些人烦死了，简直没有良知。"

"哦，咋了？莫非有人骚扰我们支教队的美女？"我和沈潇故作惊讶，脸上出现勃勃兴致，沈潇堆起愤怒的表情："我们队女生人均拥有量本来就少，居然还有家伙色胆包天敢来挑衅！"

丛爽放下画笔摇了摇头，站起来看我们在幸灾乐祸地窃笑，愈加愤怒，悻悻地骂道："你们男人都不是好东西！"

我俩见他已经是义愤填膺了，忙正色道："怎么了？打击面不要这么广嘛！究竟发生什么事情了？"

丛爽瞪了我们一眼，拿出手机摁了几下，轻声说："你们自己看吧。"

我俩受宠若惊地接过手机脑袋顶着脑袋地一起看，只见短信里面充溢挑逗之词，表白大胆而肉麻，不禁令人直起鸡皮疙瘩。

"不错哦！"沈潇又嘿嘿笑道，"我要是和我老婆说这些话，他一定开心啊。大开眼界，大开眼界啊。"

"去死！"丛爽啐了一口，无奈地说："更荒唐的是这个人已经有家庭有孩子了，还涎着脸皮来纠缠，每天不断发短信。"

她看我俩听得津津有味，抿嘴一笑说："我昨天想断他念头，对他说了，我喜欢我们支教队里面的，他居然说我们队男生很不怎么样。"

我和沈潇气得哇哇大叫："哪来这么嚣张的！就是这个手机号码吧，是哪里的？就凭这句话就够判他刑了！今天我一定骂他个狗血淋头！"

丛爽见我们两个抓狂，仿佛情绪都嫁接转移到我们身上，平静地笑笑说，"算了，我以后不再理睬他就是了。"不过从她憔悴的表情来

把梦留住

看,还是能感觉到她心里的压力。

过了一会儿,关桥二人也到了职业中学,见我们俩正在愤然怒骂,便上来问缘由,我和沈潇继续嫁接愤怒,告诉朱杨二人某人不仅骚扰表妹而且扬言支教队个个样子矬丑,他二人一听如此一针见血的刻薄揭露,加入我们咬牙切齿大骂的阵容。

一中的几位也陆续赶到,这几位显然已经看破红尘得多了,只是摇头不屑地对意念中的敌人鄙视一番,便叫来队长一起开会。把最近例行的事情布置完毕了,朱景渊意味深长地呵呵笑了一声,詹维思闪身道:"你怎么又奸笑什么啊?我全身起鸡皮疙瘩。"

朱景渊笑着用舌尖舔舔嘴唇,看着我们犹如一盘盘开胃大餐,道:"呵呵,我们关桥中学最近在搞一个活动,中学生课外知识讲座,咳,几位博学多才的可要多捧场出力哦,那个小象,厦大首席才子,肯定跑不了喽,这个叶大师,也到了展示口才的时候了,还有你们几个什么什么的,嘿嘿,大家都有绝活,都准备一场哦。"

我们几个一听互相给了个眼色,沈潇笑道:"这个好说啊,我们回去安排一下,哎,最近档期比较满啊,哈哈,不过这个出场费嘛……"

杨希辽忙说:"哎!没有问题,我们关桥中学一定献上国宾级待遇,花卷大蒜吃个够!"

大家一起"切"地嘘他,不过虽然勒索不成,大家还是挨个提供了自己的演讲题目方向,朱杨看收获颇丰,差点没有叫今天晚上馆子请客。

周末和周一我和沈潇便开始着手准备讲座内容,接着向学校请了一天假期,又风风火火跑到县城,找到转到关桥的车。开往关桥的车子是辆中巴,在这里已经算是巨无霸级别的载人工具了,司机没有像开往西安那些的哥一样转来转去拉客,绕了半个街道载了稀拉的几个人就出发了,我和沈潇便在车上打起盹。

昏昏沉沉靠在车窗边眯了大半个小时,沿途已经有不少搭车的人上来,准确地说还有一些动物乘客,鸡羊之声不绝于耳,膻腥之味

扑鼻而来。我朦胧醒来时,发现身边右下方数只绵羊在友善地看着我们咩咩示好,以为自己还是在梦中;沈潇第一次发现睡醒后自己是被羊群和菜草包围,猛地打了一个激灵瞪大眼睛,半晌才说出一个专业词汇:"生态型客车,强!"

车外仍然是绵延的黄土高坡,车里的羊用无辜的眼神觊觎着发动机车盖上堆放的青菜,无辜地慢慢靠近冷不丁偷咬一口。我和沈潇刚才入眠时忘记把车窗关紧,脑袋被冷风喷了许久,此时方觉隐隐头痛,车里面的人越来越多,嘈杂的人声覆盖了羊羔柔和的呼唤声,对面坐着的几个中年人开始点烟吞云吐雾,后座大嫂抱的小孩歇斯底里地哭喊着,后上来的几个小青年用方言咒骂着什么,车尾是一群跑路商人模样的在哼着北方调子。我发现身边站着一个十六七岁的大孩子,衣裳单薄得几乎已经褴褛不能覆体,头顶一片破旧的毡帽,手和脸已经冻得通红,身体微微地在颤抖。

我坐着扯了一下他的衣角,往里面挪了挪,问:"挤挤不?"

他低头看了看我,迷离的眼神突然变得清澈了许多,摇了摇头说:"不了,站着舒服,暖。坐下脚冻得慌。"

我这才注意到他的光脚上踩着一双已经开了许多窟窿的布鞋,双脚不停地互相搓摩着。已经是北方的深秋了,气温早已经在零下徘徊,他的脚踝处显出青紫的冻色。

我一阵揪心,看他中学生的模样,便问:"你家也在关桥乡?哪个村啊?现在读初儿?我们是西安中学的老师。"

他低沉下眉头,用舌头润了一下干燥的嘴唇,明亮的眼睛里充满了潮湿的忧郁,过了很久也没有说话,只是低着头紧紧咬住嘴唇。

我和沈潇没有再问,轻叹了口气。我默默地揣度他这个稚嫩的肩膀要承载何等的苦难,最近太多所见所感,让我不能说出什么了。车转了弯,路边歪着一个牌子:海家湾。他轻声对我们说:"我到了,老师,再见。"

"你叫什么名字?"我忙问,"家住海家湾?"

　　他点点头说:"我叫田岩宝,在海家湾的。以前在关桥中学念书的。"说完便往车门挤去,很快被拥挤的下车人群遮住了身影。

　　我和沈潇回头往车外看,突然发现田岩宝还站在路边,透过窗户注视着车里的我们。我们就这么默默对视着那一瞬间,仿佛已经过去百年的时间。车子慢慢远去,我看到风吹着他蓬乱的头,看到他用破旧的袖角轻轻地拭着眼睛,看到一个哆嗦却挺直的身影,挺立在黄土高坡上,渐渐模糊。

　　车子继续麻木地向前开驰,无数风景刷刷地被抛在身后。仿佛过了一个世纪的时间后,关桥中学后山的双铁塔才进入我们的视线。我发了短信给朱景渊说已经到了。车在关桥中学门口停住了,我们远远看到杨希辽乐呵呵地向我们招手。

关桥中学,晨读一角

　　迎上前去,杨希辽一边和我们热烈握手一边堆笑说道:"哎!叶教授,沈潇教授,有失远迎啊!一路辛苦了!"

　　沈潇撇嘴笑道:"没有献花,没有礼炮,杨书记礼数不周啊,不把

我们放在眼里哦。"

杨希辽拍拍我们肩膀说:"咳,我们关桥团委的主要领导都来门口亲自接待哩,档次还不够? 好好好,晚上请你们吃火腿肠! 嗨,你们两个蝗虫!"

我笑道:"有意识改正就好,你们朱书记呢? 呵呵。"

杨希辽摇摇头笑道:"老朱在忙着给刚刚组建的关桥中学第一届学生会开第一次全体扩大会议呢!"

"哇,这么个淳朴的初中,被你们两个团委领导搞得如此官僚!"我和沈潇咂嘴道,"景渊不愧是厦大行政学院的学生会主席。"

杨希辽哼哼道:"唉! 别不服,学生还挺喜欢,大家报名积极性狂高的。"正说着,一名脸蛋红扑扑的小女孩拿着一本薄薄的本子走进来,问了杨希辽几个问题,快速地用铅笔在本子上写着,又出去了。杨希辽看着她的背影说:"她就是我们关桥中学历史上第一届学生会主席了,叫马亚洁,曾经三次辍学,这次由支教队员联系了社会力量资助,她才又回到校园。这个学生很有想法,学习非常刻苦。当初穷得辍学的时候,她不死心,一次次地恳求着父亲让她上学。因为成绩好,小学的老师不忍心,说是个好苗子,为她垫上一年 80 元的学费。她也很懂事,一边照顾家里的四个妹妹,一边做家务,做馍馍,冬天挖发菜、夏天种枸杞,饲养小羊羔,一边还坚持着读书,这样才支撑了下来。她获得过很多的小笔记本,没钱买学习资料,她就向同学借,用那些奖励来的小本子抄写,所以她的写字速度特别快。"

我点头道:"嗯,这里的孩子都比较懂事,尤其是许多辍学后又回到校园的。"

进了屋子,仍然是典型男生宿舍的乱,加上狭窄的空间,炉边的煤渣,桌上层叠的作业本,无处不在的杂物,几乎把整个屋的空间淹埋。

我拣了床头一处空隙坐下,问:"下午四点半开讲,是吧? 在哪个教室?"

杨希辽听了像想起犹欠东风的周瑜，一脸无助状说："唉，我们教室小，撤了桌凳也只能坐两个班级，只好辛苦二位多讲几场。一中的那几位爷最近忙啊，没空来。"

"呵呵，没有问题，只要你们把压箱底的好吃的统统地搬出来！"我俩看老杨一脸无辜，便各自开始准备讲座。不一会儿，在车里睡觉的后遗症渐渐发作，我俩头疼又犯困，嚷着要喝茶，杨希辽把手一摊作一无所有状，我们正抗议着，这时候朱景渊兴致勃勃从门外奔进来。

"哎呀，贵客到了啊！"朱景渊做了关桥中学团委书记后，举手投足间都挟带着大人物的气质，一脸春风得意气息顿时让小屋蓬荜生辉，见了我和沈潇也是用标准官方口吻："怎么来了也不提前通知？老杨，你这个工作做得不到位啊，怎么能让二位远道而来的贵宾，趴在床头捂着脑袋呢？"

沈潇大咧咧嚷道："少废话，在车上打盹感冒了，有人性的话，快打点茶水，多粗的茶都将就了！"

朱景渊呵呵道："要茶没有，要命很多条。您老又不是不了解我们的情况，要不我给你找点浓缩型第十八代阿莫西林吃？"

"靠！你当我是大牛啊，吃那个药。"沈潇无奈地骂了一声，"哎，今天是误上贼船了。"

我问道："你那个学生会搞得怎么样了？我估计你是想塑造一个关桥的锦衣卫吧？"

朱景渊笑道："瞧您说的，那一套是山东来的那两个支教老师，老徐和老阎的招数，人家已经用得出神入化了，我怎么敢班门弄斧唉。嗯，说正事，都准备好了吧？学生们可是翘首等待很久了，今天早上上课都特精神，就指望二位口吐莲花喽。"

我点点头，学着他的腔调说："没有问题，我们西安中学对本次巡回讲座特别重视，特意抽调了教学骨干前来交流。到时主要要维持一下会场秩序，不要让索要签名的同学乱了纪律。"

朱杨齐说臭美,我和沈潇四下找了点水喝,继续捂着脑袋看讲座的材料。

下午第三节课下课铃很快响了,学生们走过朱景渊的宿舍纷纷往这边探头探脑,朱景渊出门挥挥手:"快去教室坐好,大师很快到!"

学生们嗷嗷叫着一窝蜂跑到教室里面。我随杨希辽来到一道平房右侧的一间教室。教室外层剥落的石灰墙表明它已是高龄,门口破烂的门槛正是他经年磨损的门牙。杨希辽看了看教室里面坐得端端正正的学生,说:"进了我们报告厅,就看你的能耐喽。"

我和杨希辽大步迈进教室,学生们马上起立看着我们拼命鼓掌,我大感受宠若惊,杨希辽得意扬扬。走到讲台,我环视一周,四十平方米的关桥中学大报告厅挤了一百五十多号人,后排许多同学还站着捧个本子。大家脸上都洋溢着过节般的兴奋,前排的几位小同学更是早已经铺好本子准备奋笔疾书。我见此景惊喜之情更是无以复加,心想李敖来大陆时那些学子的表情也不过如此吧,便频频对大家微笑示意。

杨希辽清了清嗓子,郑重其事地说:"同学们好,今天大家终于见到了日夜思念的叶老师。"说罢余光狡猾地瞅了我一眼,继续故作认真地说:"之前我已经和大家介绍过了,叶老师才高八斗,学富五车,号称厦门大学'四大才子'之首……"

我只恨自己手短无法把信口开河的杨希辽扯过来,差点跑过去捂住他嘴巴,但是此人仍然无停口之意,继续滔滔不绝大放厥词:"叶老师的研究方向涵盖文理各科,涉猎范围囊括古今中外,不仅博览群书,而且走遍祖国大江南北,阅历之广,厦大无人能出其右。今天大家在讲座中有什么疑问,或者平时生活学习中有什么困惑,可以当场向叶老师请教,相信一定能获得满意的答案的。"我仿佛置身云中飘摇很是没有安全感,杨希辽做了个有请的姿势,又带头猛烈鼓掌,场面登时热闹起来,还没有等我开口,下面许多想提问的学生已经是个个伸直了脖子跃跃欲试了。

把梦留住

支教记录 2005—2017

一堂讲座

　　杨希辽介绍完毕之后闪到了教室后面,我从瞠目结舌中挣脱出来,脑子还嗡嗡作响,使劲干咳了一声,说:"嗯,同学们好! 刚才杨老师的溢美之词,我实在不敢当。说实话,我一直听说我们关桥中学的同学们都很优秀,个个都聪明努力,且博闻强识,一直要求来关桥做讲座,能和大家交流。今天好不容易来了,大家看——"我指着刚进来的后门说,"我还是托了关系走的后门才进来的!"学生们哄然而笑。

　　接着,我向学生们简要系统地介绍了一下青春期的心理和生理知识,男生兴致勃勃不时私下窃窃私语;女生多含羞涩但是不断低头疾书笔记。讲了一会儿,我瞥了一下时间,已经过了半小时,便继续说:"同学们,刚才介绍的常识,是今天的开胃点心,接下来我们互动一下,老师给你们讲几个故事好吗?"

　　根据我的经验,15 岁以下的孩子,不论性别、民族、肤色、财产状

况,基本上都是喜欢听故事的。台下果然掌声喝彩声又鼓起,我得意地用双手把声音摁了下去,说:"不过,既然是互动,就不能老师一个人唱戏,同学们听我讲完之后,我希望大家也能贡献一些故事。我讲的五个小故事的题目叫做'成长路上的五个故事',大家在听完后也要讲讲对自己成长影响最大的事情,好不好?"

台下的学生们开始骚动起来,大家都兴奋而羞涩地互相看着小声讨论着,我穷追不舍,继续问:"大家听清楚我的要求了吗?同意的请大声说'好'。"

"好!"学生们都盯着我的故事,不再犹豫。

"嗯!很好,老师清楚听到了你们的回答,一会儿希望大家一定兑现啊。"我微笑着说,"那老师先抛砖引玉了。第一个故事叫做'境遇不同'。"

"在一个村子里,一只小黑,嗯,小黑嘛,就是大家都知道的,那种胖滚滚的长鼻子动物,"为了顾及回民学生的忌讳,我小心翼翼地说,下面许多孩子发出会心的笑声,"一只绵羊和一头乳牛,被关在同一个畜栏里。有一次,牧人捉住小黑,小黑大声号叫,猛烈地抗拒。绵羊和乳牛讨厌小黑的号叫,便说:'他常常捉我们,我们并不大呼小叫。'小黑听了回答道:'捉你们和捉我完全是两回事,他捉你们,只是要你们的毛和乳汁,但是捉住我,却是要我的命呢!'"

"立场不同、所处环境不同的人,很难真正了解对方的感受;因此对别人的失意、挫折、伤痛,千万不要幸灾乐祸,而应要有关怀、了解的心情。同样的事情,因为我们彼此的条件不同,最后的境遇也是天差地别的,而且,每个人一生中,都是会遭遇各自的不幸。所以,同学们应该彼此体谅,互相关怀,对吗?"

"第二个故事呢,叫做——'做好自己':一天,小蜗牛问蜗牛妈妈:为什么我们从生下来,就要背负这个又硬又重的壳呢?

蜗牛妈妈:因为我们的身体没有骨骼的支撑,只能爬,又爬不快。所以要这个壳的保护!

把梦留住

小蜗牛：毛虫姐姐没有骨头，也爬不快，为什么她却不用背这个又硬又重的壳呢？

蜗牛妈妈：因为毛虫姐姐能变成蝴蝶，天空会保护她啊。

小蜗牛：可是蚯蚓弟弟也没骨头爬不快，也不会变成蝴蝶，他为什么不背这个又硬又重的壳呢？

蜗牛妈妈：因为蚯蚓弟弟会钻土，大地会保护他啊。

小蜗牛哭了起来：我们好可怜，天空不保护，大地也不保护。

蜗牛妈妈安慰他：'所以我们有壳啊！'我们不靠天，也不靠地，我们靠自己。"

"这个故事告诉我们每个同学都有自己的长处和短处，在成长的过程中总是会遭遇痛苦，一切要学会靠自己，或许我们没有优越的物质条件，但是环境的磨砺会给我们一颗勇敢的心，只有利用自己的优势，相信自己，这样才能锻炼成为一个有能力的人。"

"接下来我们讲第三个故事，第三个故事叫做鲨鱼与玻璃壁。"

"曾有人做过实验，将一只最凶猛的鲨鱼和一群热带鱼放在同一个池子，然后用强化玻璃隔开，最初，鲨鱼每天不断冲撞那块看不到的玻璃，奈何这只是徒劳，它始终不能过到对面去，而实验人员每天都放一些鲫鱼在池子里，所以鲨鱼也没缺少猎物，只是它仍想到对面去，想尝试那美丽的滋味，每天仍是不断地冲撞那块玻璃，它试了每个角落，每次都是用尽全力，但每次也总是弄得伤痕累累，有好几次都浑身破裂出血，持续了好一些日子，每当玻璃一出现裂痕，实验人员马上加上一块更厚的玻璃。"

"后来，鲨鱼不再冲撞那块玻璃了，对那些斑斓的热带鱼也不再在意，好像他们只是墙上会动的壁画，它开始等着每天固定会出现的鲫鱼，然后用他敏捷的本能进行狩猎，好像回到海中不可一世的凶狠霸气，但这一切只不过是假象罢了，实验到了最后的阶段，实验人员将玻璃取走，但鲨鱼却没有反应，每天仍是在固定的区域游着。它不但对那些热带鱼视若无睹，甚至于当那些鲫鱼逃到那边去，他就立刻

放弃追逐,说什么也不愿再过去,实验结束了,实验人员讥笑它是海里最懦弱的鱼。为什么呢,失败过后的鲨鱼,它怕痛。"

"但是我们是比鲨鱼高等的人类,老师希望同学要比鲨鱼坚强勇敢,不要在意一次次的失败,他们只是我们最后成功的序曲。其实,人生最伟大的不是每次都能成功,而是每次都能从失败中走出来。"

"第四个故事叫做——神迹。"

"故事发生在法国一个偏僻的小镇,据传有一个特别灵验的水泉,常会出现神迹,可以医治各种疾病。有一天,一个挂着拐杖,少了一条腿的退伍军人,一跛一跛地走过镇上的马路,前往那泉水的源头,旁边的镇民带着同情的口吻说:'可怜的家伙,难道他要向上帝祈求再有一条腿吗?'这一句话被那个退伍军人听到了,他转过身对他们说:'我不是要向上帝祈求有一条新的腿,而是要祈求上帝帮助我,叫我没有一条腿后,也知道如何过日子。'"

"学习为所失去的感恩,也接纳失去的事实,不管人生的得与失,总是要让自己的生命充满了亮丽与光彩,我们成长路上,总会失去很多我们认为很宝贵的东西,不再为过去掉泪,一切要向前看去,努力地活出自己生命的精彩。"

"第五个故事叫做钓鱼时候最重要的。"

"有个老人在河边钓鱼,一个小孩走过去看他钓鱼,老人技巧纯熟,所以没多久就钓上了满篓的鱼,老人见小孩很可爱,要把整篓的鱼送给他,小孩摇头,老人惊异地问道:'你为何不要?'小孩回答:'我想要你手

渴求知识的眼神

把梦留住

中的钓竿。'老人问:'你要钓竿做什么?'小孩说:'这篓鱼没多久就吃完了,要是我有钓竿,我就可以自己钓,一辈子也吃不完。'"

"我想有些同学一定会说,好聪明的小孩。不过,同学们想一想,他如果只要钓竿,那他一条鱼也吃不到。因为,他不懂钓鱼的技巧,光有鱼竿是没用的,因为钓鱼重要的不在钓竿,而在钓技。有太多人认为自己拥有了人生道上的钓竿,再也无惧于路上的风雨,如此,难免会跌倒于泥泞地上。就如小孩看老人,以为只要有钓竿就有吃不完的鱼,像职员看老板,以为只要坐在办公室,就有滚进的财源,其实并不是这样的。"

"现在,老师的故事讲完了。"我用舌头润了润了运动很久的嘴唇说,"同学们应该还记得刚才答应我的——哪位同学有勇气第一个上来,和大家分享一下,对自己影响最大的一件事情?"

刚才还很活跃的场面蓦然寂静下来,许多同学不好意思地缩起脖子,女生埋头装做在整理笔记,男生撇着脑袋眨着眼睛看着自己的伙伴。或许是因为今天到场人很多,或许大家都把这次发言看得很重。我再三鼓励,还是一片静悄悄。

我颇有点无奈,低头来回走了几步,挤出一点笑意地说:"好吧,同学们如果还没有想好,讲座完之后有兴趣的人,可以找老师再谈谈。"

突然一只手在靠右墙的 个角落里慢慢地伸起来,我眼前一亮,仔细一看,是个瘦弱的小男孩,虽然手已经扬起,脸还是贴在墙根。我忙大声说:"好! 有位同学敢于发表自己的想法了!"学生们好像也找到了自己的代言人,拼命鼓掌。

我让他走到讲台上,看他一脸通红,表情僵硬地如大理石雕刻,但是仍然保持着羞涩的微笑。我问:"能否先自我介绍一下?"

"我叫张铿,初一(2)班,今年13岁,家住关桥乡;爱好是看书,写作文;我的崇拜偶像是爱迪生。"他竟如相声里面报菜名一般,一口气直棱棱地说道。

"呵呵,我相信你能上来勇敢地展示自我,已经是同学们的偶像了。"我打趣道,下面的学生也一边笑着为他鼓掌加油。

张铿不好意思地笑着,几乎又想向大家鞠躬,不过明显比刚刚上来舒展了,顿了一会,他认真地说:"下面,我想,我想为大家说一件事情,一件几年前的事情,不过我一辈子都记得的。"

他咽了口气,说:"我一直以为自己的命运很不好,家里很穷,脑子又不好用,学习老是不懂,家里我排在两个姐姐后面,小时候老是穿她们剩下的衣服,惹的和我玩的伙伴都笑我,为这个还好几次和我娘吵架。"

张铿咽了一下,头有点垂下去,继续说:"我很讨厌两个姐姐,以前,他们老是让我做这个做那个,监督我看书,我考试考不好还会骂我拧我耳朵,我便越发气愤,她们越是逼我好好念,不让我看小人书,我越是把课本扔在一边。"

台下的学生们又开始小声议论起来,我边听边点头,心里却也打起了问号。

"去年,我爹得了胸口疼的病,下不了地,全家借了好几百块钱拿去买药吃,还是不能管用。家里能卖的家当都换药了,娘不到五十头

内心的故事

发全白了。正月头上的那天,爹在病床上叫来我们三个,说,家里已经没有办法供你们三张嘴巴上学了,你们都是我的肉,今天抽签算出一个继续念书的,其他两个下半年跟二姑丈去城里帮忙。"

把梦留住

支教记录2005—2017

　　"我的两个姐姐当时就哭得像个泪人,我不想去做学徒,听说那活累死人的。我娘抽了三个麦秆,两短一长,抽中长的接着念书。大姐抽了长的,二姐扭头跑房里哭去了,我看着手中的短麦秆,突然发现自己还是很想念书的,至少比在县城每天天没有亮就起来干活好,就冲爹娘叫'我不干',就跑出屋外了。那夜娘找到半夜才把睡在草垛里面的我背回去,第二天,大姐眼睛也肿得通红通红的,对爹娘说她不想念了,爹娘也哭着点头了……"

　　张铿已经开始哽咽了,呼吸也变急促,几乎已经说不出话。在场的人都默默地低头听着,张铿没有能再说出一个字,局促的表情让我也不忍心再问什么。他低着头咬着嘴唇,轻轻地向场下的人鞠了一躬,虽然同学们的掌声很快响彻整个教室,此时,我却觉得如此的安静,仿佛能听到他内心深处的下文。

　　接下来我又讲了一些青春期的心理知识,学生们沉醉的眼神让我不禁感到了演讲的幸福,杨希辽在教室后面一个劲儿地打手势:时间已经超过了! 我忍不住又扯了几句自己认同的观念和想法,最后眼看杨希辽要上来拖我出去,我才来一个急刹车,恭祝学生们进步和顺利。掌声很热烈,甚至还有人站起来鼓掌,这个时候,我真的很容易把杨希辽开场白的那几句话当真了。

　　吃了饭后,今天的关桥的午后阳光仍然格外明媚,像老当益壮的知天命之人,热度不输给正午时光,照得人痒酥酥的倦意十足,我趴在朱景渊的床上准备眯会眼睛。当地一个老师送了几根玉米给我们吃,我和沈潇问哪里买来的这么甜糯的苞谷,这个憨厚的老师笑笑说:"我们上课是老师,下课就是农民啦,不拾掇拾掇庄稼,哪里够家里几张嘴巴吃的。今年天气旱着,地里的都死光啦,就这几株玉米还能吃。"

　　香甜的玉米,突然让我们难以下咽。

　　这个时候已经打了预备铃,沈潇和我回到房间,坐在床头对视无语。这个时候丛爽打来手机,问的是她联系的体育器材款已经到位

了,什么时候去银川买体育器材,让我们至少派一个代表过去,她已经在银川,让我们最迟明天到达。

沈潇说让我去吧,我点点头,此兄国庆节没有去过银川,此行正好也去备置冬衣。我们分工了一下,他去银川采购,学校里面我帮他代课。我们整理了一下行装,告别朱杨二人,分别往银川市和西安乡的方向坐车去了。

我回到西安中学,进了校门便遇见了行色匆匆的王校长,问好握手后,我看他一脸倦意,问道:"校长,最近都忙什么呀?呵呵,好像瘦喽。"王校长摇头笑笑:"唉,接下来冬季取暖的事情,可真是折腾得我没有了办法,这个冬天难挨了。"

我问:"学校教学楼不是有暖气吗?"王校长无奈道:"呵呵,其实那个现在只能是聋子的耳朵了,一来学校锅炉房陈旧管道淤积,根本不能用了;二来,现在煤价涨得飞快,高得吓死人,光是烧煤,我们学校一年的经费恐怕都不够了。"

我低头不语,心里想着我那些衣裳单薄甚至破旧的孩子们,没有我身上的大衣和毛裤,这个寒冬如何能过去?王校长拍拍我肩膀说:"小叶你先忙,我要上趟县城,嗨,没有办法,只能再去求爷爷告姥姥了,眼看天气已经零下了。"

我告别了王校长走向宿舍,穿过操场的时候,张卫财和余德旺张牙舞爪地向我问好:"叶老师。这几天去哪里啦?都没有见到你!"心里还是有了一股暖流。

时间已经接近十二月了,老天又陆续下了几场雪,权作是严寒全面逼来的预告。学校烧不起暖气,便在教室和宿舍搭起了小火炉,虽然它散发一点点能量,在无孔不入的冰冻面前,显得犹如蚍蜉撼大树般无力,但是还是给予我们一些对温暖的期盼。孩子们的穿戴和九月十月时节没有什么变化,只是脸和双手都涨得通红甚至紫青,有学生穿上前次捐赠获得的衣服,成为难得的其他同学艳羡抚摩的对象。

在雪地上,他们许多人依旧踩着没有袜子的布鞋或者十块钱一

双的胶足球鞋，裹着破旧的衬衣和起满小球的布裤，捧着书嘎吱嘎吱在生硬湿滑的土地上来回仓促地走动着大声念书，嘴唇和脸颊由于干燥和寒冷，被冻裂成和当地龟裂的土地一样的形状，只能用同样干燥的舌头舔润或者用干枯的小手不停地摩擦出一点热量。体育课上流汗多的孩子头发上会渐渐结挂下一串串冰柱或者覆盖上一层薄薄的白霜，很多孩子不敢再如夏天一般狂奔快跑，我最初也尝过那种滋味，一出汗，只要停止运动，身上渐渐冷下来的汗液慢慢从体温一样的温度降到冰水混合物，尤其是在脊背上冰凉沁入内脏，仿佛身上插了无数条冰棍，加上外衣服的浸润，身上寒气和身外的冷意里外夹攻，那感觉正像光着身子被扔进冰窖。我上课时特意明显放小了学生们动作幅度和运动量，不过老天逼得大家在户外还是不得不一直保持运动状态，以逼出身体的热量，所以小股汗流还是不可避免的，附在身上有如许多冰针棘身。

余德旺不知道从哪里弄来了一顶破毡帽，虽然帽子已经陈旧不堪，只能病恹恹地趴在头上，但还是成为他最近炫耀的资本，同样也引来不少羡慕的目光；马国开的头发至少有半年没有剪理了，上个月上体育课时我还建议他修剪去一些，但是现在我体会到了这里的男孩子蓄长发的妙用了，那微卷垂挂至于脖子的头发，冬天正好成为一顶包裹着脑袋天衣无缝的帽子，从远远看好像戴着航空帽的飞行员；张卫财个子太高，海拔问题直接导致他自入气变冷以来一直是缩着脖子，我和他说其实干脆挺直了脖子会更不觉得寒冷，张卫财指指自己身上单薄窄小的衬衣说："老师，撑直了，肚脐包不住的。"

学生宿舍里面的酸臭味道渐渐也被冰霜寒气盖过，应该是干冷的天气和零下的温度的功德。不过我还是看到大部分学生和夏天一样，一如既往地紧贴着那条小被单御寒睡觉，每个人都努力把被子的最大面积卷裹在自己身上多几层，使劲蠕动身子以多制造点温度来抵御有如一个大冰箱的宿舍，不断调整着保存热量的最佳姿势，互相之间也紧密地团结在通铺中间的孩子周围，像许多条大蠕虫一样在

铁床上微微瑟动着。铺盖还是那么单薄，许多人还是用化肥编织袋子阻隔着铁床，避免冰冷铁床进一步吸走宝贵的热气。孩子们最欢乐的时候莫过于花一个星期的零花钱，吃上一顿热气腾腾的泡面了，这种被都市人称之为"Junk Food"的食物在这里成为奢侈食品的代名词，牌子多为我在浙江福建时候很少听说过的"四太子""宝汁"之类，包装甚是粗劣。能在冰冷刺骨的冬天刺溜刺

难挨的寒冬

溜大口吞吸下面条，再一股脑把加满辣味料包的面汤咕咚咕咚灌进肚子里面，实在是孩子们一份难得的享受了。

沈潇和职业中学的丛爽在银川奔波了近一个星期，终于把价值五千元的体育用品采购下来，乘着满载货物的小面的回到了西安乡，学生们在小车后面追赶着，笑喊着，涌着进了校门的车子只能像甲壳虫一样缓缓爬行，让我想起了小时候泰顺老家娶新娘时候的场面，虽然没有鞭炮声和锣鼓唢呐队，每个孩子脸上都抹了厚厚一层喜气洋洋，透过咖啡色的车窗户，大家看见里面的篮球、足球和排球后，手舞足蹈的样子让人又是心疼又是开心。

沈潇一下车直嚷嚷："哎哟！终于回来了！这趟可累死我了！"他们为了最大限度节省经费，货比无数家，挨家挨店压价，总算把整套体育器材拖了回来。

清点完所购物品后，我和沈潇张罗着准备在体育用品上写上台湾捐赠人的名字和布置捐赠仪式。丛爽所在的职业中学准备地比较早，她还特意教了学生在捐赠仪式表演一个别出心裁的节目，那天正好我和沈潇到县城发一份传真，便到了职业中学看了他们的捐赠

把梦留住

仪式。

到职业中学时候，领导讲话已经结束了，我和沈潇站在操场边上远远看着场中央表演区，看到学生们一个个都幸福地涨红了脸，掌声也是一次一次辟辟地想起，一听这声音就知道是每个人都在使着浑身全部的力气在鼓。掌声过后，一队学生从人群中走出来，列成一个小小的方阵，每个人都穿着黑白相间的朴素校服，音乐在耳边缓缓响起，孩子们慢慢举起双手放在胸前，每个人的眼神都是那么清盈，那么明澈，但是没有人发出声音，他们用一举一拭的手语在广播音乐的旋律下，用自己的身体唱着自己的心声：

> 我来自偶然 像一颗尘土
>
> 有谁看出我的脆弱
>
> 我来自何方 我情归何处
>
> 谁在下一刻呼唤我
>
> 天地虽宽 这条路却难走
>
> 我看遍这人间坎坷辛苦
>
> 我还有多少爱
>
> 我还有多少泪
>
> 要苍天知道
>
> 我不认输
>
> ……

看着他们稚嫩的肩膀坚定地摆动着，看着他们冻红的小脸顽强地微笑着，看着他们粗糙的小手在风中轻缓地挥举着，在场的所有人都被这样的生命力量所折服，在亘古辽阔的高原上，我们为这么伟大的孩子们所感动，他们平时的内敛不代表他们没有梦想，他们的习惯的羞涩腼腆不表示他们没有渴望，他们许多人并不高的分数，并不等于他们没有用尽自己全部的气力去努力拼命地抓住那一点点改变自己命运的机会，他们的出生地给予他们的是如此吝啬，他们的梦想有

时候连自己都很难说服,他们或许已经一次又一次跌倒在泥泞的路上,他们每向前支撑一步都需要耗费或许要积攒无数岁月的精力,他们甚至没有勇气告诉世人我们有多么需要帮助,但是,我看到了孩子们眉宇间的虔诚和坚强:我不认输!在这么震撼人心的表演面前,没有人不感到自己的渺小。

许多许多人,西装革履的领导,穿着校服的孩子们,平时自诩没心没肺的我和沈潇,眼圈都红红的。

第二天是我们学校的捐赠仪式,孩子们也是早早地排好整齐的队列。相对于县城职业中学的节目,我们学校的仪式比较朴素简单,但是当王校长宣布体育用品的金额"5000元!"的时候,全场的学生情不自禁地异口同声失声赞叹道:"哦——!"五千元,对于这里的孩子们已经不是能用脑海中所能想象的物品叠积对等的了,天文数字这样的描述方式或许有点虚无,但是这笔在许多城市孩子眼里只值一台电脑钱、几个月生活费或者一次宴席的款项,换成摆在操场上展示的一个个神气活现的足球、排球、篮球的时候,就好像把世界上最美好的东西都汇集在一起了,在阳光下闪耀着灿烂的光芒。我和沈潇被那一声由衷的赞叹所震惊,心里浓厚的欣慰感觉后,却又有点不是滋味。

张卫财在人群中显得特别开心,他个子不算高,一直从队伍中蹿起来想看明白主席台上到底摆了多少个足球。自从前次他用大规模杀伤性武器攻击了那个积劳成疾的足球后,学校里再找不出一个健全的球型充气物体。他既后悔于那一脚抽得太狠,也郁闷于从此只能捏一大把废纸勉强当做球踢。据说

捐赠的体育器材

他们班的废纸筐从此失业,一直都是空空荡荡,只能长大嘴巴控诉

把梦留住

张卫财截流。不少学生还向我告状,说张卫财强行摊派废纸指标,没写完的草稿纸被强行征收,骚扰各班状如鬼子进村。

我挥手示意他不要跳了,他在队伍里吐吐舌头,改为踮起脚尖伸长脖子努力张望,如同一只专注查看敌情的獴。

我无语了。可能任何人在一个强烈的梦想前面,都要无语地为他让路吧。我看着这开心的獴脸上灿烂的花开了,冬日的暖阳照在他脸上,好像他已经走进了伯纳乌,走进了诺坎普,走进了老特拉福德。

世界上各个角落的球探啊,你们可知道,西海固干涸的大地上,这条小鱼多么在乎!

天气一天坏似一天,酒精温度计一个劲儿地往下跳,昨天还只是零下七八度,到今天已经飞流直下零下十三度了,几乎快跑到它的量程之外了。我揣度着什么时候应该把体育室外课改成体育理论室内课。我开始也怀念着下雪的日子,现在才知道下雪时的冷毕竟还有雪花点缀,并不觉得十分的冻人,现在的阴冷才是苦寒的真正面目。

冬天真正到来了,希望春天不会遥远了。

体育用品捐赠清单

名 称	数量	总价优	名 称	数量	总价优
篮球(斯柏丁)	1个	150	握力圈(25kg)	10个	30
篮球(2008)	6个	300	握力圈(35kg)	10个	40
足球	8个	360	跳绳单人	10根	60
排球	5个	250	长跳绳	3根	45
羽毛球架	1副	550	垫子	6床	270
羽毛球拍	6副	270	飞盘	10个	160
羽毛球	3筒	21	呼啦圈	10个	60
乒乓球拍	6副	180	哨子	6个	12
乒乓球	50个	25	蓝网	2副	20
排球(软式)	5个	300	毽子	100只	100
发令枪	1套	200	接力棒	6根	18
握力计	3个	21			

总计金额：3442元

捐赠清单，剩下的钱做乒乓球桌

该不该搁下重重的壳
寻找到底哪里有蓝天
顺着轻轻的风轻轻地飘
历经的伤痛都不感觉疼
我要一步一步往上爬
等待阳光静静看他的脸
小小的天有大大的梦想
重重的壳托着轻轻的仰望
让风吹干流过的泪和海
总有一天我要属于我的天

——《蜗牛》

七

　　鉴于海原县的许多学生对于法律知识比较缺乏，而前一段时间周围的学生安全事故频发。在厦大支教队的建议下，海原教体局决定和支教队下个月在全县部分中学共同举办一次法律知识竞赛，我们支教队组织主力当仁不让是学法律的谢冰宜，时间很紧，从接到比赛通知到开始比赛间隔区区一个星期。我和沈潇也抓紧时间进行了一次校内代表队员选拔，我终于又回忆起来自己学的人力资源管理专业里面的招聘部分内容，搜肠刮肚拼凑了一个选拔方案，和沈潇找来了学校团委书记田老师，大家合计研究了一下办法，主要还是要记性好胆子大外加责任心强。

　　一个下午面试下来，三个学生从大部队中脱颖而出，个子高高的女生张梅，眼睛大大的女生张明洁，还有小不点机灵豆般的十三岁男孩霍有季，同学送其绰号"小老鼠"，谁都看不出来他已经是里面最高年级，初中三年级的学生了。一开始，田老师嘴里说霍有季个子太小家离学校远不方便培训，还是换其他班级的学生吧。我知道他的顾虑是三个孩子中有两个是他任班主任的班级的，他不好意思，也怕其他老师有意见，便要挑个其他班级的孩子，我和沈潇坚持任人唯贤举贤不避亲，终于留下了霍有季。

　　霍有季，还是如我第一次见他时一般瘦小，不过他的表情却一直微笑而淡定。这表情，让我坚信他是一个比赛型的选手。

　　我和沈潇把三位学生叫到面前，一番语重心长的话语对他们进行洗脑，使得这三个孩子了解为学校争取荣誉的义不容辞（本次比赛没有个人奖，也没有奖金），三人都怯生生地点点头，仿佛拯救世界的任务他们也接下了。我们看到他们已经达到深明大义的境

界,便掏出本次知识竞赛的内容范围,加起来足足有一指厚,剩下的四天时间对于这些几乎没有任何法律基础的孩子来说,头悬梁锥刺股也很难背完,我和沈潇明知道难度不亚于007詹姆斯邦德的任务,但是只剩下赶鸭子上架一条路,虽然两位业余教练员心里没有底,还是一个劲给三位队员打气,好歹他们面试时候表现出来的机灵敏睿,已经让我们吃了一惊了。

讲解完每个人背诵的分工后,我和沈潇摆出一副铁石心肠的模样:"没有办法了,现在是非常时期,我们从明天开始到比赛结束的四天内,每天抽查一次背诵情况,不熟悉的同学可是要留下来继续背的!"讲这些话当口,我心里闪出小学时候语文老师让我们背诵长篇大论的时候,也是这个腔调,没有想到真的如歌曲唱的一般"长大后我就成了你……"可见小时了了,大时未必的衍生应用版是多么容易复制。三个初中生显然可能还没有摆脱学习的初级阶段,对于死记硬背的方式没有什么抵触心理,机械地接受着我和沈潇的威逼利诱。

布置完毕,三个孩子扛着厚厚一摞资料回家或者寝室了。我望着他们的背影对沈潇说:"嗨,你说,我们是不是有点不人道啊?考研前几天都没有这么紧张的。"沈潇点点头曰:"唉,也就四天了,等比赛完了,无论成绩,我们得请她们吃顿好的。"

第二天,我、沈潇和田老师组成的联合督察组把三个孩子叫过来,一题一题地我问你答,两个女生的效率差强人意,磕磕绊绊的关节还是不少,令我们大跌眼镜的是面试时候差点由于种种不利因素而被刷掉的霍有季,无论长篇大论,还是多项选答,他都如竹筒倒豆子般一点点把正确答案毫无表情地念出来,以至于论到他回答问题时候,我们三位考官都不由自主地长时间张着嘴巴,直到下颚发酸。才过了不到二十四小时,他们已经把这砖头厚的资料过了一遍,更令我们惊奇的是居然还能挤出来不少新鲜的记忆。田老师喜上眉梢,我和沈潇暗自惭愧。

把梦留住

沈潇问："你们昨天回去是怎么背诵的啊？你说，霍有季。"

霍有季扑闪扑闪绿豆大的小眼睛，抹了抹尖尖的鼻子，继续用他标志性的倒豆子发音法一字一顿地说："我就是拿过去就背了，从昨天晚上到现在一直都有在背。""不是吧？通宵？！"

我和沈潇惊愕道。他的微笑里面颇有点惋惜："嗯，不过昨天晚上耗了好多灯油了，被我妈说了一顿。"

两个女生撅起了嘴巴好像在说："人家也背到1点多了，还是没有你狠！叫你'老鼠'果然没有错！"

田老师摇头满意地笑道："以后不要这么拼命喽。"又朝我们连连点头："这么看，来得及，来得及喽。"我看着这三个已经拼了命背诵却仍然一脸天真无辜地傻傻看着我们听候发落的孩子，什么也说不出来。

第二天再次抽背，两个女生也进步了不少，只不过霍有季依旧神勇，一边擦着鼻子一边断断续续把资料上所有的答案复述了出来，田老师笑得合不拢嘴巴，我和沈潇还是惊讶得无语。女生的表现进步明显，不过和他相比还是有点失色，休息阶段偷偷地问："哎，老鼠，是不是昨天晚上又偷偷没有睡觉啊？！"

霍有季缩缩脖子害羞地争辩："没有没有，睡得可香哩！"

我看着他黑黑的眼圈干干的嘴唇，心里有点酸，这一点点的机会，孩子看得比什么都重了。

天气越来越冷，我穿着羽绒服尚且感觉到浑身冰冷得打哆嗦，可是眼前的孩子们呢？一件内衣加一件单薄的外套，已经是算整齐的行头了，体育课时候，他们甚至在寒风中站不直了，双脚不停地点地跳跃着取暖，上完了十一月的室外课，我赶忙把大家赶到教室里面，宁可让他们忍受我的长篇大论，也不能再经受零下近20度的煎熬了。可能是在江南水乡和闽南暖风中浸润了太久，一遭遇这干涩阴冷的天气，首先败下阵来的是平时自我最欣赏的俊美鼻子，从鼻腔内如刀绞般疼痛到严重堵塞，再到后来的嗅觉全无呼

吸系统另改道嘴巴，每天醒来我总是先摸摸已经失去知觉的脸上突出的那块肉陀，看看已经瘫痪的它是否还存在，因为至少它还有装饰脸面的功能，室外我已经目睹到了吐沫成冰的新奇现象，早上醒来时候宿舍室内也已经在零下一到五度，加上我们几个架烧小火炉的技术糟糕，怎么撩拨炉火还是绿豆大小扑闪，除了被呛得满肺部都是烟尘，一点热度不能获得，到了半夜时分，聊胜于无的小炉干脆罢工。我好几次缩在被子里面梦想着能有一个超大的微波炉，能让我进去痛快烤上一阵，烤熟了也无所谓。继鼻子失灵之后下一个闹情绪的是咽喉，咽炎喉炎接踵而至，这可比鼻炎更不好玩了，本人身为人师，由于天气寒冷，现在上课在室内，发声系统出了严重的物理损伤，总不能让学生听我手语上课吧？什么琵琶膏咽喉爽薄荷霜这个含片那个胶囊当饭吃了也不顶用，只得声音低八度，不仅心底觉得对不住学生，自己听了也感觉发出的似乎是做了亏心事后的猥琐调子。

随着温度的降低，这几个器官的功能每况愈下，我只能骗自己不要太依赖肉体太迁就肉体，既然它不同情我支持我的工作，我也应该视之为空虚渺然，与自己的身体划清界限做彻底决裂，这么一想倒也是拼命逃避了一些痛楚。同宿舍的二位也好不到哪里去，沈潇牙疼整夜翻来覆去，姜福感冒喷嚏不停鼾声加剧。学生们呢？裹着如纸的衣服，一个冬天几乎就是一个劫难，不停地哆嗦着用无辜的眼神看着严寒笼罩的世界，希望能早点等到春天来临的一天。很多时候连多看几眼他们身上的衣装的勇气都没有了，有如看到血腥的场面，让人不忍和寒心，却又无可奈何，这样的避世态度让我对自己产生了鄙夷，鄙夷之后却只能发呆。

痛苦的事情远远不止这些，乡下的旱厕构造注定每次蹲坑的时候让人想起清朝十大酷刑，冰刀的挫骨，冰锋的棘髓，寒风的冻拷，那一会儿都能体会得到，难怪古代许多受大刑的人都会嚷嚷着"只求速死"之类的话，每次踩着冰雪嘎吱嘎吱地走向旱厕，都如走

把梦留住

上断头台般悲壮，听着脚下冰碴破碎的声音，让人头皮发麻。这几日姜福正好上火，每次进程缓慢，回到宿舍都像劫后余生，连脸上都出现久经摧残后的木讷，后来他好几次想买点巴豆以求速战速决，都被我和沈潇即时死谏拦住。因为那样次数会增多。

冬夜里，蜷缩在如冰窖般的被子里面，睡前我突然想起了以前一首歌曲，陈洁仪的《天冷你就回来》，在厦门时候听不惯那种慢词缓腔，感觉有点絮絮叨叨的味道，现在在这么寒冷的天气下，脑海里却莫名飘着这首歌曲：天冷你就回来，别在风中徘徊，明天的雨点洒下来，那滋味就是爱……

歌词已经依稀，旋律却愈加清晰，听着窗外号呼的风声，自己念叨着这样的节奏，睡着的时候居然感觉到了由衷的暖意，似乎听到远方的家人的鼓励，让我坚持着挺下去。

准备比赛的四天很快过去了，至少我和沈潇觉得时间还是太快。张梅、张明洁和霍有季也奇迹般地把厚厚一叠比赛参考资料硬生生背诵下来。我和沈潇很想检查一下他们身上是否有为提神而自残的痕迹，否则这么一大堆的文字，难道是他们直接注射到大脑里面的？当然不可能，只有看到他们泛黑的眼圈和不停喃喃自语的嘴唇，好像三个入佛门很久的小和尚，一脸严肃虔诚地重复着经文。一次上县城的机会，在他们眼里也变得越来越触手可及，越来越清晰可见。

我和沈潇一再感叹这里的孩子背书时候的拼命劲头真是让人感到可怕，仿佛背不下来那些内容，就是要了他们的性命。

比赛安排在周六下午的县城回民中学礼堂。周六清早醒来时我瞄了一眼床边的温度计，室内已经零下 5 度！我忙投眼透过结着厚厚冰花的窗户往外望去，又是一场鹅毛大雪的天气。叫醒了沈潇后，我们把能裹在身上的衣服都一层一层结结实实匝在肢体周围，还是觉得寒气直逼心脏，姜福心血来潮把温度计拎到门口放了一分钟，红色酒精管底部好像藏了一只虹吸怪物，不一会就把仅

剩的一点液柱吞噬干净,刻度显示到零下 24 度才停止坠落。

这就是传说中的北方的冰天雪地了!

吃了馍馍后,我联系了一下李校长,告诉他我和沈潇先上县城去问清楚比赛的一些细节,就不等早上还在上课的田老师和孩子们了。

房间里面小火炉昨天晚上不知道什么时候早就熄灭了,空腹在宿舍的感觉犹如坠入冰窖,加上最近经常吃含防腐剂的罐头泡面,如果在此地有幸壮烈了,死后我们哥仨儿一定会得到不朽成为木乃伊。我们三人仓皇拣了日用品背上旅行包跑到校门口等面的,在雪中保持着不由自主的抽搐状态,互相看着对方冻得滑稽的神态,却连取笑的表情也变得僵化:"你……丫的,发羊痫风哦?哦……好冷……好冷……"

不知道是不是天气再次骤冷,司机也没有勇气一早出来讨生活了,等了大半个小时还是没有过路的面的。我们三人浑身堆了厚厚的积雪,看起来像穿了一套银色盔甲,很是威风凛凛,不过此时一无欣赏观众,二无炫耀对象,顾不上形象超"cool",身体不听使唤抽风的效果已经满足不了日益增长的热量需要,手指和脚趾都觉得有许多蚂蚁在噬咬,实在难挨。我们三人互相肉搏,你推我一下我揍你一把,最后演化成雪地追逐战,姜福祸不单行,雪地里面跌了一跤,我和沈潇刚干笑了几声,就发现几乎把刚才苦心经营的一点热气漏走,慌忙闭嘴。又过了十分钟,我们三人已经出现了返校中午再等车的思潮,远处慢腾腾过来一辆中巴,是经过县城的!如果不是怕结冰,我们三人已经涕泪交加了,急忙连滚带爬钻上车子,里面空间甚是空旷,不再像小面的般拥挤,我们不由又是击掌相庆。

我们挤惯了小面的,此刻便一人霸占一排位置以显示阔绰,不到两分钟便纷纷发现失策,这么冷的天气,宽裕的空间对于我们来说根本就是遭罪。姜福率先扛不住,加上感冒已经病入膏肓,悠悠

把梦留住

地往沈潇身边依靠，沈潇心里一万个愿意，嘴巴上仍然得意："怎么样？怕冷了吧？男人血气不旺内虚都这样地！"姜福一连串喷嚏吓得他连忙噤口不言，我在后排也很快抵挡不住，顶着被扣内虚的大帽子的危险，也插到他们中间。

到县城的车程原本不久，但是不过十分钟我们才发现在车上的滋味比在雪地挣扎更为难受，身体运动器官已经大面积停工，仅靠内脏摩擦的一点热量是杯水车薪，只能靠嘴巴使劲运动下颚部分作形式主义的抵抗："哆啰啰，哆啰啰，寒风冻死我，明天就垒窝……"小学时候读到课文《寒号鸟》时候主要体会的是那只小鸟的拖延懒惰，此时不由对那个记忆遥远的小小形象产生了许多怜悯，四肢尤其是四个爪子已经由疼转麻，肉体上的痛楚虽然没有更上一个境界，精神上的压力却逐步增大，姜福抖数着喃喃道："我还年轻，我不要下车就高位截肢啊……"

沈潇狠狠瞪了一眼继续往他身上依偎："靠！说点提神的，我们要用意志唤起内心的热量。"

我也用打战的嘴唇道："对对对，这个时候最不能睡觉，继续，继续唱歌。"

姜福惊道："没有那么夸张吧！不会的，不会的，哪里会像电影演的一样！"

沈潇突发奇想道："你们说，我们要是在车上冻坏或者光荣了，会不会上电视社会新闻播送一下哦？"我和姜福齐声骂道乌鸦嘴，脑子却想被他的思路牵走了，浮想联翩。

车子又行驶了十分钟，我渐渐发现双脚已经对大脑的指令无动于衷了，有如插在下身的两坨肉块，慌忙撞了撞身边两位："哎！糟糕，脚已经没有知觉了，你们感觉怎么样了？"

他们连忙蠕动几下，也惊惶道："就是！不是吧！回厦门我想打球还想陪女朋友逛街啊，完喽，真的没有感觉了，停车……"

司机应该也是冷得够呛，一声带着寒战的怒吼："别吵别吵！！

再,再过几分钟就到了! 阿——嚏!"

收钱的老大爷嘴巴一张一合自言自语:"天气反常啊,不知道哪里造孽多了,老天爷恼了……"

我们三人一听曙光在前,只能开展自救措施,用和中枢神经尚有一点联系的双手猛捶小腿,声音梆梆地如前几天在宿舍里面砸水桶里面的冰块,姜福唱道:"大脚,向鬼子们的头上踩去……"我和沈潇笑曰打更一样的节奏是我们身体所能发出最清脆的声音了。

汽车终于停了下来,经过一番敲打拿捏,休克过去的双脚也开始恢复了微弱知觉,虽然昏沉麻木长久之后是钻心的刺痛,我们欣喜于好歹下半生不用依靠轮椅度日,但又戏称失去了一次潜在的上镜机会。大家小心翼翼挪下了车,踩在嘎吱嘎吱的雪地上,欣赏着自己刚刚涅槃了一次的双脚踩出来的印记,由于行走功能还没有完全恢复,只能像企鹅般用双手平衡着一摇一摆前进。整个县城大街上被大雪覆盖得冷冷清清,早就看不到人类的身影,地上稀稀落落地散落着高低不等的脚印,让我想起去年看的美国灾难片《末日浩劫》里面冰封世界的场面,我们趁着双脚还一丝尚存,蹒跚朝街边的一件小杂货店走去,跌跌撞撞推开店门,二话不说让老板把袜子搬出来,一双一双往僵硬的脚上套,一直撑到几乎放不下鞋子为止。

老板笑嘻嘻地说:"冻坏了吧? 一看你们就是外地人,也就是你们这些没有见识过这里天气厉害的,这么冷的天还在外边转悠,脚丫子没有冻掉一两颗,算你们走运呦!"

小店里面生得旺旺的炉子让我们渐渐缓过神来,我吃力地大口喘气接声道:"这天气太厉害了,太厉害了,现在感觉脚趾已经不是自己的了。"

老板招手道:"哟,这可不是小事,快过来炉子这边凑凑火,要不轻则生冻疮,重了可就不好说了。"

把梦留住

支教记录 2005—2017

我们三人忙谢着围拢过去,烤了好一会火,二十个指头开始如冬眠后的蛇儿开始苏醒蠕动,我脑海中想起了冰箱里面拿出的冻肉化冻的情景。大家感谢老板对手脚的再造之恩,又纷纷买了好几双袜子。我突然想起来

踏上往县城的路

在学校的时候,许多学生穿的衣服几乎连风都难以抵挡,何况御寒?!不知道孩子们现在在西安的乡下经受着怎样的痛苦和煎熬,或许在没有其他的办法的时候,咬紧牙根撑过去是唯一的出路了,这些十岁出头的娃娃啊,怎么挺过这如冰锥针刺的每一秒!

在小店窝了近一个小时,接近正午时分了,雪慢慢变小了,太阳畏首畏尾地探出一点点脸皮,却也给人们带来许多对温度的期待。这时候李校长打电话过来,说他们已经快出发了,到县城和我们联系。四肢的功能接着也得到恢复,我们谢过了喜欢唠嗑的老板,找了一家拉面店,往面汤里面拼命倒辣椒和扔大蒜,刺溜刺溜一阵狂吃海喝后,周身发了一顿细汗,终于有了一股热量从心里透出。突然接到谢冰宜短信,比赛延迟到明天下午,我和沈潇吁了一口气,这么冷的天气,难保孩子们回答问题不打哆嗦。

不一会儿见到李校长、田老师和三个孩子。大家脸上都呈现出彻骨寒冻后的通红,尤其三个孩子,小脸已经紫青了,嘴唇一直不由自主地抽抖着,他们可能极少或者从来没有上过县城,对周围的新鲜劲头掩盖住了寒意的侵蚀,我们到邮电招待所临时开了房

间,三个学生一进房间赶忙问我能不能看电视,我笑着点点头,他们连忙摁了开关如饥似渴地盯着屏幕观看起来。

李校长家住县城,安顿好之后便先回家了。田老师和姜福一样,身染重恙,一个劲儿打喷嚏流鼻水,沈潇倒了杯水给他,他连声感谢,摇头叹笑道:"唉,最近身体几乎垮喽,呵呵。"

姜福揶揄道:"哟,才三十出头哦,不能这么快就早衰哦。"

田老师紧紧捧着热杯子,摇头道:"姜老师,你看看我,带两个班级数学,又是重点班班主任,还兼团委书记,嘿嘿,刚刚上个月我老婆给添了个大胖儿子,忙这忙那更没有边唉,家又住得离学校远,呵呵,骨头都要被拆掉喽。"

沈潇道:"哦,这样累下去铁人都会熔化,你不能向学校请个假吗?"

田老师笑道:"唉,没有办法,没有办法,都有难处啊,学校也不容易。"沉吟了一会儿,又神秘地轻声对我们说:"嘿嘿,后天比赛完正好是我和我老婆结婚一周年,这次来县城可是和她好说歹说,又打赌又保证,呵呵,一定得带个好成绩回去给大家乐乐啊。"

我笑道:"没有问题啊,我们带的都是王牌哦!"

学生们看了半个小时电视,又被我们三个人拉过来抽查背诵复习情况,看来大家巩固得都不错,田老师郑重其事地说:"同学们,这次比赛我们学校高度重视,又是包车上县城又是开招待所房间,花了血本了,希望大家能给我们西安中学带回荣誉啊。"又顿了顿,眯眯笑道:"当然啦,大家都很努力,我们都看到了,尽力就好了,也不用太紧张哦。"末了还做了个小鬼脸。我和沈潇被他滑稽的表情折服,都忍俊不禁,以前听说每个女人在心爱的男人面前都有返老还童的绝技,看来初做父亲的人在任何人面前都有展示这种绝技的本领。

晚上从六点到九点,三个孩子就像三个小和尚一样,还是不停地念叨着资料上的文字,虽然几乎已经烂熟于心出口成章了,他们

把梦留住

还是认真虔诚地一遍又一遍地复述着默念着。我和沈潇感动地直摇头,替他们向田老师请了半个小时的假,请三个孩子到招待所边上的小食店吃夜宵。

服务员很快上齐了小吃,冒着浓烈孜然辣椒味的烤羊肉,很快呈现在我们面前。张梅和张明洁被这美味的诱惑羞得低下头,霍有季缩缩脖子咽了一下口水,沈潇道:"晚上我们不分老师学生哦,只要肚子受得了,放开胃口吃啊!"

三个孩子对视一下,都拘束地笑着拣了一串开啃。宁夏的羊肉本就是天下一绝,而宁夏羊肉以盐池、海原两地为上品,这里的羊以放养为主要饲养形式。羊群游弋于戈壁之上,在缝隙中搜寻食物。因为食物资源稀少,基本上都是岩壁戈壁缝隙中的小草和草根,正因为这些不起眼的小植物,甚至包含了甘草、党参之类的野生草药,这里的羊肉羊肉含脂率低,肉质细腻,不腻不膻,醇香鲜美,未入口已浓香扑鼻,初入口满嘴清香,化作根根肉丝,肉味缠绵,香而不腻。用筷子可以轻而易举地将羊肉从羊骨上剥离。烤熟的羊肉内部仍呈嫩粉红色,只是纹路更加清晰。用牙轻轻撕扯,就可以将羊骨上的筋儿、腱儿一股脑的扯下。肉质润滑十足、毫无膻气,真真解释了"鲜"字的右半边。我们都是舌尖上的中国养大的孩子,一遇美味就都变成了同类,大家都食欲大开,一边啃得满口酥香,一边海阔天空地聊起来。

我问:"你们以后都想干啥呢。"

霍有季眨眨小眼睛道:"老师,你去过西安州老城墙吗?"

我说:"去过,很壮阔,很雄伟。"

霍有季说:"我家就住在城墙下。小时候还挖出过西夏古钱币呢。"

我哈哈笑道:"那都是宝贝啊,好好珍藏,以后就是你们家传家宝。"

霍有季笑道:"呵呵,我想以后开个公司。"

　　"开公司?!"两位女生一脸不屑,"吹牛吹牛,开公司要花好多钱哪!"

　　沈潇道:"开什么公司呢? 哟,看不出来你还真有想法。"

　　霍有季认真地说:"我就在西安州老城墙那里开个旅游公司。把城墙重新修好,弄一个西夏主题的旅游公司。"

　　张明洁看他说得振振有词,便问:"谁会去哪儿旅游呢? 不就是一个大土疙瘩嘛! 现在咱们乡上都没有几个人到那儿转了。"

　　霍有季神秘地笑笑:"我有办法。"

　　"净吹牛!"两位女生受不了被吊起胃口的感觉,"吹牛不上税!"

　　我出来和稀泥:"挺好的,我这个外地人都挺喜欢西安州的! 那你们两个呢?"

　　张梅说:"我要环游世界!"

　　我和沈潇又是一惊,忙问:"怎么个环游呢?"

　　张梅轻轻挥辉手上的羊肉串:"当个记者呀! 又能工作,又能在世界各地跑着。"

　　霍有季很老成地点头:"不错,可行。"仿佛张梅的梦想经他批准就实现了。

　　张梅哭笑不得:"比你的公司靠谱!"

　　我说:"真好,你们的想法都比我的精彩多了! 明洁呢?"

　　张明洁的想法倒是没有出乎我们的意料:"老师,我以后想做主持人。"她是西安中学首席学生主持人,声音清脆响亮,肢体语言得当,更重要的是,她一上台,脸上就放着幸福的光芒。

　　沈潇道:"好! 你有这个天赋,老师相信你! 哈哈,以后可以和张梅一起组成传媒集团!"

　　张梅和霍有季一直很佩服张明洁在台上的洒脱自如,也一起称赞:"你能行的! 你天生就是主持人的材料!"虽然是诚挚的夸奖,在台上自信开朗的张明洁此时却害羞地低下头。

把梦留住

出了烧烤店门口，街上雪花纷飞，已经几乎看不到有行人了，整个海原县城变得异常宁静。大雪纷飞中，霍有季轻声问我："老师，我的梦想能够实现吗？"

那一刻，我认真地回答："坚持下去，全世界都会为你的梦想让路。"

进了招待所，安顿好学生睡下，我和沈潇把明天比赛的程序在嘴巴上走了一遍，又想了许多比赛战术，感觉谈得比较妥当时，已经是近十二点了。

睡前，我出门去打开水，看到走廊尽头有个戴着小白帽子的穆斯林，安跪在一条铺于地上的薄毯上，合着眼睛虔诚地祈祷吟诵着，我不知道他嘴里念念有词的内容，却突然很想像他一样祝福孩子们明天好运，至少，这一次的机会，他们看得太重了。

第二天一早醒来，去看学生们的房间时候，他们已经早早洗漱完毕，小脸儿上透着些许疲惫和紧张，个个手上还是捧着已经皱巴巴的资料，我笑着问："昨晚睡得还好吧？"霍有季一脸严肃回答："能睡得着的。"

沈潇拍拍他脑袋道："不用这么紧张啊，呵呵，就是上了比赛，说话也不用这样的，自然点，大声清楚就可以了。"吃过馒头稀饭后，学生们又把自己关在房间里面背诵了一次又一次。

比赛前二十分钟，我们到了县回民中学的报告厅，这个不大的阶梯教室已经挤满了各个参赛学校的老师学生，我和沈潇看到其他队友，上前和他们互相吹嘘了一番各自的实力强劲，今天的比赛主持人是谢冰宜，她穿戴得格外醒目亮丽，让男生们又狠狠阿谀褒夸一把。大家很快各就各位坐好位置，我和沈潇混到第一排嘉宾席的空位上，占领和对面三个孩子眼神交流的有利位置。姚克非、詹维思卡位意识淡薄，被挤到十排之外，不能向自己的学生目送秋波，只好朝我们干瞪眼。

谢冰宜宣布比赛开始，第一轮是个人必答题目，八支队伍二十四

位队员依次作答。三个孩子都顺利过关,其他队伍的学生也基本能把分数拿下。必答题目之后现场安排了一些文艺表演,其中有海原一中的电声乐队,这只海原县第一支电声乐队也是厦大第六届支教队队员帮助组建的,弹奏得很

法律竞赛上的西安中学代表队

有模样,缓解和活跃了一下气氛,因为接下来就是最为紧张的抢答题目。摁抢答器需要快准狠但是又不能提前抢答,否则将被倒扣分数;所以我们安排较为稳重镇静的张梅为摁器人,第一道抢答题目一读完,谢冰宜还没有说"开始",已经有好几声抢答器响起,我看到张梅一脸茫然,不由一阵紧张,不过经过查实,西安中学没有提前抢答,一中队和其他两个学校代表队犯规被扣了十分,姚克非急得几乎要冲到讲台进行突击指导。

现场气氛一下子凝重起来,学生们都绷着脸面面相觑,接下来几轮抢答题目大家仍然铤而走险,一个比一个抢得快,不时有紧张的选手被扣分,不过终于被几支队伍得了几分。每次抢答器响起,被宣布答题的总不是西安中学,张梅有点不知所措,紧咬着嘴唇锁着眉毛。沈潇稍微举手做了个往下压放松的姿势,我们俩拼命挤出笑脸冲三个孩子作最善意的微笑,估计堆砌起来的笑颜够资格上电视做亲善大使了,孩子们瞥见如此浓烈的笑意,僵硬的脸上稍稍松弛了些。

"6号队,西安中学回答。"我和沈潇终于听到了期盼许久的召

把梦留住

厉害的"小老鼠"霍有季

唤,激动得捏紧拳头用力在桌子下挥了好几下,又忙抓住对方手掌:"别乐,别乐,看答题。"这才发现不是我们队员手快,而是这道题目长篇累牍,许多队都把放在抢答器上的手缩了回去,幸灾乐祸或者半信半疑地看着西安中学这边。赛前安排长篇大论的问题都由霍有季来回答,只见他站起来挺了挺胸膛,一字一顿地开始播报:首先……其次……第三……我和沈潇边听边配合地点头,霍有季念到第四点时候突然停顿了下来,按规则回答不完整也要倒扣分数,我和沈潇眼睛都直了,木木看着毫无表情的霍有季昂首挺胸摆着标准的礼仪 pose,正心急如焚时候,小老鼠又继续他的挤牙膏式的回答:第四……第五……我和沈潇长吁一口气,心想怎么下面又答得这么顺,这小子不是卖关子吧?西安中学不幸抽到全场最长的抢答题,不过幸运的是霍有季有着让现场人都惊讶的记忆容量,牙膏一截一截现身,谢冰宜宣布他所答和答案一字不漏,全场一阵轰鸣掌声把他美得胸膛挺到下巴处。

198

　　这道题目及时地起到了鼓舞士气和震慑他队的作用,接下来张梅又抢到好几题,霍有季一次又一次安然从位置上站起来,不紧不慢用毫无平仄的语调把答案原原本本答出来,回答完毕后小眼睛还冲我和沈潇扑闪几下,沈潇和我互相死死把对方钉在位置上,以防我们狂欢失态,憋红了脸不许自己大笑。霍有季让人匪夷所思的大脑内存让现场的掌声潮般涌动,连谢冰宜在主持时候都打趣,要临时发给他一个 MVP 称号。

　　抢答题目阶段结束,各个队伍分数已经拉开了差距,西安中学队落后职业中学队仅十分居于第二,而第三名却与之相差了三十分,看来二等奖已经是十拿九稳了。第三阶段的风险题分为 30、40、60 三个档次,答对得分答错倒扣相应分数,由之前得分低的代表队优先选题回答,预先回答的队伍大都选择了 30 或者 40 分的题目稳中求进,效果也如他们所愿,大都能磕磕绊绊答了个大概,分数大都迫近了西安中学附近。轮到西安中学回答时候,我和沈潇慌忙做了用手下压姿势,霍有季笑着点点头,朗声道:“我们要 60 分的。”

　　我和沈潇倒抽一口凉气,刚刚松弛下来的心又悬了起来,不过他金口玉言一出,现场随之热烈的掌声一聒噪,只能把宝押在之前有如神助的小老鼠身上了。按照今天的发挥,再长的问题应该也能磕巴磕巴倒出来吧?

　　等谢冰宜把题目念完后,我和沈潇头皮开始发麻,之前都是问答题,只要把所背诵的题目答案念一遍即可,可是这道风险题目却是理解运用的不定项选择题,选项多达十几个,资料里面没有出现,而且以我们大学生的角度来看这道题目,也没有什么把握,三个孩子也乱了阵脚,霍有季看了看身边的张梅和张明洁,红着脸无言以对。风险题时间限制为一分钟,过了四十多秒,他们还是在低声紧张商量,现场许多落后队伍的拉拉队已经开始异口同声大声喊倒计时了:“10——9——8——7……”这个时候张明洁突然站了

把梦留住

起来，大声清脆地回答道："A，C，D，E，G 为正确答案！回答完毕！"

回答时间也到了，全场一片寂静无声。

谢冰宜拿起答案本一个字一个字地宣布："正确答案是 A，C，D，E，G——H。"

现场一声低沉的"唉——"的惋惜声，我心里像黑暗里面摸索的人突然坠井，咯噔一下有点缓不过来，孩子们脸上更是茫然的苦涩，尤其是霍有季更是把嘴唇咬得紧紧的，愧疚得鼻子不住地抽动着，张明洁也绝望看着我们。让人心疼不已，我和沈潇忙又强顶着对他们微笑。

正要宣布此题要倒扣分数时候，这个时候，评判席上却有只手高高举起，谢冰宜忙说："我们现场的评判，教育局李局长有话说。"

李局长接过话筒，清了清嗓子，用典型的西北厚重低音说："我个人觉得，之前各个代表队在回答风险题目时候，都不甚准确，但是由于那是问答题，所以都给了分数，但是现在西安中学的选择题只漏答了一项，就要倒扣 60 分，大家觉得是否不公平呢？"

比赛的转折点

我和沈潇感觉眼前一亮，心又被提了起来，继续和全场观众洗耳恭听，"况且，之前西安中学的回答是最精确的，加上我认为本题难度超过中学生阶段的要求，而且是唯一没有出现在背诵资料中的题目。我认为应该放宽要求。我建议，给西安中学加上 2/3 分

数,40 分！请评判团酌情考虑。"现场安静了一会儿,掌声又从四面八方汇聚响起,我和沈潇你打我一拳我 K 你一掌地拼命忍住激动。三个孩子感动得眼睛已经晶晶亮了,缓缓起立,认真地向大家鞠了一躬。

年轻人犯错,上帝都会原谅的,何况是这些已经竭尽全力的孩子们。我很感谢李局长最后时刻的仗义执言,无论公平,无论感性或者理性,能体会到孩子们为了这个比赛所做的一切,而没有让关键时刻的一点瑕疵毁了他们小心翼翼捧起的小小梦想,让他们有理由相信自己可以获得属于自己的荣誉,或许在他们一生长河中,都能时刻回味这一刻的醇厚感动。

最终西安中学获得了第二名,我和沈潇在赛后回到招待所,终于可以放肆地和大家振臂欢呼庆贺了,围成圆圈又唱又笑了。在我们眼里,三个孩子在比赛之前,已经是冠军了。

抱着二等奖的小铜牌匾,我们又搭着开往西安乡的小面的享受着窗外熟悉的风景,好像黄土沟壑都在冲我们微笑,树木枝丫都在向我们招手,田老师扯着嗓子吼起了海原花儿,掺着重感冒的鼻音沙音格外粗犷,音调高亢之余,他打包票说要让学校给没有物质奖励的三个孩子每人发一支笔。

走出了喧嚣热闹的赛场,新一周的教学生活又开始了。温度像高空下坠的自由落体,没有丝毫上升哪怕停止速降的趋势;身体如缺少机油润滑的机器,经历了一场大惊大喜的翻涌后,一旦刹车便疲态尽现,在严寒下越发显得力不从心。我突然联想到自己在八十岁的时候,不正如现在一般垂垂索索,在自然规律面前的努力挣扎,不就是人生的一种旋律吗?不过有了这半年的记忆,觉得自己即便是现在卧于病床却也不枉然。只能把生存放在第一位了,感冒和呼吸道的其他炎症,经常在半夜把我从浅睡中唤醒,在黑暗中只能倾听着漏风的窗户外号叫的冷风呼啸,人往往这个时候想的事情不再遥远而转向深刻,什么婚姻事业什么功成名就,奢侈如

CHERISHINGOURDREAMS

把梦留住

支 教 记 录 2005—2017

天上的蟠桃,稀薄如高山间的迷雾,而对待这二十年来自己的各种是非选择,却如通往地心深邃的钻井道,一点一点向更深处探触挖掘,周围伸手不见五指,我的咳嗽伴随着笑意,身体难受到极致时,便异常想见到明日熹微的晨光,内心却有让自己也惊讶的安详,可能我这个庸人,只有在西部做点自己认为值得的事情,在病痛面前,才难得有这一份笃定和无所谓。

人为什么活着,只因有梦。最难时候坚持下去的力量,多半不是为了自己。

周二接到通知,本周末准备经固原坐火车返回厦门。看到短信时,才蓦然发现在海原的四个月已经悄悄过去了,在承受苦痛的时候想念家乡,现在却又感到怅然若失。这学期只剩下四节课了,原本觉得离开还很有一段时间的,却如手指间紧捏的沙子,瞬间飞快流逝走了。我有点手足无措起来,日思夜想的蓝色大海,白帆点点,学校铺满绿草的林荫道,热闹的下弦足球场,白城海边的沙滩,天堂般的南强校园,心头默念一次又一次的那些地方,快要接近她们时候,却又不由自主恋恋不舍地环顾现在四周,虽然,我知道这一切划上的只是一颗逗号,幸好,只是一个逗号。

学生们不知道从哪里听到了我们要离开的消息,最近问完问题后的他们的眼神也起了微妙的变化,透着疑惑和欲言又止,出我宿舍门口时怯怯地回头望望,我点头朝他们微笑,他们才掀开门帘慢慢离开。很快到了周五,这个学期的最后一课,很不想听到的上课铃声终于尖锐地敲醒了深思的我,我捧着讲义和教案,准备尽量从容地上完这本该不带任何多余感情色彩的体育理论课。能把我准备的内容用最好的效果传授给学生们,这样的暂时谢幕应该是我能选择最完美的一种了。

一推开教室门,却感觉那平日上课时候一张张无忧无虑的小脸今天却写满了忧郁、不安甚至委屈,四周弥漫的伤感气息让我的故作轻松被一点点融化,我放下本子面对黑板写标题时使劲调整

着情绪,转身笑道:"平时我听见大家都有唱歌迎接其他老师的,呵呵,怎么今天要歧视我这个体育老师啊?偶尔进教室上课,给我的待遇可不能降低哦?——我们唱首歌好吗?"

"老师啊——老师——"孩子们大声唱了起来,很响亮却带着哭腔,有几个女孩子已经在开始抹鼻子了,我弄巧成拙的建议像一根火柴掉入了火药库,引爆了被克制的情绪,大家的声调越来越哽咽,许多学生身体一抽一抽地努力把歌曲唱完,小脸蛋已经被眼眶中流出的泪水冲得亮晶晶的,我的视线也渐渐模糊了,半年的时光我没有给孩子们带来什么特别的帮助,我和大家一起唱着跳着,一起在黄土高原上蹦着做着自创的体操,我这个不称职的体育老师几乎还不能把每个孩子的名字和人对上号,我恼怒的时候也曾大声呵斥过你们,我无奈的时候也曾为你们的未来迷茫过,孩子们也曾十几个人围上来抢叶老师脚下的足球,一团一团包围着我问课外或课本上的问题,我在雪中打沙包,在雨中欢呼雀跃,无数让我感到自己生命从未如此饱满的回忆,让我最终没有憋住眼眶中的那一大颗。小人得志也好,庸人自慰也罢,这一刻,我感觉到自己活得是如此的值得。

周身的热血在沸腾,我用力在黑板上刻下"不会是最后一课"。拼命笑着对孩子们说:"同学们,老师明年一定回来的。下面,我们开始今天的课程。"台下一片寂静无声,孩子也狠命忍住抽泣,听我用沙哑的声音把关于体育活动中自我保护的一章节讲完,三十分钟里面,孩子们没有发出一点声音,甚至没有一个侧目的动作,我也鼓起全身的力气把讲义说完,看了看时间,还有七分钟,不——只有七分钟了!突然有许多话语一起涌上喉咙,却哽在那里怎么也吐不出来,孩子们静静地仰视着我,我脑海里面突然闪过一个火花,我用双手撑在讲台上说:"刚才同学们为我唱了一首很好听的歌曲,老师很感动,真的,现在,老师也有一首歌曲送给每一位同学,好吗?"

把梦留住

支教记录 2005—2017

　　"好!"台下的掌声激烈地响起,我知道自己一向五音不全,现在更是沙哑的破嗓子,却没有什么理由能让我打消这个念头了。台下一朵朵小花儿朝着我轻轻地开放,我也被感染得无法自制了,只想徜徉在这美好的

"我要一步一步往上爬"

时光中,把自己能捧起的最好的东西展示给大家,我说:"这是老师中学时代最喜欢的一首歌曲,希望能和大家一起分享,希望能给大家带来一点一滴的快乐。"眼泪又在眼眶里面晃了,我咬牙把翻腾的情绪平静下来。再看一眼这些无邪的脸庞,我努力用喉管里面最后一点力气摩擦着声带:

> 该不该搁下重重的壳
> 寻找到底哪里有蓝天
> 顺着轻轻的风轻轻地飘
> 历经的伤痛都不感觉疼
> 我要一步一步往上爬
> 等待阳光静静看他的脸
> 小小的天有大大的梦想
> 重重的壳托着轻轻的仰望
> 让风吹干流过的泪和海
> 总有一天我要属于我的天……

下课铃声在耳边响起了,我努力做出恶狠狠的样子对孩子们说:"明年再见!我回来查你们的期末成绩的!谁要退步,我回来要 K 谁哦!"随即迅速收好教案快步跑出教室,脚步已经很仓皇,甚至忘记了说"下课!同学们再见!"之类的礼节程序。

走到宿舍里面,沈潇已经背好了行囊,他也是一脸失落和感伤。我和他告别了还要再教几课的英语老师姜福,正要出宿舍,许多孩子已经围拢在门口,热嚷嚷着夺走了我们身上的行李,簇拥着我和沈潇走出校门等车,让人感到沐浴在花海中的深深幸福。我不敢往后看,只是故作镇定地和孩子们开着玩笑,平时被我训的最多的几个学生抢着背最重的大登山包,又一直追问我们明年是不是真的还回来,我拍着他们脑袋说怎么这么傻,体育老师要是不回来了,以后不就不用被我骂了吗?

开往县城的小面的很快从远处驶来,我和沈潇登进车子,孩子们趴在车玻璃上对我叫着什么,手势拼命地做着,我没有听清楚,只能绷紧了脸和他们招手,车子缓缓开动,我回头他们追了几步,渐渐消失在拐弯处后。我无力地闭上眼睛,耳边响起了刚下固原火车站时汽笛的鸣叫声,响起了在郑州出征仪式上时经常听到的"青春梦想,西部放飞……"的旋律,再见了,辽阔的西海固,明年再见,我的孩子们!

如果骄傲没被现实大海冷冷拍下
又怎会懂得要多努力
才走得到远方
如果梦想不曾坠落悬崖
千钧一发
又怎会晓得执著的人
拥有隐形翅膀
把眼泪装在心上
会开出勇敢的花
沮丧时总会明显感到孤独的力量
多渴望懂得的人给些温暖借个肩膀
最初的梦想 紧握在手上
最想要去的地方
怎么能在半路就返航

——《最初的梦想》

C H E R I S H I N G O U R D R E A M S

把梦留住

八

2006 年 2 月 20 日,农历正月二十三,经过几天的绕半个中国的跋涉后,我又坐在通往西安乡的小面的里,在蜿蜒的公路上行驶着,心情也如起伏不平的黄土高坡般忐忑,离开海原才数十日,却感觉如长久没有回家的游子,一路上莫名的惆怅和紧张占据着心头,拨开迎面而来无尽的黄色波涛,西安乡的轮廓渐渐清晰。虽然西海固的早春还是零下的低温,路上随散着冰碴,枯树上挂着厚霜,我的脸却滚着高烧,兴奋掺和着激动驱走了周围的寒意。车子在校门口的 Z 字大拐弯处戛然停住,我和沈潇把行李先搬到路边,长长哈了一口冷气,细细端详着眼前久违的校园。

二月的海原气温还是在零下十度左右徘徊,我们把沉重的行李拖向宿舍,一路上多了许多老师简洁友好的问候,学生们兴奋而害羞地朝我们张望。掏出钥匙推开宿舍铁门,地上一股浓厚的灰尘随着转动的门扉弥漫扬起,呛得人喷嚏眼泪滚滚而下,眯眼抚鼻冲进内部后,透过迷蒙的眼镜镜片,看到桌面被子床铺椅子所有的家当都覆盖了一层可观的灰土,感觉置身于被敌人飞机轰炸许久的防空洞,甚至耳边嗡嗡声清晰可闻。

放好行李,照例去办公室见了几个校长,寒暄几句算是报个到。学校明天就开学了,我和沈潇着急询问本学期的教学任务,正踌躇着找机会开口时候,杨主任拿着一张单子眯着眼睛进了办公室:"哦,叶老师,沈老师,你们来了,正好!和你们两个商量一下这学期的课程安排?"

我和沈潇连声称好,看来上学期上体育课效果不错,总算换了学校多几分的信任。杨主任摊好那份名单,舔舔嘴唇说:"这个学

期是这么安排的,因为我们学校现在没有了生物老师,所以想你们带一下初一初二的生物,能行吗?"

学理科的沈潇笑逐颜开,连忙点头,我自从高二分班后就没有碰过生物了,乍一听还以为误会了,忙插话:"杨主任,可是我生物基础并不好啊,我一直学的是文科……"

杨主也有了为难的神色:"唉,这样啊。不过没有办法啊,我们学校就缺这个学科老师,呵呵,你教初一的,行不? 否则这个年段的娃娃又要荒废一门了唉。你看?"

我沉吟不语,杨主任认真地盯着我。窗外千仞冰封万山雪染,没有一丝春天的气息,但是终归有几米阳光铺在寒冷的路上,想了一会,我看着杨主任,轻轻地点头:"好! 我一定尽力教好生物。"

杨主任满意地狠狠吸了一口烟,把烟头往地上一砸,道:"没有关系的,学校相信你的。"罢了又忧虑地说:"不过初一生物书比较杂,而且没有任何教学参考书,一切都要靠你自己了,沈老师,你一会来我办公室领初二生物教学参考书。"

我耸肩笑笑:"既然一切从零开始,彻底一点也无妨了。"

体育老师仍然缺乏,为了分担学校唯一一个体育老师的负担,我同时兼了六年级的体育课,沈潇分到了初二年段的生物课。体育,生物,对我一个戴着厚厚眼镜镜片的文科生似乎已经是陌生遥远的事情了,却仿佛已经是一个分别好多年的老朋友,在宁夏却都戏剧般地邂逅上了。

一出教务处门口,我直接奔赴学校那个小小的图书馆,一头扎入其中疯狂淘书。这或许是我人生最后一个教师生涯的学期,我宁愿重温考研般的学习生活,好好补习生物知识,也不想对不起曾经在出发前许下的承诺。图书室阴冷异常,我却折腾得满头大汗,累,更多的是着急。

一直到下午,我抱了一摞同样覆满灰尘的书回到了尘土飞扬的宿舍,沈潇已经提来一桶水开始擦洗,我抹了抹额头上几乎已经

把梦留住

支教记录 2005—2017

快结冰的汗水，往手心哈了几口暖气，和他一起打扫房间。

第二天就是周六了，给我为第一节生物课的备课时间还有两天，虽然花这么长时间备一堂课有点如临大敌的感觉，不过我就像一个多年蛰伏的将军，再扛起钢枪时候已经觉得太沉重，时隔如此多年又去看那么多似曾相识的字眼，眼花缭乱的图解，已经没有了从容，多了许多紧张和担心。

感谢你们的倾听

到了县城，先到汉民街找了家网吧，一进去乌烟瘴气的味道扑面而来，终于在角落处找了台被尘垢磨得油亮的电脑，开了百度噼里啪啦输入搜索关键字："初一生物……"

拷贝了许多相关的资料，就像要作弊的学生考试前打了许多小抄，虽然不知道是否都能有用，却足了几分底气，仿佛希望都拽在自己手里了。一个多小时后，我出了网吧长长吁了一口气，不但缓解了在里面烟熏火燎的憋闷，也为下周的处子秀抚慰一下自己

忐忑的心。

在回去的路上正好遇见在关桥支教的黎老师,我忙问:"能不能帮我问下你们学校初一生物用什么出版社的教材,我一直找不到那个版本的教师参考书唉。"

黎老师还是那副气定神闲的表情:"呵呵,我们学校没有生物课。"

我一愣,忙问:"没有?怎么可能,那中考怎么办啊?"

黎老师微瞥双目,道:"一直缺这方面老师,没有办法,我们乡下许多中学好像都这样的情况,条件好的学校有让化学老师兼着,我听说有好多学校临中考时候,印发点资料给学生突击背背,就凑合着应付考试了。"

我叹了口气,道:"开学了,关桥中学应该也开始上课了吧?"

在繁华的都市,花园般的校园,克隆干细胞无性繁殖太空培育一股脑的生物工程名词已经充斥着人们的神经,上个世纪的媒体和科研机构已经大书大喊,21世纪是生物科学的世纪,而海原乡下的许多孩子却仍然在这个光辉的殿堂之外徘徊,我一路上急促地搜寻着,脚步凌乱匆忙,心里却越来越坚定了。这次的选择,虽然意外,却不再迷茫,我确信不会错的。

周一回到学校后,我一早先到政教处办公室看了看,可能是由于最近天气还是严寒,所以这里的七点还是一片静悄悄。墙上贴的一张"新学生统计表"很是醒目,我凑前一看,几乎每个班级的"备注"一栏都写的满满的,写的都是这个学期暂时没有来上课孩子的名字,心突然低沉下来,仔细地一个一个校对过去,居然有许多熟悉的名字:石大魁,余德旺,马国开……

我大惊,忙摘下眼镜,狠狠揉了几下眼睛,不敢相信自己看到的。才过了一个多月的时间,不知道在这些孩子身上又发生了多少事情,他们又经历了多少沉重的艰辛和折磨。我忙下楼匆匆走向初二(1)班,远远便听到他们早读课上的琅琅书声,我走近贴着

模糊的窗户格子上的漏洞往里面张望，居然看到了马国开还愣登登直挺挺地坐在位置上大声念书。我长出一口气，又奔到初二(5)班教室门口，却发现那几个熟悉的位置，现在已然空荡荡了，黑洞洞的残缺很是扎眼，没有主人的桌凳还静静地趴着，让人心痛。我站在窗外愣了一会儿，孩子们发现了去年的支教老师又回来了，齐刷刷扭头望来，我忙朝他们笑笑，转身离去了。

下午的第一节课就轮到我上的生物课了。离上课还有半个小时，我急匆匆到年段办公室借了几根粉笔，又跑回宿舍照了一会儿镜子，对着自己的影像龇牙咧嘴好一会儿后，心里却始终徘徊着一块抹不去的阴影，捧着赶写了五页的教案，一个人在宿舍里面走来走去，预备铃声响起，我慢慢挂了门锁，努力挺高胸膛迈向教室。

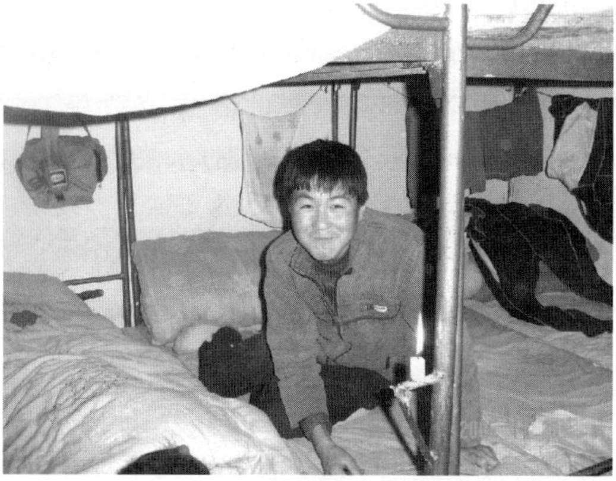

条件艰苦，笑容不改

进了教室，下面学校都兴奋地喧哗：“咿！这个不是体育老师吗？”“哦，今天生物他教？”“嘘嘘，厦门支教老师要讲话呐！”

我用手往空气中下按：“同学们，静一静！”

自我介绍后，接下来的授课过程倒是比较顺利，虽然上学期教授的是体育课，可是颇为磨炼了我在众人面前雄厚的脸皮，声音也自然从容，随着课程的渐进，我突然暗自发现一年的教学生活，已经让曾经窘迫的自己变得从容多了，一个刚刚毕业的近视书生已经教了体育，一个文科生只要努力也可以在生物课上滔滔不绝。

一堂课下来,我志得意满,暂时不去顾想让自己惴惴的那个问题,感觉自己有点所向披靡的威风。回忆起高中时代,高三第一学期从理科班最后还是狼狈逃窜到文科班的情景,便有点耿耿于怀,后悔当初对自己的不自信。

下课后,趁着自我感觉良好,我抓了一堆新老学生聊天,临时的交流队伍像雪球一样越滚越大,我身边很快围拢了许多孩子。和很久没有见面的学生海阔天空地侃谈时,我忽然发现他们的心灵是多么期待和鸿沟对面的老师交流,刚来西安中学时,这里的孩子让我觉得他们拘束、腼腆和害羞,懂事的脸庞上似乎被苦难遮满,现在置身在孩子中间,洋溢在欢声笑语的海洋中,才体味到属于他们现在真正年龄的那份纯真,童年的香甜气息。

马国开上学期物理考了全班第一,我摸摸他一脑袋黄黄的卷发,说:"你看,你证明了自己的能力,一定要坚定地把书念好啊。"

他一脸憨笑,又什么也没有说,还是那种紧张的不敢正视老师的笑,让我倍感亲切,却又猜不透这孩子内心深处的想法。我挥挥手让他和同学们一起去宿舍了。事后我才知道,马国开差点只身跑到内蒙古打工,是他们班主任冯老师用自行车硬把他驮回到学校的。

放学后,食堂还没有开灶,我和沈潇溜达到西安街上买几个干粮馍充饥。出了小店门口,我俩一人捧着一个大口啃咬,干粮馍的干涩让我们的喉结困难地上下滑动,要使劲才能下咽。正专心充饥时候,我蓦地发现路边迎面走来一个熟悉的身影,那个孩子耷拉着脑袋,把脸侧向路旁,快步从我们身边穿过,我心里咯噔一下,扭头叫了声:"石大魁!"

他抓抓满脑袋的蓬乱头发,缓缓把头抬起来,还是用那个习惯性的姿势用食指横向抹了抹鼻子,吱声道:"老师好!"

沈潇瞪大眼睛道:"你怎么不读书了啊?为什么不回学校呢!"一脸的痛心疾首。

把梦留住

石大魁低头没有吭声，用布鞋用力搓着地上的黄土。

我问："是不是有什么困难，今年的政策不是不收学杂费了吗？"

石大魁歪了半边脸，说："读不起来了，家里面也得有人做事情了。"他去年在初二年段成绩排名倒数。

沈潇痛心疾首，红着眼睛发狠道："怎么能这么轻易放弃呢？你还记得去年国庆节后你和我说的话吗？！"

石大魁刚刚微微抬起的头又垂了下去，我问："你知道余德旺、张卫财他们都为什么不读了吗？"

他抬起头又擦了擦鼻子，眼睛里面已经有了委屈的泪水，过了好一会儿才说道："余德旺好像去了同心（西海固地区的一个县，和海原毗邻），做学徒去了，张卫财去年说要去中卫或者银川打工了。我们三个去年已经向家里保证了，一定考好。上学期发狠了学，几科加起来还是没有几分，唉，我终究不是读书的料，家里也供不起了，算了……"

这个时候不远处一辆破旧的摩托车疯狂飙来，在石大魁身边戛然急停，上面的小青年用海原方言冲他吼了几句，又看了看瞪圆眼睛的我和沈潇，才龇牙压下声音咕哝几句。石大魁还是垂头丧气地爬上摩托车后座，和我们说了声："老师，我先走了，再见。"摩托车恶狠狠地喷了一股黑烟，飞驰出了我和沈潇的视野。

我和沈潇木愣愣地站在原地，脊背仿佛被人用千斤的重物盖压下来，头皮也有点发麻发凉。身后辽阔的西海固黄土高原在低沉鸣咽着，风沙慢慢从脚下漫过，干枯嘴角残留的干粮馍渐渐泛出了苦味。来这里之前，我只知道这里的许多人在经济上相对穷困，彼此谈论的除了教学，便是如何多联系些"一帮一"的助学资金，如何联系社会上的有爱心的人们的捐助，但是刚才在耳边刺耳咆哮而过的摩托声音，却敲击着我的神经，这里更需要的，或许不只有金钱上的援助。

　　沈潇无力地喃喃道:"他,去年和我说过唉,无论如何一定要考上高中……"

　　世事变迁太快,这才不到半年时间,张卫财们就悄无声息地从教室里和操场上消失了。我想起张卫财每次任性地不传球晃过所有防守队员,把球狠狠射过那条线后欢快的样子,一种无力感贯彻全身。我和沈潇无言地走在西海固的路上。想起狄金森的那句诗,我甚至不知道自己给他们带去的是希望还是痛苦。

　　那次体育课上,张卫财和我踢出去的足球赛跑,虽然只是想告诉他一个简单的道理,难道也隐喻着一些事情,是不是人的努力永远跑不过一些东西?反观自己,似乎也只是茫茫西海固戈壁滩中的一颗沙砾。无数西海固的孩子其实与我没有区别。

　　我想西海固的风沙不是你能左右的,你能努力去做的,只是做一颗坚强的沙砾。

　　张卫财们走了,我并不能武断地说,他告别了梦想;我更不能苛求一个面临生存压力的孩子,可以按照我理想的路径走下去;我甚至理解他不辞而别地消失在我们的视野中。只有他自己才能感受到所承载的不可承受之重。但是这一切不应该是他这个年龄所去面对的。

　　如果他能进入一所足球学校,或许他以后就能驰骋在职业赛场上,甚至成为令人瞩目的球星,如果他能进入一所大学,他也能在校园真正的足球场上展示自己的脚法,引来同学们的欢呼。他悄无声息地离开,甚至没有真正踏上过一秒钟绿茵场,看看那真正让他魂牵梦绕的球门。

　　"张卫财,你现在在哪儿啊。"我慢慢地走在砂土路上。

　　回到学校,天渐渐阴沉下来,平时校门口熟悉的灯光却没有亮起:又停电了!黑暗似乎也发现了此时正是自己大发淫威的好时机,铺天盖地挤压下来,不一会儿便溢满你身边的空间,宁静的乡下也在一片黑漆漆中被渲染得诡异莫测。我和沈潇搀扶着摸索到

把梦留住

宿舍门口,一根一根钥匙试过,终于推开了门,在床头探到了各自的手机,用微弱的光对照着,我费了好大劲才找到了水桶,寻点水来解渴。

没有电的晚上,学生教室里面渐渐透出了几点模糊的亮光,红映映

干涸的西海固大地

的烛光隔着窗架上糊的塑料纸显得格外朦胧。啃完干粮馍后,我和沈潇轻轻走过学生宿舍,望见里面稀疏的蜡烛已经被四周围拢的孩子们掩得密不透风,学生仿佛趋光的飞蛾,不断聚集在昏黄的烛光四周,默默地捧着课本把脸贴在书页上,好像初生的婴儿紧紧抓住奶瓶,全神贯注地盯着书本。大家彼此靠得很近,仿佛在严寒下的野外,迷途者围拢在一盆寄托他们生存希望的篝火边,满嘴哈着寒气,却能见到走出冰冷世界的希望。

我们不忍打扰这幅几近完美的画面,去惊扰孩子们沉浸在暖意融融的学海中的充实感觉。在快考试的那个厦大冬天,每次过了晚上十二点,我从温暖的嘉庚二走出,经过寒风凛冽的广场,到厦大的通宵教室时,遥远熹微的灯光也能唤起我无限的憧憬和期待,或许,人生最美好的感觉不应该是功成名就后的豪爽快意,更多的可能浸润在曾经苦苦追索的风雪路中了。一颗颗的烛火摇曳,一点点烛光闪烁。我和沈潇在教室外慢慢走过,有如听到了大石下坚韧种子挺出嫩芽时的勇敢挣扎,有如听到高高屋檐上点点水珠果断跳下发出水滴石穿的宣言。在广袤一片的黑夜里面,反而

停电时分的夜读

让这丝丝光芒分外耀眼。"黑夜给了我黑色的眼睛,我用它来寻找光明。"脚踏在西海固的凝厚土地上,我能感受这里单调的黄色调赋予孩子们始终如一的坚毅,黄土地给他们的不仅仅是贫瘠和干涸,更给了他们用来寻找缤纷未来的执著精神。

　　新学期的第一周很快过去了。周末,我们给自己安排了家访的任务。周六一大早,我和沈潇各自往嘴里塞了一块馒头,带上随身物品便出了门。天气阴冷灰郁,刚刚冒出来的春天的一点脚趾尖,又被这阵阵寒气吓得缩了回去。今天我们先要去一个叫范台的村子,一部分路程要辗转几段通车的路,剩下大部分路程只能坐"11路公交"了。去范台村要到小河桥转车,我们搭了辆面的,十分钟后就到了小河桥村。这是西安乡下属的一个行政村,虽然名为小河桥,现在斯桥亦尤在,小河却早就干涸,深深的古河道中的黄土河床上镶嵌着许多乌青色卵石,像一颗颗凝固的泪珠,无奈地暴露在苍天之下。两座石桥缺了水的衬托,没有了生气,越发显得孤独,没有所要凌驾的河流,仿佛骑兵跨下没有了战马,只能呆呆用桥洞对世事迷茫地做冷眼旁观。

把梦留住

支教记录 2005—2017

刚刚在小河桥下车，天空已经开始飘起了雪花。我和沈潇后悔受了前几天乍暖天气的哄骗误导，才披着一围单衣就急忙出行，乍一下车就开始冷得瑟瑟发抖了。我们向路边一位胡子拉碴的中年男子问了路，得知去范台要搭去兰州或者鸡窝山的顺路车，再走一段山路才到。问完路身体已经覆盖了一层薄薄雪衣，便狗抖雨水一般狠狠甩了几下，远远看到一辆去鸡窝山的小巴蹒跚开来，忙跑到路中央拦车。车门缓缓打开，里面已经呈罐头状，难怪在平坦的高原路上也跑得如此吃力，露天气温骤降，我和沈潇已经鼻水纵横脸庞了，忙使用缩骨神功钻进罐头内部。

车厢内异味浓浓，如果要证明气味也有杂交优势，这一刻便是最好实证，加上无数根烟枪在吞云吐雾后散发出的氤氲效果，鼻子不到半分钟便开始麻痹休眠罢工。幸好车程不久，颠簸了二十分

雪中家访路

钟便停下谢客，无奈车内人们已经挤压成为一体，不必说随身物品瓜葛复杂，连彼此器官组织被碾插交错，车门被靠近的几个男人使命推开出一个供人侧身通过的小口，靠车门后的几个妇女小孩嗷嗷大叫："要命啦，腿压断啦！"要下车的乘客抓住这一用生命机会成本换来的宝贵出车时间，无奈身体已经互相纠葛，卡在狭窄出口如入缸偷吃油过多的老鼠，进退不能。幸好后面不耐烦的壮汉双臂猛推授以功力，几个要下车的人才从车门喷射到路边跌了个大仰面。等到我和沈潇要下车时候，实心罐头已经被掏空了不少，我

们方才得以从容下车。

　　下了车,余下路程就是靠双脚跋涉了。我们放眼周围,已经是一片荒野了,只有野鸦在不远处的旱地上扑腾。四面八方的寒风没有了阻挡,无所顾忌地肆虐着,撕扯着人们的衣服和身体。沈潇望见对面一个小山包上几处星点矮房,按先前小河桥问路的人所指示,应该就是范台村的方向了。我们大喊一声:"跑吧!"便在辽阔的原野上一路狂奔,在身后掀起滚滚尘土,不仅多少打磨了一些热量御寒,更能感觉到在中国第二阶梯最大高原上的豪放不羁。跑了十几分钟,虽然气喘如牛,也赶了不少脚程,雪也开始收敛了,路边的旱田有了几头啃嚼草根的黄牛,悠闲地望了我们几眼。又快步行走了半个多小时,范台村的轮廓开始清晰起来。

　　这是一个只有几间零散房屋组成的自然村,村口一大片坍塌的残壁短垣和塌方的窑洞,似乎告诉来客这里就像刚刚发生过战争,我很自然地联想起了以前一部电影《英雄儿女》里面被美国飞机轰炸下的志愿军防空洞。不过远处高高的山包上一拢房子中间耸立着迎风招展的红色国旗,那一抹鲜红色让人精神陡然振奋。走近看,才知道那里是范台小学,今天是周末,没有了孩子们的琅琅书声,余下残旧的庭院和破败的教室,几块千疮百孔凹凸不平的黑板,巴掌大的黄土坑,这里就是西海固的孩子们梦想开始的地方。

　　进了村,我们逢人就上去搭讪,终于问到马明福家是村里海拔最高的那个小院,独自蹲在村后面的一个隆起的小土包。推开吱吱作响的老木门,沈潇喊了一声:"有人吗?是马明福家吗?"

　　屋里突然跳出一个孩子,正是马明福,他看见我们有点不知所措,生硬地鞠了一个躬说老师好,又赶快回屋叫:"大(爹),娘,我老师来啦!"

　　小院内外基本都是黄土垒成的,构造和窑洞相差无几。上个世纪八十年代,专家就考证了人类历史上最早的窑洞,就出现在宁

把梦留住

夏海原的西安乡,时间变幻沧海桑田,窑洞伴随这里的人们走过了4500多年,如今,不只是范台,西安乡还是有人居住在祖祖辈辈一锹一铲打下的黄土洞,我环视了一下四周,仍然是清一色的黄色,除了小院中央几根灰色的枯树桠。

过了不一会儿,马明福搀着一个中年回民出了小屋,介绍说:"大,这是我们老师,老师,这是我爸爸。"马大叔戴着一顶回族小白帽,脸上黝黑且沟壑密布,脚有残疾走路很是艰难,尤其是右脚软绵绵已经吃不上力了,看到我和沈潇便有点僵硬地招手:"好,好,老师好,你们来咧,快屋里坐着。"他身后闪出一个瘦小的中年妇女,应该是他妈妈,束着回民妇女特有的头巾,红着脸腼腆地呵呵笑着掀门帘子。

我和沈潇进了屋,房间里面摆设简单,甚至可以说没有什么摆设:一半已经被土炕占了,另一半被空气占据。马大叔使劲把自己挪到炕上挨着,边忙着招呼我们坐下,马明福快速去门口搬来一块小桌放在炕上,马大婶小心翼翼地端着两杯茶水放在炕上,马大叔搓搓手说:"老师啊,辛苦啦,来我们这里,喝点,先喝点解渴啊。"我知道水对这里人的意义,尤其是在这个没有水井不通水车的高山小村里面,一杯热气腾腾的粗茶叶泡的茶水,对我面前的人来说,都好像一次郑重的仪式。

我认真捧着杯子抿了一口,咸咸的酽酽的,却带着一股醇厚的滋润,沁到心脾里去了。马大叔看我喝水的表情,犹如捧着珍藏无数代的传家宝拿到权威鉴赏家面前的期待,我放下杯子长长回味一叹:"呵呵,爽快! 很解渴啊!"

马大叔笑了,下巴胡子一翘一翘的。

我和沈潇和马大叔一家聊了好一会儿家常,种什么庄稼,做什么零工,哪里找水,哪里刨食,等等。一家人五口全年收入不足七八百,怎么抠还是债台高筑,凭着干裂的几分黄土地上刮下来的几把荞麦,硬生生把三个孩子拉扯大了,如果没有当地政府的救济资

助,生存下去都是问题。生活像窗架上糊的纸窗,已经褴褛不堪,只能眼巴巴等待下一次风雨的袭击了。我轻轻拭去窗沿上厚厚的积尘,眼前虽然没有血淋淋的画面,却有让人感到悲凉的心境。

马大叔恨恨地捶打着自己的腿,无力地叹气:"唉,都是这不争气的家伙,我是给人家种田,人家也嫌你的,上县城打工更没有人要,一年还要摊下不少止痛片的钱,真不如锯了算了唉!"

我和沈潇抚慰了几句,说马明福现在成绩很好,以后上县城的高中很有希望的,不知道其他几个兄弟姐妹学习怎么样。马大叔摇头道:"怎么供得了那么多啊,他姐以前读书也好着,他哥读书也用功哩,没有办法,到小学三四年级都不能念了,全家现在就撑着么娃儿一个人,看能念下不。"

他顿了一顿,困苦中掺点了得意,又道:"我们这个范台村,现在我们家明福文化最好最高了,其他几个娃子都没有念到初二就不读了,打工去挣现钱去了。好多人也劝我让这娃一起出去挣生活,我是实在看他想念书,再顶着看吧。"

一边的马明福眼睛已经亮晶晶了,不知道是感动,是委屈,还是心疼。

沈潇点点头,道:"嗯,我知道家里有困难,我们一定想办法帮助的。现在国家政策也很大向西部教育倾斜了,会好起来的,真的,我们明福以后肯定是范台村第一个大学生的,一定要坚持啊。"

马大叔很认真地听着,马明福脸红彤彤的。

又叙了一会,我和沈潇建议到院门口给马明福一家拍个全家福,马明福跑去叫他姐姐和哥哥,他们二人在牲口房打草料,怎么好说歹说也不肯出来。马明福小声对我说,姐和哥几年前辍学后,从此就害怕见到老师。我和沈潇无奈地对看着,想了一下,点点头,随后拿出相机说:"那就你们三人拍张,行不?"

马大叔有点激动,乐呵呵点头:"能行的,能行的。以前还没有弄过哩。"手忙脚乱拉过站一边的马大婶,三人很不自然地站在一

把梦留住

支教记录2005—2017

条线上,彼此间距离能走过一辆小车,沈潇道:

"再挨近点,近点,好吗?"三人又小心靠近了些,缝隙总算不是很大了,我摁了快门,"咔嚓!"我完成了他们家第一张照片。

出了马家,已经是下午接近日落了。这个时间没有车可以搭了,只能步行回乡。我和沈潇出了

马明福的"全家福"

村口,往远处眺望。在黄土高原上很难迷失方向,因为没有了大山和树林阻隔,天底下的村庄总是能一览无余,我俩认准了往西安乡的方向,踩着田埂向视野边缘那块同样树立着国旗的地方走去。路上经常回头看看自己留在黄土和黄沙上的脚印,用手拍拍路旁干涸古河道的两壁,尝尝这里不时掀起的沙子的涩硌,或者拔一根硬韧的旱地灌木仔细端详,我们平静的表情下,都有一股在都市不曾有过的豪情在胸头燃烧,两个人可以在路上欢呼狂奔,大笑大跳,甚至还有惊起的野兔和田鼠突然在我们身边狂奔而过;或者又默默无语,思索着支教半年对自己灵魂的感触。荒原是人类最古老的家,或许真正全身心投入地体触,才能发现她也是如此亲切。

走了近四个小时,终于到了西安中学。到了宿舍,腿麻脚疼,赶快把鞋拔下来,发现脚上果然又磨出几个水泡,算是今天的战利品,因为我和沈潇都戏言脚底几个水泡的厚度应该能让我们再长高点,增加个人海拔。不一会儿,我们昏昏沉沉地很快睡着了。

第二天是周日,我抓紧时间坐车到县城上网,查找下一周的教

学资料。下了车便直奔汉民街拐角的一个网吧。我推开网吧的门，里面的买卖很是热闹，烟雾缭绕音箱轰响。我来回穿梭于几排电脑之间，感觉又回到了印象中八九十年代嘈杂的菜市场，只不过这里平白多了浓烈香烟味道的熏陶。好不容易抢得一位兄台坐的热热的位置，眼前摆出的键盘上面满是烟头烫穿的窟窿和烟灰层铺的垢积。我屏住呼吸快速搜索了细胞一章的知识，今天也算大有收获，淘出不少合适授课的网页，正疯狂下载不亦乐乎时候，边上一堆人开始骚动，我好奇地瞟了几眼，一个高个子的少年，约莫十五六岁光景，嘴里叼着半截烟头，突然一把拎起坐在位置上的一个十二三岁的孩子，"梆梆梆"狠狠地在他头上砸了几个暴栗，事情之突然速度之快下手之重，让我都没有反应过来到底是现实世界还是虚拟世界的事情，而边上许多小青年却看得津津有味，还时不时吼几句助阵起哄，挨打的小孩抱着头缩躲在墙角边嘤嘤抽泣。

"扔出去，扔出去！"人群还是起哄，打人的少年得意洋洋，一把推开哭泣的孩子端坐在位置上。我忍不住站起来挤到人群前面问道："你干吗打人?!"

少年瞟了我一眼，恶狠狠地瞪了一下，没有言语。

边上几个小青年推我一下肩膀，围了上来，用方言喝道："外地人，少插杠！"

空气有点凝固，我狠命压制胸口的激烈情绪，用平静的目光和他们僵持。那个小孩摸着头皮哭着挨出了门，我长吸一口气，抽身出门追上那个孩子，跑到他前面堵住去向问："你读初中了吗？怎么这么小年纪就来网吧？"

小孩长得虎头虎脑煞是惹人疼爱，流出的泪痕冲刷着黑油油的脸庞，形成一条一条的沟壑。他漠然地瞥了我一眼，目光冰冷，突然从我身旁飞快地跑走了。

我站在原地望着他的背影，却无力上去追问。路边隆隆响的拖拉机开过，震碎了我的思绪。去年海原县因为学生互相斗殴的

把梦留住

好几起恶性事件的遗痛还没有散尽,宁夏全区甚至有一个月就有十多个学生因为校园暴力事件而永远告别了亲人。除了贫穷,还有许多其他恶魔在螯咬着孩子们的心灵,纷繁的网络世界的入侵,让一些孩子们无法招架,而网络赋予他们更多的却是一个浮躁的心,曾经有个学生在被我斥责后,不服气地对我说,读书不会有出息的,早点混好才风光,要不,老师你一个研究生,怎么还来我们这山沟沟! 我竟然一时语塞。

诚然,这样的事例没有普遍代表性,但是西海固宁静的小山村被现代事物冲击的影响却不断在扩大,而这些信息的倾泻而来是极不对称的,很容易被简单放大,一方面,大部分孩子因为缺少正确的渠道导向,而失去了和同龄人一样放眼看世界的机会,电视,报纸,更不用提杂志,在许多地方是稀缺的奢侈品;另一方面,少数孩子却迷失在不甚正规的网吧里面不能自拔,外面的世界太精彩,因特网上的色彩太绚烂了,五彩斑斓的诱惑让他们的意志模糊。虽然他们每周只有几块几毛的零钱,还是想都不想就麻木地投向了网络世界,大好时光沦陷在异度空间里面。

回到学校,我整理了一下自己的心情。天空又开始飘起了大雪,我漫步在校园操场薄薄的雪地上。"老师,吃过了吗?"我回身一看,是初一班级的姚心学,上节课由于在课堂传纸条刚刚被我狠狠训过,现在还是嘟着圆圆的脸冲我憨笑。

我笑着摸摸他脑袋:"呵呵,吃了,你呢? 在干吗呢?"

他点头说:"吃了,闲逛呢。"

我问:"同学们都去自习了,你作业都写完了?"

他撇着脑袋,毫不在意地说:"没有写。"

我皱眉道:"那还是先去把正事做了再晃悠吧。"

他没有争辩,突然抬头问我:"老师,你说现在读书有什么用呢?"

我不假思索道:"如果你以后要上大学,现在不读书可不

成啊。"

他眼睛里面浮现一点鄙意,说:"可是大学出来又能怎么样了?昨天我大(爸)和我说了,现在大学生也找不到活干。我们村唯一的一个大学生,村头黑柱哥,费了老大劲考上去的,为了念完大学家里什么都借光了,可是,去年毕业就一直没有找到工作,现在还,还窝在家里头赖着哩。"

我惊异地看着他,却一时找不出反驳的理由,闷了一会,我道:"多读书,长点知识,以后是有好处的。这个,以后你会明白的。"

他显然对这个答案很不满足,又问:"老师,你毕业了工作后能赚很多钱吗?"

我认真道:"不一定的,但是,不过人生的意义不是用金钱衡量的。"

他咬咬牙道:"我家现在很穷了,我大我妈我姐都不想我成为第二个黑柱哥,这样读书也没有什么盼头的。以前黑柱哥考上的时候也很风光的,他大借钱办了酒席请村里人吃饭,在村里话也响亮了许多,现在黑柱哥毕业找不到工作,不仅没有钱挣,全村人都看不起他家了,他大,憋气得都快不行了……"

我静静地听着,没有说什么。

他看到我脸上的默然,没有继续说下去,我拍拍他肩膀说:"那你怎么打算未来的?"

他压低了声音说:"我大,想等我念了初中,跟村里宝生哥去中卫中宁打工去,宝生哥小学毕业就出门了,现在一年能给家里带回好几千块哩,多的时候有上万的,村前村后都夸他是个能人,我大说,现在大学生不值钱了,还是先图点实惠的早积蓄点钱,以后可以快些成家养娃子。"

我脑海里面又呈现去年毕业时候,自己到过的几个大城市的求职会上,求职学生人山人海堵塞过道水泄不通的场面,虽然我早早确定下了自己要来西部支教而没有真正投入其中,但听到的叹

225

把梦留住

息迷茫已经不绝于耳了。曾经被称为"天之骄子""文曲星"的大学生走出了象牙塔，要面对的沉重和复杂让许多人喘不过气来。很多人没有想到，四年前自己从千军万马的高考中脱颖而出，自认为走过了那条独木桥后，将来就是阳光大道了。然而，年少轻狂和少年不知愁滋味，最后让我们深深体味了生活的沉重。2005 年，打开许多门户网站的首页，一则"大学生身价跌至谷底"的报道，震惊的不应该仅仅只有我。自我感觉越来越差的毕业生的信心，或许已经跌到了谷底，但是一切现实又是活生生的，不容一点儿侥幸。在北上南下的求职大潮中，一些人在恭敬奉上简历后被招聘方不屑地扔出的时候，那种无奈和酸楚的情绪已经弥漫到了中国社会的各个角落。一向把考上大学看作是光耀门楣，并紧紧盯着跃过这道龙门而期待改变个人甚至家族命运的西海固的人们，对现在发生的一切感到更加迷茫了。当地一个老师告诉我，1999 年研究生支教队员第一次抵达那些乡下中学的时候，许多当地学校的教师和孩子都纷纷跑出去观看，几乎有点万人空巷的味道，他们想看看在他们眼里神圣的研究生，是不是三头六臂手眼通天的模样，否则怎么会那么厉害考上大学，又考上了比大学生还厉害的研究生了呢？

我和沈潇到海原的时候，当地许多人关注的话题已经成了我们一般的大学生毕业后能拿多少工资了。听说可能只有一千多的时候，一个拼命撑扶自己三个孩子考大学的家长听了回答，吧嗒吧嗒闷头吸着旱烟，再没有问什么了。

近年来，国家对西部教育的扶持，尤其是西部基础教育的培育，可以说是不遗余力。随着"两免一补"教育政策的全面贯彻，让许多曾经面临失学的孩子又看到了希望。加上当地经济也有了不少的改观，虽然荒芜和贫瘠还是让人感到心疼，不过上学路上已经少了许多障碍，由于交不上学杂费原因不能在课堂上课的孩子大幅度减少了，加上社会各界爱心人士的通力援助，读书时期的经费

已经相对不再如以前那般不可逾越。但是随着所谓"新读书无用论"的尘嚣甚上，一股对大学和大学生的失望情绪在老乡心中蔓延。乡下的孩子一次又一次悲壮地冲击大学校门，耗尽自己和家乡父老无数心血后，终于有

外面的世界是怎样的？

个别幸运者来到了梦寐以求的高校课堂，四年后却要面对大学时候欠下的沉重债务和茫茫人海中寻求一个饭碗的艰辛，在这个人际关系横行，银弹攻势盛行的竞争中，在一个大学文凭急剧贬值的年代，农村子弟整体上是处于弱势的，处处碰壁心力交瘁后返乡的学子并非没有代表性，乡亲们对大学的信仰随之破碎，一颗颗曾经坚定求学的心也逐渐动摇。

虽然无意诋毁孩子们一颗真挚求索知识的心，但是当未来变得如此渺茫时候，我这个刚刚走出大学校园的当事人，也找不出强硬的理由来说服眼前这个无奈而又茫然的学生。这里的人太渴望改变自己的命运了，为了一丝丝的希望他们肯付出比许多人多十倍百倍的努力，但是一个苦苦追索的神话从高处坠下的时候，我能体会到他们内心的煎熬。过去金榜题名后衣锦还乡的旧版美梦渐渐破碎，大学毕业等于稳吃皇粮时代的终结，伴随着一个个观念的尘封，高等教育普及的年代，对国家和民族是一种幸事，西海固的孩子们却面临新的命题。

我轻轻拍拍姚心学的头，说了声："先去学习吧，不要放弃这么

好的机会。你还年轻,很多滋味你还没有尝过,不过,老师可以肯定的是,读书一定有用的。"其他的,我自己也没有想好说什么。

在路上,我又想起了上周的时候,与上学期末辍学这学期又回到学校的马国开的谈话。这个性格内敛的孩子,显然没有袒露心扉说出自己曾经辍学的心路,只是红着脸说当时没有想通。设想在一个贫寒的家庭里面,面对每年学校百分之几的中考升学率(海原的高中教育资源比较稀缺,设置高中的学习不多,而去外地读书伴随而来的是高昂的费用),遥远的大学梦想,甚至遥远的高中梦想和沉重的生活压力,我实在找不出许多理由责备他,只是对着他的眼睛说:"坚持下去,好吗?会好起来的。"

这晚,我一夜无眠。

第二天五点多,我就起来备课,改作业,上课。周末到了,我和沈潇照例翻过一个又一个黄土坡和旱田埂,来到一个叫付套的自然村进行家访。我们要找的孩子叫曹荣翔和曹玉翔,他们是两兄妹。

在小村狭长而弯曲的黄土墙巷子里面周折了许久,问了五六位当地老乡,终于在一个不起眼的小院里面寻找到两个孩子。我们进院子的时候,曹荣翔正在劈柴,高高举起的柴刀在一瞬间停滞在了空中,他朝我们憨笑了一下,扭头朝屋里喊:"爷爷,我老师来啦!"

妹妹曹玉翔听到消息也很快跑进院子,站在门口边上羞涩地问声"老师好。"

曹玉翔手里拿着一把"苦苦菜",在海原的农村,至今还有为数不少的家庭,在青黄不接的时候靠一种叫"苦苦菜"的野菜过活,单凭听这种野菜的名字,就能体味到它的味道和依靠它生存下去的人们的处境了,我尝过这种在当地著名的野菜,苦涩滋味堪比黄连!而且粗糙难以下咽,而正是这样的苦菜,许多人还要背着篓子弯着腰,千辛万苦地在黄土沟壑中寻找,作为每年艰难时光的主要

口粮,苦苦菜让当地人在饥馑的时候挺了下去,却也让他们饱尝了生活的苍凉。

曹玉翔应该是刚刚采野菜回来的,她带我和沈潇进了房间,里面除了一张土砌的大炕,再也找不出属于物件的东西了,灰蒙蒙的光线让我想起这仿佛是在古堡探险。坐在炕上的老人脸庞黑黝黝的几乎看不出上面深深的皱纹,应该是他们的爷爷了,曹爷爷呵呵笑着招呼我们坐到炕上,又叫玉翔到跟前吩咐了一下,玉翔点点头飞快地跑出门外。这个时候荣翔放好了柴刀,抹了一把满脸的汗水和挂在头发上细碎的汗冰,垂着手红着脸站在门后,腼腆地看着我们。

学生家一角

我和沈潇坐在土炕上的曹爷爷边上,发现其实这个炕其实就是一座土制的床,而没有一丝热度散发。沈潇和曹爷爷说明了来意,我问:"家里还有其他人吗?"

曹爷爷脸轻轻抽了一下,低头摇头道:"再没有了。"

把梦留住

荣翔拉了边上一颗小板凳,垂着脑袋默默地听着。

来他们家之前,我曾经听说过两个孩子的父母已经离异了,当时却没有想到没有一方会负担抚养的义务。我轻声又问道:"没有劳动力,那家里主要靠什么吃饭呢?"

曹爷爷长叹一口气道:"实在没有办法了,他大,出去打工没有了音信,他们娘呢,前年跟着出去打工,就没有一次来看这两个娃子的,没有一次啊,唉。"

我和沈潇看到他从看到我们的愉悦表情突然变得悲苦,不觉都有点难过。老人喃喃着"怎么没有一次来看这两个娃子啊,就一次也没有来啊……"不住地摇头叹气,他干枯的眼沟里泪水或许已经淌干了。边上的荣翔也忍不住身子一抽一抽地啜泣着,一个一米七几的半大孩子,平时一脸的深沉和坚毅,这个时候点到了他内心的痛楚,眼泪无声地划过他脸蛋,和汗水、冰水交织在一起,让人看了隐隐地心痛。

这个时候玉翔从屋外小心翼翼跨了门槛进来了,手上颤巍巍地捧着两杯水,不,应该是两杯白糖泡的开水,杯底厚厚的白糖还没有完全溶化,她一步一步走到我们面前,仔细地把水放在炕上的小木桌上。面对如此庄重和深厚的情谊,我和沈潇都感到了窘迫,几乎不知道说什么好,我不知道小玉翔去弄这两杯水费了多少周折,不过从他眼中的虔诚和爷爷脸上的满意可以看出,小桌子上的两杯水承受着何等的分量!

"喝、喝,老师别客气啊。"曹爷爷把水推到我们面前,我俩用双手轻轻地捧起,认真地品了一口,那股甘甜入口回肠后却化为酸涩,道不尽万般的不忍。我忙转移话题问:"爷爷您今年高寿啊?平时都喜欢干什么呢?"

曹爷爷抚了抚身上皱巴巴的衣服,干咳一声说:"哎,眼看就七十啦,平时都山上放羊哪,没有养羊,这家怎么撑啊。今年多养了头小驴,凑点药钱了。"

我听了几乎哑然，这么苍老干枯伛偻的身体漫山遍野地放羊是怎么样一副辛酸的情景。爷爷继续拍着大腿说："老师啊，你来了正好啊，荣翔这娃娃唉，他，他今年说不要念书了，存心想气我啊！咳咳咳……"

我有点惊讶，曹荣翔在学校一向表现很好。忙扭头问他："荣翔，怎么回事啊？"

曹荣翔用袖子擦了擦脸，刚刚想张开嘴，似乎感觉到边上妹妹的存在，却又把话咽了下去。玉翔却眼泪闪闪地说："老师，哥哥他想去打工，供我和妹妹读书的……"说完就开始哽咽了。我这才知道，他们还有个小妹妹曹小翔在读小学。

沈潇拍拍荣翔的肩膀，道："荣翔，别放弃啊，现在实行两免一补了，考上高中大学后，路子会更宽敞的。"

曹荣翔无力地摇摇头，半天才艰难地啃出几个字："我不想读了……爷爷太苦了……妹妹太苦了……"拧紧了脸不让眼泪流出，玉翔和年幼的小翔在哥哥身后轻轻地啜泣，寒风呼呼地在屋子里鸣咽着。随后的谈话中，我才得知，这两个都不过12岁和14岁的孩子，每天除了要努力读书，还要割草，捡破烂，做家务，帮小工，拾发菜，一直干到晚上十点多，好几次，孩子们在阴黑潮湿的牲口棚前铡着草铡着草，就不知不觉睡着了。

我放眼环视了四周，一家四口人，一个老人三个〔孩子，〕这么一个破败的小屋子里面抱紧着经受一次又一次〔……〕残洗礼。突然感觉到自己的渺小无助，今天本来是〔为了〕200元的厦大助学金的事情来的，却不知道为什么〔用……〕姿态和语气来告诉他们这个消息。对于这个摇〔摇欲坠的家来〕说，一次在他们眼里已经是巨款的捐助，我不知道是雪中送炭的周济，还只是杯水车薪的敷衍。

照例，我和沈潇对一家人说了许多鼓励和支持的话，叮嘱了两个孩子有什么事情一定记得找我们，不论学习上还是生活上的之

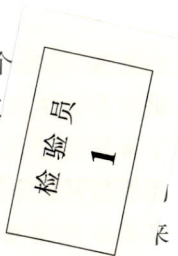

类，说了一套又一套读书的好处，介绍了种种国家助学的好政策，自己心里却没有轻松多少。两个孩子拉着妹妹扶着爷爷送我们到了院门口，静静地目送我们远去。我没有勇气回头再看，迈着步子重重地踩在雪地上。

我感觉到，今年这个三月，的确比以往任何一年都寒冷了许多，不仅仅因为还在下雪。

回到了学校，又是新的一周了。每次周末冥思都能给我铆足了斗志，好在周一喷发。教完一天的课程后，我回到宿舍抓紧时间生火，最近海原持续降温，如果不是桌子上台历指示的是三月中旬，这零下十来度的天气很难让人联想到春天。正敲煤炭捣煤炉点火头忙得乌烟瘴气不亦乐乎的时候，门口传来一声报告，我回头一看是初二（一）班的张梅，这个学期我没有带他们班的课，她居然还记得来找我这个当初的体育老师问问题。我忙唤她进屋，他捧了一本英语练习册问了几个英语题目，我一一作了解答后，顺口问了句："今年你们班上有什么变化吗？呵呵，还是不是像去年一样拼命啊？"

张梅忧郁地点点头，随后又补充道："今年好几个人没有来了。"

我一惊，初二一班是这个年段学习成绩最好的班级，学生们成绩都名列前茅，应该不会因为对学习没有信心而放弃，难道又是经济上出了问题？我问："马国开不是回来了吗？还有谁没有上学了？"

她掰着指头说："嗯，田中飞这个学期根本没有来，还有，李常青，马国文……"

我站起来说："怎么回事这几个?! 学校没有去家里找吗？他们家长不让他们读？"

张梅摇摇头说："不是的，他们好像失踪了一样，学校，家长，同学，谁都不知道他们去哪里了。"

　　我撑大了眼睛："怎么会这样？他们有没有留下什么口信吗？"

　　"没有……"张梅低头道，"我们都很担心呢。嗯，不过，有听说他们是出去自己打工挣钱去了，我们这以前也有这样的情况的。"

　　我沉重地点点头，张梅和我道别后出了门。刚才屋子铁炉里生的一点点火苗渐渐熄灭了，起初被点燃的煤炭又复成为一块干冷的石头，只有几丝青烟袅袅无力地吐着呛人的味道。我用火棍机械地来回扒拉着炉膛，想着那几个脸上红彤彤，爱玩爱笑的孩子，田中飞和马国文还问我能不能带他们到初三毕业，以后有没有可能考上美丽的厦门大学，唉，为什么会选择默默远走他乡呢？此时天色寒冷刺骨，不知道孩子们在这世界的哪个角落忍受着天寒地冻？年幼的他们此时是不是在某个冰凉的街道上哭泣？想着想着，我感到不能自已的悲伤，像在小时候，某个早上起床，突然看到自己小心呵护的花儿，枯萎了。

　　以前听说过西海固的许多孩子，一辈子遵循着他们祖祖辈辈的轨迹，生孩子——养羊——羊养大卖钱——花钱娶媳妇——再生孩子再养羊。乍一看很有黑色幽默的意味，大半年的体会，却更能让我读懂很多孩子心里的无奈和无助。他们没有温暖的巢穴，没有前辈的庇荫，连身边好一点的活计也没有选择的余地，不断承受着来自生活的重压，或许逃离和躲避，已经一次又一次在他们脑海中刻画着，他乡，虽然陌生而冷酷，却对年少的他们有着那么大的诱惑。他们的生活到了谷底之后，放弃读书应该不是他们心中唯一的痛苦了。

　　人活在世上注定要接受苦难，如果，苦难的方式可以选择的话，许多人往往会选择不为自己所经历过熟悉过的，另一种。

　　临近三月末了，老天下了几场雪之后，突然敞开了笑颜，温度升得最快的时候一天能涨近十度，尤其是燥热的中午，让人很有扯掉大衣穿短袖的冲动，不过晚上还是会骤然变冷，好像反复无常的人的嘴脸，让你裹着棉衣还要打寒战。

把梦留住

支 教 记 录 2005—2017

周末，我照例准备上县城，没有想到下午四点已经没有车了。我一个人灰头土脸地蹲在路边，发了个短信给昨天已经上县城的沈潇说没有过路车。眼看又等了近一个小时，通往县城的路上还是空荡

西海固孩子的童年

荡的，我只得先找个吃饭的去处。路边有家没有招牌的小面馆，我掀了门帘进了防空洞似的里屋，看里面已经有两个当地人在呼哧呼哧吞吸着面条，便也要了一份，过了半个小时，热气腾腾的手扯面上了桌，对面的两位已经吃完面在认真地喝着面汤聊天了，各自从兜里面摸出半截被掐灭的烟，乐滋滋地抽着。

扯面的味道基本和当地的水是一致的，咸。我漫不经心地一根一根往嘴巴里面送，心里盘算着今天晚上一个人在学校的时光怎么过。这个时候，对面一位身形瘦削的老乡凑过来问："我看你这个娃娃，是来我们中学这里支教的吧？"

我的思绪被打算，又兼被称为"娃娃"，心生不悦，不过还是本能地点点头，虽然被陌生人打断了饮食进程，但是又一转想在他乡有人知道你的存在和工作，还是蛮令我得意了几秒。

他笑着得意着自己的判断，又问："你教初几的？我们家娃儿也在西安中学念着呢。"

我说："我六七八三个年段都教着呢。"

他眼睛一亮，道："哦！那李行你知道吗？"

我笑着点头："六二班的，呵呵，我教着的。"

他连连弓了弓腰，道："老师好，老师好啊，你看我们这个娃子学习整得咋样了？"

我教六（二）班的科目是体育，当然不能信口开河，不过平时李行上体育课还是很机灵的，我便随口说道："嗯，这孩子蛮聪明的，读书一定有前途的呢。"

他点点头，突然又摇摇头道："唉，我们老农民的孩子，哪图的什么前途啊，能认几个字能算账就好了啊。"

我停下筷子笑说："那你不想你儿子考个大学，给你长长脸哦？"

他的脸一下子阴郁下来，低声嘟囔："唉，大学，大学，哪有那么容易啊，不行啊……"

我的心又沉了一下，不过还是平静地说："大学还是要读的，就算以后不指望吃读书的饭，多懂一些知识，出门也不出亏，眼光也开阔些啊。"

他狠狠抽了一口烟，叹气道："能上，我就让他读了，可是实在是供不起哦，听说上大学一年要上万钞票啊。而且，现在大学生好像也不能包分配了吧，一年能给家里带几个钱呢？"

最近被炒作得沸沸扬扬的"大学生身价等同民工""大学生毕业零薪酬工作"似乎是很写实的文章，已经让远在西部的我很迷惑了，在这个边远而消息闭塞的小山村，这里的人们也一样被这个疑问震得畏葸不敢前进了，看来一些孩子们在学校读书时候的心神沉重，也不能完全归咎于他们的意志不坚定。一则新闻上说，供养一个在校大学生四年的费用相当于一个农民三十余年不吃不喝的劳动所得，这笔巨款对于这里的人们的确是个沉重的现实。

面前这个看起来苍老得如五十岁人的年青父亲，摇头喃着"是实在供不起啊……"我没有更有力的证据，来坚定他支持自己儿子将来考大学的念头。在如此一个大环境下，在黯淡的家族中兴路上，在遥远的个人理想面前，我似乎能听到田中飞、李常青他们无

把梦留住

奈的心声和看到他们迷茫的目光,我似乎也更能体会他们面对沉重生活想靠自己竭力地呐喊的愿望,我很想告诉他们一个确凿的答案,近日也一直在思考着自己使命的意义,现在,却没有能先说服自己。

黄土地上的守望者

他看我陷入沉思,又忙敲敲自己脑袋,弄出一点点不好意思的笑脸:"哎,唉,我们这个农村人没有文化,说话没有水平,老师您别见外啊,呵呵,别往心里去啊,我这个人,见识短得很……"我突然发觉他可能发现我也是个大学生,怕伤害我的感情,才忙不迭笨嘴拙舌地解释。

我淡淡地微笑:"其实我们来这里的志愿者,真的很想知道你们到底是怎么想的。"

他不好意思地挠头:"没有没有,就是憋得慌了,看见老师你也不是个傲气的人,就顺口都吐了出来啊。"说着又用粗糙的大手往衣服里面摸,掏出一个皱巴巴的纸烟壳子,好像几块钱的"固宾"牌的,从里面夹出一根有点揉弯的香烟,伸手递到我面前:"呵呵,烟不好,别嫌弃哦,来一根?"

我平时是不抽烟了,此时却本能地接了过来,放在鼻子下仔细闻了闻,道:"呵呵,饭后一支烟,赛过活神仙嘛,谢谢啦!"

他扬了扬粗糙的大手赞同道:"没有得说啊,呵呵,那个滋味!我一年到头就靠这几个烟屁股活着了——没有办法啊,唉,烦心的事情太多!娃娃的书,我看还是得读读再说,不要再像我这个样子

唉。"脸上既得意又忧郁。

他身后的沉默长者起身拍拍他肩膀,他起身又看了看我:"那,老师,我先回家了,有空来李行家坐坐啊。"我点头向他告别。

我端起大碗呼哧呼哧把剩下的面一股脑倒进嘴里。出了店门时候已经是夜幕逼近了,回到学校时已经漆黑一片,可是周六的学校并没有如往常一般亮着路灯,周围寂静得让人几乎窒息。我用手机屏幕上微弱的亮光照着回宿舍的路,走在空旷而阴冷的操场上,好像世界上只有自己一个人存在了,沙沙的脚步声几乎振聋发聩,学生们都回家了,当地老师也不住在学校,而沈潇和姜福都已经上县城了,今晚,却又出奇的黑暗而安静,我穿过操场时手机电池耗尽,它也很不仗义地"嘟嘟"一声就自动关机了,整个人一瞬间感觉坠入了无边无际深不可测的黑色海洋,不仅眼睛无法承受没有光明的沉重,呼吸也变得急促起来。我突然为盲人们心痛起来,一直在这样的世界里面挣扎,没有光明的盼头,的确是生命中难以承受的痛苦。我干脆闭着眼睛凭着直觉和记忆游走在这片浓墨里面,碰了几次壁扭了几次脚踝后,终于摸索到了宿舍的门,仿佛找到了天堂的入口,我激动得哆哆嗦嗦,掏出钥匙沿着铁锁边缘找到了锁孔,开了门,又小心地扶着墙壁找到了灯绳,满心虔诚地一拉——周围没有亮起来——停电了!

不知道为什么,刚才忐忑的心却顿时坦然起来,好像雨天被淋湿了衣服,开始还很郁闷担心,后来就干脆把伞一扔在雨中好好和大自然对话吧。不过这几日纠结的几个疑惑还是让大脑疲惫不堪,我找到了床头,靠在那里,突然想到刚才那个老乡递给我的一支烟,竟然很有欲望将他点燃,我把手沿着桌面排过去,居然摸到了火柴。一打开火柴盒子,里面残留着三根,我兴奋的抽出一根狠狠往磷纸上一擦,咔嚓,火柴断了!

我有点懊恼,不知道是因为磷纸受了潮还是火柴棍本身的脆弱,但是我没有到绝望的地步,又抽出一根,小心地望磷纸上蹭了

把梦留住

一下，没有点燃，又轻轻蹭了几下，仍然没有起色，我纳闷地往火柴头上捏了捏，上面的红磷已经被数次摩擦给蹭落了！

我长长叹了一口气，心想这些努力都是徒劳的吧，可能火柴本身就是不合格的，或者磷纸早已经受潮，纵使擦一万支火柴也无用，要不就是火柴头的红磷已经进水软化，总之，我对自己刚才莫名的想法给了一次自我嘲讽，何苦呢？何必呢？有意义吗？在黑暗中的人，或许意志上都有点不堪一击吧。

我沉寂了一会，内心一个呐喊的声音还是让自己感到不甘心，我又不可自抑地伸手去探那最后一根火柴，可能是想告诉自己一个本来就应该明显的结局吧，纵然就像是螳臂当车一样一目了然的结果，我却还是想试一试，毕竟，这个时候的我太渴望能见到一丝亮光了！哪怕是一瞬间的。我在一片黑压压静悄悄的屋子里面紧握着这根枯瘦的火柴，向心中的光芒用力撞去，嗤！——我的眼睛几乎难以承受这突如其来的亮度，这在平时在许多人眼中无足轻重的光芒，让我幸福得几乎浑身发抖，让我激动得几乎热泪盈眶，整个房间被这朵小小的火焰照射着，四周炯炯的焰光映照着生命的颤抖，我仿佛能听到安徒生笔下那个卖火柴的小女孩那同样的心声，一点点光和热，真的能给人带去一座天堂。

火柴很快燃了大半，我急忙扯了几张报纸接着燃烧，亮度让我眼前的视野越来越开阔，我意外发现姜福的桌子上竟然有几根蜡烛头，这是我们上学期用来生煤炭起火用的！我激动得无法言语，忙把手上的火凑了过去，烛光泛起来了，熠熠发光的蜡烛摆在我面前，那种感觉有点像一个饥饿得奄奄一息的乞丐看到了丰美的食物，或者困顿潦倒的流浪汉意外发现了无穷的宝藏，却又大不一样，这一刻，全世界对我来说，就是这跳跃的烛光而已。

借着烛光，我找了枕头下的 MP3，幸好还残有一格电量显示，我突然很想听范玮琪的《最初的梦想》，认真摁了几下，把耳塞戴上，安详地躺在床头沉浸在音乐的旋律中，人生的许多小小幸福，

可能才是这一辈子坚定走下去的最大勇气吧。此时,耳边又响起了熟悉的声音:

> 如果骄傲没被现实大海冷冷拍下
>
> 又怎会懂得要多努力
>
> 才走得到远方
>
> 如果梦想不曾坠落悬崖
>
> 千钧一发
>
> 又怎会晓得执著的人
>
> 拥有隐形翅膀
>
> 把眼泪装在心上
>
> 会开出勇敢的花
>
> 沮丧时总会明显感到孤独的力量
>
> 多渴望懂得的人给些温暖借个肩膀
>
> 最初的梦想 紧握在手上
>
> 最想要去的地方
>
> 怎么能在半路就返航
>
> 最初的梦想
>
> 绝对会达到
>
> 实现了真的渴望
>
> 才能算到过天堂

此时此刻,我也在想着自己来西部的时候,去年的 8 月出征时,一腔热血何其激昂,在志愿者之歌的感召下,在飘扬红旗的映掩下,一路虽披星戴月风尘仆仆却雄心勃勃,那股豪气几乎气吞山河了。大半年过去了,今天的夜色和烛光给我扪心自问的机会,我心是否依旧?最初的梦想是否还在延续?

人在路上最大的困难不在于筋疲力尽,而在于对方向的困惑。我觉得自己不是一个轻言放弃的人,这几日却在为找不到清晰的

把梦留住

前方而迷茫。但是刚刚骤然降落身边的光明照亮了我的眼睛,这黑色的眼睛,上天赋予他的天职就是寻找光明,为什么要为一时的混沌而放下最神圣的使命呢?应该是造物主知晓了世间还有许多泥泞昏暗的地带,才会赐给生灵这扇心窗的,否则人尽可以如蝙蝠般在黑暗中乱撞,寻找一点存活下去的饲料。通往壮丽未来的路途,本来就没有也不可能是一帆风顺的,没有经历风雨也难感受彩虹的瑰美,我常常给学生讲"走一步再走一步"的故事,自己怎么却又远离了那种朴实无华的力量。此刻,我想又能重新捧出最初的梦想了,去体会他的澎湃,告诉自己有理由做一个执著的人。

电一直没有来,黑夜里,我却没有了孤寂和窒息的感觉,像一只又找到方向的候鸟,能坚定地向温暖的地方飞去,再苦再累,都无法掩盖内心坚定的驱动力量,这一路上,无疑是人生最大的幸福了。

追逐光明的夜晚

每次点燃火柴微微光芒
看到希望看到梦想
看到天上的妈妈在说话
她说你要勇敢你要坚强
不要害怕不要慌张
让你从此不必再流浪
妈妈牵着你的手回家
睡在温暖花开的天堂

——《火柴天堂》

C H E R I S H I N G O U R D R E A M S

九

一个周末过去,又能在周一看到学生们了。但是和我们一起亲密相处的不单单只有孩子们,还有不期而遇的沙尘暴。

沙尘飞扬西安

来海原之前就耳闻了沙尘天气的厉害,但是却还未能真实地领教过它的手段。周一早上我刚一开门,一股黄色的波涛便没头没脑地奔涌倾泻进来,惹得还睡在床上的沈潇姜福梦中一阵狂咳,而站在风口浪尖的我几乎已经化为一尊兵马俑了。我本能地憋着气把门使劲抵上,靠在门后面一阵连环喷嚏,狗抖雨水似地努力甩开身上的沙土,又狠狠往地上狂啐了几口沙尘,却无法将之清剿干

净，一转想又庆幸自己早上尚未刷牙，用细沙打磨牙齿，正好可以一举两得了。

又揉了揉掺了几颗沙子的眼睛，我暗暗想在这里眼镜又可兼得挡风玻璃之功效，实在划算。我透过窗户向外张望，平日清晨时分温柔的太阳早已经被沙魔不知道卷到哪里去了，天空像烧糊的锅底，没有光泽也没有色彩。漫天的黄沙盘旋呼啸着在天际到地面交织成一张立体的大网，肆意践踏着缩在地上的房子，鞭打着哆嗦颤摇的树木，整个学校室外几乎见不到一个人影，偶尔有抱头遮面狂奔往房子里的人，更显得风沙的不可一世。远处好几团旋转的沙尘龙卷风一样陀螺般井钻般从山那边割划过来，像老天用一把大刀在地上切着蛋糕。乌云和粉尘也乘机一起赶来聚会，整个世界如盘古诞生之前的样子，在屋子里面就能感到老天发怒的鼻息，咽喉深处的暗嘶。我忆到了一句"乌云压城城欲摧"，真真的千古名句啊！虽然没有活生生的物体覆盖下来，已经让人对大自然的愤怒感到无比的敬畏了。这个一百多年前还是水草肥美的地方，这个在古代曾经是山清水绿的所在，可能做梦也没有想到，自己身后的日子会被压榨地如此干漠。敬畏之下，我又不禁为西海固的现在而忧伤，为她多舛的命运和未卜的前途而感慨。隔在窗外近在咫尺的沙砾和沙粒噼里啪啦的击打窗户玻璃，敲醒了我的思绪，让人不由下意识地摸摸鼻子。

宿舍的门口和窗户上已经铺了一层厚厚的沙尘，仿佛此屋已经百年没有人染指了。房间里面也是黄茫茫的一片，我忙跑到床头一看，不禁目瞪口呆：我亲爱的床铺有如刚刚挖掘出土的古墓，被子枕头床单上都覆盖了均匀的沙土，我如果刚才是躺在上面睡觉的话，应该正好可以凑成一具木乃伊了。我掀起窗帘查看窗户保安措施，发现所有窗销紧锁，并没有一丝空隙可以容沙尘透过，又四下张望查询了一番，还是没有找到一点让沙尘侵袭的入口。而封闭的房间里面还是暗沙搅起涌动，不一会儿，口腔的各个角落

把梦留住

又搅进来许多颗粒,仿佛有人捧着一把沙子硬往你脸上拍,往你嘴巴里面塞。

我憋着气好不容易找到几张陈年的报纸,先把被子床单上的沙尘用力抖刮掉,又小心地把报纸盖在床铺上,拣了几本书把报纸压住。一番精心设计施工完工后,也快到了上课时间了,我匆匆夹上课本和备课笔记往教室跑去,门外的沙尘不知道什么时候又卷土重来了,整个世界又回复到苍黄的涡流中,我忙掀起外套包住脑袋捂住嘴巴,只露出眼睛快步奔跑到教室。

"上卡(课)!"我走上讲台向往日一样对面大家,不过掺了沙子的嗓音格外沙哑,一下子居然爆破不出"课"那个音节,我又卯了卯喉咙,大声唤了一下。

"起乐!"我听着班长这个效果和我一样的声音,内心不禁哑然失笑:呵呵,今天看来还有比我吞的还多的。再仔细望讲台下一环视,更觉得滑稽,孩子们个个都灰头土脸的,不时地往地上啐沙子,把头发拨弄着抖沙子,甚至往五官七窍各个孔洞掏沙子。我放下书本打趣道:"同学们,你们知道吗?土地是国有资源,你们今天怎么每个人都偷偷藏掖了许多在身上啊?哈哈,下课后到操场上如数奉还哦!"

孩子们开始都抿着嘴巴偷乐,互相看看彼此的尊容后,继而哄堂大笑。我没有想到一个随口玩笑有如此轰动效果,有点措手不及,莫名地望着大家,看大家还没有收嘴的意思,便把手往空气中一扬:"好了,有还想乐的,下课找个地方自己笑去,我们开始上课。"

孩子们还是笑,前排的一个男生小声冲我说:"老师,看你的头发……"

我下意识低头用手一抚摩,顿时头上的国有资源飞流直下,在眼前掠过一道规模不小的沙瀑布。学生们已经乐不可支了,男生哈哈女生咻咻地笑着。我忙边梳理发型边拼命回忆,刚才不是用

外套遮蔽头发了吗？况且还有书挡着？糟糕！准是今天在室外吹了一天沙尘，衣领处的沙子积蓄已经非常可观了，没有注意到这茬子，刚刚掀起衣服高高举起包住头，衣领里面的流沙还不顺势整体搬迁到头顶？怪不得刚才沙子狂奔时候仿佛醍醐灌顶的感觉。我撑住自己尴尬的表情，一拧脸无奈笑道："呵呵，我先给大家示范了，看，我的那份已如数颗粒归公喽。"

孩子们会心地把畅笑改成微笑。我咂了咂矿藏丰富的嘴巴，挤出点唾液润了润口腔，打开书本说："我们第一章关于细胞的内容，老师已经全部讲完了，接下来我们讲第二章。"

几乎把身体能调用的水分都转化为润喉的体液，嗓子仿佛已经开始燃烧了，我才把课程的内容讲完。我看了看表，大约还有三分钟时间，便把手摁在讲台上说："今天我们的课本内容就讲到这里了，接下来还有一百五十秒时间，给大家提问，我答疑。"

最后一排的姚心学举手道："老师，我想知道，为什么都是一样年龄的孩子，城市的同学们比较厉害呢？"

我有点惊讶，随即反问道："你怎么知道他们会比你们好呢？"

姚心学站起来说："我听读完大学的黑柱哥说的，中考、高考都是城里的人考上的多呢？"

他边上面相老成的李可建也举手道："我听说如果在城市，考上高中和大学就容易些，对吗？老师，这是为什么呢？"

我不忍心，也无法解释。这些已经竭尽全力想改变自己命运的孩子，的确没有任何理由去伤害他们一颗颗苦苦探索的心。虽然他们通往梦想的跑道，比一些发达城市的学生来说狭窄而漫长了许多，不过，在答案的另一面，我却已经相信梦想不是因为跑道的形状而改变的，而在于在上面追逐的人。

我说："可能城市里的孩子接受知识的渠道，或者教育的硬件软件都有优越性，不过，我们还是要感谢这片生我们养我们的土地，就像孩子不会嫌弃母亲一样，她给了我们安静的学习环境，培

把梦留住

养了我们坚毅的性格,塑造了我们相对于城市孩子更加顽强的性格,懂得了一些在优越环境很难发现的道理,这些财富,是一生受用不尽的。"

"我也来自农村,我也到过城市,我从来不觉得我们山里的孩子会落后会比不上其他人。现实的确有不和谐甚至不公平的一面,所以才需要我们去改变,重要的是,我们都愿意为我们的梦想去付出,去拼搏,对吗?!"

台下没有响应的声音,不过从孩子们的眼睛里面,我能感受到他们在倾听。这时候,下课铃声响了,我收拾了一下讲台上的书本粉笔,朗声道:"下课!同学们再见!"

"叶老师再见!"这一吼可谓震人肺腑。

上完了一周的课程,看着日历上的数字已经播到四月中旬了,我照例挤进一辆开往县城的面的和队友们汇合。最近沙尘天气不断,近地面的黄色迷雾让人眼前一片迷茫,所以司机开得也比往常小心和缓慢了许多。比平日多拐了半个小时才到了县城海城镇,我便打个电话给姚克非:"喂!老姚,蹲哪儿哪?现在?"

话筒里面传来姚克非半哭半笑的声音:"叶老师,你这么早就上县了啊?快来啊,丛爽快不行啦!这边忙死了,快来县医院!"

姚克非急匆匆把电话给挂了,我一看日子已经远离愚人节了,忙在路边叫了一辆"三二八"直奔医院。"三二八"是西海固城镇特有的一种交通工具,为什么有这么奇怪的名字呢?听当地人解释说是"三个轮子,两块钱花费,八个人乘坐。"只要在一个行政区里面,无论路途多遥远,只要你给司机两元钱,他都会把你送到目的地的门口,它比我们的"TAXI"更如意,能将你送到门前,你只要一步就可以跨进家门,虽然它走得如一个醉汉,歪歪扭扭让人不能放心。其实,"三二八"的前身是一种普通的农用三轮车。农忙时,运肥料,拉农具,运庄稼;农闲时,便拉着人赶集,挖苦苦菜,捡发菜。90年代以后一直到现在,西海固便一直处在大旱的魔掌之下,农用

三轮车几乎全部下岗,"三二八"也渐渐进化成了交通工具了,像当地的"花儿"一样豪迈吼出一曲生命的韵律。当公共汽车或者小轿车将你抛在海原、西吉、德隆、泾源、同心……它能继续带你走到真正的西海固深处,"三二八"的车身上一般都会写着一个"2元走"的字样,这里的人们都知道这个简单的承诺,就是能把你带到这里任何你想要去的地方,一路上司机哼着豪迈的海原"花儿",无所畏惧地奔驰在西海固沟壑纵横的山川间,小小的车厢里面承载西海固人对目的地的梦想。

车子颤巍巍地抖到了医院门口,我付了钱快步奔向门诊楼。县人民医院很小,虽然处在繁华路段的一边,不仔细寻找很难发现。不过相比西安乡最豪华的乡医务室,已经是凤凰之于乌鸦了,我前次带一个学生到了西安乡医务室,差点把那个地方当作无证游医的临时地下点,不过三四平方米的小医务室还是挤满了呻吟的人们,门口也俨然挂着一个竖牌"宁夏海原县西安乡医务室",才让我半信半疑,因为里面能称之为医疗用品和药材的物件实在是太匮乏了,而医生的专业水平,虽然我不想诋毁,却很难恭维。

门诊楼没有几间诊疗室,我很快看到姚克非从走廊尽头走了过来,我迎上去问:"怎么了? 怎么了?"

姚克非苦笑道:"丛爽发烧了! 唉,我没有见过这么厉害的感冒!"说罢带着我进了一间小房间,谢冰宜已经在里面了,丛爽无力地瘫在床头,身上叠着厚厚的被子,手背一根吊瓶针深深插在上面,她头发乱蓬蓬的,圆圆的脸蛋已经枯槁了许多,眼睛红通通地眼眶边上还洇湿着泪痕,嘴唇白花花地干裂,费力地抬起眼皮看到我:"你个死没有良心的,才来!"

我笑道:"都这个时候,还贫嘴! 不会是禽流感吧?!"

丛爽瞪了我一眼,有气无力地说:"是禽流感最好,赶快传染给你……"虽然和她开了个玩笑,不过看到眼前这个平时活泼甚至泼辣的我们支教队年龄最小的"表妹"一副病入膏肓的模样,尤其是

把梦留住

看到她一双止不住眼泪的眼睛,想想她一个南方小女孩,本该在父母或者男朋友身边撒娇的,现在却在大西北忍受剧烈的病痛,我心中一阵不忍和心疼。我忙用手背去触她的额头——好烫!我忙问谢冰宜:"量了体温了吗?"

谢冰宜道:"39度8了,我和克非赶快送她来医院。"

姚克非道:"这个傻丫头,昨天刚刚感冒时,我就提醒她请一个晚自习的假好好休息,犟得很啊她,偏偏又去看学生晚自习,昨天晚上风那么大,能不中标嘛?!"丛爽听了很不服气,可能已经没有力气回话了,只能翻翻眼皮努努嘴巴,眼泪还是顺着脸庞流淌下来。

我看了表已经上晚上六点多了,便出去买了几个馒头和大家一起在病房里面啃着,大家又找了点粥给丛爽喝了几口,她恢复了点力气,我和姚克非便搜肠刮肚想起了许多搞笑的段子调节气氛,我们轮流开始讲了几个,两个女生都摇头:"冷笑话!"

我俩弄巧成拙,有点恼火又不能发作,都怪对方品位低下说话冷场,转而贬损对方,揭对方的疮疤软肋,渐渐弄假成真,拼得刺刀见红。不料这下子的面红耳赤倒是逗得他俩哈哈大笑,丛爽刚笑了几声,发现元气尽泻,苦心经营的一点精神被抖光,只好死死用嘴巴憋住。三大瓶吊瓶一直滴到晚上十一点多才完,窗外的风沙又咆哮起来,阴冷的风从各个缝隙钻进房间,丛爽双眉紧锁地一句话没有说,我又探了一下她的额头,烧还是没有退,便又对姚克非说:"老姚,看来还要去找一次大夫。"丛爽睁开大眼睛无辜而无奈地看着我们,突然轻轻吭了一声:"我想听MP3。"

我从她的小袋子里面找出MP3把显示屏幕放在她面前,问:"要找哪一首?还是随机放?"

丛爽眼睛看着天花板,想了一会说:"找那首《火柴天堂》。"姚克非在一边呵哧笑:"表妹最近品位有升啊,不喜欢听什么《狐狸爱上熊》《披着羊皮的狼》哦?"丛爽狠狠用泪眼瞪她,没有说话。我

没有想到他要听这首,记得高考后我手断了的时候,也常常听这首歌曲的,歌词隐约还历历附耳:

> 走在寒冷下雪的夜空
> 卖着火柴温暖我的梦
> 一步步冰冷一步步寂寞
> 拖着脚步还能走多久
> 有谁来买我的火柴
> 有谁将一根根希望全部点燃
> 有谁来买我的孤单
> 有谁来实现我想家的呼唤
> 每次点燃火柴微微光芒
> 看到希望看到梦想
> 看到天上的妈妈在说话
> 她说你要勇敢你要坚强
> 不要害怕不要慌张
> 让你从此不必再流浪
> 妈妈牵着你的手回家
> 睡在温暖花开的天堂……

我挨个儿找歌曲,终于寻到了那首"火柴天堂"。丛爽挣扎着想起身,姚克非用被子把她摁了下去,她这下倒是没有反抗,像温驯的羔羊伸过耳朵让人把耳塞戴上。

我们分工了一下,谢冰宜留下来照看丛爽,我和姚克非去值班室找大夫。今天是周末,医院一片静悄悄黑漆漆的,不知道为什么在门诊楼里面找了好久,居然没有碰见一个医生甚至人类,我俩兵分两路,摸索着挨个房间敲门过去,清脆砰砰作响的声音在寂静的走廊回荡着显得很诡异。终于姚克非那头有了人的声音:"老叶!老叶! 过来,医生在这间呐!"

把梦留住

我们领着医生到了丛爽所在房间，睡眼惺忪的医生又量了一次体温，还是 39 度多，他低头沉吟了几秒钟，说："要不你们谁出去买药吧？"

我大惑，医院居然没有药，便问："什么药？怎么医院药房没有吗？"

医生摇头说："是阿司匹林或者安乃近都可以，我们医院这两种都用完了。你们沿着街边看看那个药店有没有这两个药？"

姚克非低头看了看表说："已经 12 点多了，外边药店肯定已经关门了，医生，你看还有没有其他办法？"

医生皱眉道："那只能再打一针退烧针。"

躺在床上的丛爽忙脱口有气无力叫道："不要，我不要打针啊！"

我和姚克非对视了一下，都沉下眉毛，互相使个眼色，姚克非道："别怕，一点不痛的，呵呵，而且很快的哦，就像蚂蚁咬一下。"

我哄道："一打马上退烧，长痛不如短痛。"我又对医生说："好吧，我和你去开药拿药。"丛爽见抗议无效，气鼓鼓地瞪着独裁的我们通过决议。

取了针剂和针管，那个男医生又打电话叫了值班的护士。大家七手八脚把丛爽扶到注射室，我们三个男的退出了房间，在门口等着，不一会儿里面一声："进来吧！"我和姚克非忙进了房间，看见丛爽正龇牙咧嘴地瞪着我们，脸上泪痕又多了一道，双眼怒火看着我们。我和姚克非窃笑着把她扶了出去，我又跑出医院门口，在黑暗的大街上来回跑了几趟，半个多小时后，好不容易拦了一辆"三二八"，把丛爽运回职业中学。

第二天，她已经恢复了不少精神，不过还是去了医院又挂了几瓶盐水。我和沈潇正准备回西安，谢冰宜把一个厚厚的牛皮纸信封交到我们手中，道："拿好了，这个是 AL 公司捐赠给各个学校办图书角的经费，刚刚到的。"

　　我俩大喜,我又是搓手又是哈气,沈潇照旧在不能自已的时候对我报以老拳。早就为孩子们没有课外书而头痛不已了,我仅有的几本《读者》已经被传阅了好几个月,纸的边角已经起毛,孩子们几个人凑在一起读这些杂志的表情让我想起了那个著名的比喻:像饥饿的人看见了面包。几本《读者》对于几百个学生来虽说是杯水车薪,却更加刺激了他们求知欲,加剧了他们对课外知识的饥馑。我接过装着专款的信封,犹如地下党组织接头同志紧握的生死攸关的信条。手里拿着着厚实的信封,我却又有点贪得无厌起来:如果有更多的社会力量向西部孩子伸出援助的手,相信孩子们的路会越走越宽的。眼前浮现出学生们拿着崭新读物的情景,要不是沈潇刚才兴奋阶段的几级组合拳击得我肱二三四头肌都触痛,我真有文思奔流想怒吟一首新诗来抒发这种突如其来的幸福感觉。我俩一路在小面的里面放肆歌唱,太有春暖花开的感觉了。快回到西安中学校门口时,天空居然飘起了细碎的白点,渐渐演变成片状的白絮,已经是四月中旬了,海原竟然又下雪了!

　　我们走到了宿舍时,门外已经积累了薄薄的一层了。气温随着雪片一起骤降,不一会儿我们已经冷得直打哆嗦了,而宿舍已经没有煤炭可以生火了,只好连滚带爬钻进被子里面,裹着被子找了课本和教案本,伏在床头写课件。

　　次日一早,我推开门窗,外边又回复到寒冬腊月时节的北国风光了,学校一片银装素裹,对面的丛峦山峰更像是水晶玻璃做的,银光璀璨。雪一直撒到了中午,太阳才不情愿地从云端伸出半个脑袋,用银色的大地作自己睡懒觉后梳妆的镜子。

　　我看了看表,快到上课时分了,门口却有"报告"的声音。我叫了声"请进",是两个六年级的学生,进来你看看我我看看你,好像犯了什么错误似的,眼睛始终不敢正视我,我放下手中的笔问:"什么事情啊?"

　　其中一个小女孩不好意思地笑笑着,用小手指勾轻轻捅了一

把梦留住

下她边上的小伙伴，不过同伙也难以启齿，只好也用手来回和他进行太极推手，我暗暗好笑，又追问道："快上课喽？有什么事情快说吧。"

其中一个扎小辫的孩子憋红了脸说："老师，老师，我们这节课能……能一起打雪仗吗？"

我一愣，我当什么大不了的事情呢，但看她眼中殷殷的期待，便直接回复："好啊，没有问题，你们先去排队吧。"

"真的啊！"两个孩子忍不住瞪大眼睛喜上眉梢，欢天喜地地跑出了宿舍，我不禁做老成状对姜福摇摇头："呵呵，这些年轻人，就是有激情啊。"

上课铃声很快响起，我推门一看，不远处的操场已经整整齐齐站拢了四排学生，个个把胸脯挺得比天高，我快步跑了过去，把大家分为两队，一队由我带领，又叫来了无课正闲逛的沈潇，由他带领另外一队。我又急忙跑回宿舍拿来了水桶簸箕脸盆甚至圆底锅小锅铲，分给大家做军用物品。我哨子一响，孩子们"噢！"的一声蜂拥到积雪比较厚的地方挖囤雪弹，我和沈潇也甩开膀子干活，手刚一伸入积雪中，就忍不住一激灵缩了回来，冻煞人也！不过四下一看，孩子却早已经用一双双红通通的小手铲挖地不亦乐乎了，挖得性起的几个小男孩还撸起袖管一大捧一大捧地来回运输弹药。我和沈潇暗自汗颜，也一咬牙一跺脚把赤裸裸的手掌狠狠插进深雪里面，用力掏出一大块来。说来也神奇，你不怕冷的时候，咬紧牙关坚持一会儿，冷的感觉也就被驱赶得无影无踪了，浑身都冒着热汗，连手掌心头都呼呼地透着热气。

很快双方都堆垒起一座大半人高的雪塔，我向孩子规定好两队之间要留好 5 米的距离后，"瞿！——"一声哨子响了，我大叫"打哇！"孩子们也一起大叫"打噢！"瞬时间千万颗雪球在上空交相飞掠过，很快从大家的头顶砸了下来，不时引起孩子们欢乐的尖叫和呐喊，"我砸打了一个了！""嘿，看我给你好好来一下！""哇——，我打中

了叶老师!""沈老师,接招!"整个小操场成了喧嚣沸腾的海洋,欢声笑语不绝于耳,很快大家都纷纷中标,我,沈潇,每个孩子身上都挂满了雪白的弹药鳞片,不过被雪球击中的小印第安人们丝毫没有减弱战斗力,反而更加卖力使劲地往对方阵地扔去,我身边的杨天雨鼻子被狠狠地打中两次,整个脸蛋活像画花了白脸谱的小曹操,杜燕子头上被轰炸一次,掺在两个翘翘的小辫上仿佛头顶饰了许多棉花,我和沈潇为了显示老师量级的威力,突在前面,成了抵向对方阵营的冲锋坦克,狡猾的孩子们纷纷躲在我们身后,以我们身躯为移动堡垒,好像在做老鹰抓小鸡的游戏,探出半个身子再奋力投掷,只是苦了我和沈潇冒着枪林弹雨,虽然躲闪腾挪扬避,无奈身后无数小手紧紧揪住衣服,只能像被推出掩体的敢死队员,很快浑身上下遍体鳞伤,但是又不好厚着脸皮躲在孩子后面,只能硬着头皮充当刀枪不入的好汉,忍受着冰雪顺着脖子流进身体的彻骨寒冷,却又庆幸都看到对方被自己一方的孩子打得满脸花满身彩,欣赏彼此的狼狈的快意大大掩盖了自身受难的痛苦,都不禁指着对面哈哈大笑。却又不幸被凌厉飞来的白色闪电击中嘴巴,活生生被塞进一大口雪,只好用手挡住嘴巴破口大叫:"打沈老师!用力打!""打叶老师,狠狠打啊!"孩子们更加集中地将弹药砸过来,我俩鹬蚌相争,损人不利己,成了巨大的活靶子,形象越发惨不忍睹。

我和沈潇实在不堪前线吃紧,被雪弹打得几乎窒息,只好不断往后撤退,后面的男孩子接承我们遗志,个个争先向前冲打,很快对攻站演变成了阵地战,大家越冲越靠前,忘记了中间的5米距离,最后变成了肉搏战,几乎面对面刺刀见白地对拼互砸,更有甚者扭抱在一起,我往你脖子上甩一个,你往我头上拍一把,很有同归于尽的壮烈。

我看沈潇已经节节败退到操场一角,在抖落身上积雪,突然心间坏念头闪过,胆向恶边生:"嘿嘿,老沈,对不住您啦,谁叫你刚才砸我这么狠哦。"于是拿出哨子"瞿——"又是一声,孩子们都停下

把梦留住

手中活计看着我,我阴笑一声道:"哈哈,同学们,接下来战役进入第二阶段!全班同学都打沈老师!"这帮孩子已经杀红了眼了,更兼得我平时没有白疼这些小伙子小丫头,我方队员马上掉转矛头,沈潇一队纷纷倒戈相向,沈潇正傻乎乎的整理衣服,还没有明白怎么回事情,飞来横祸就劈头盖脸而来,顷刻之间沈潇马上变成雪人,半天才恢复逃跑本能,一边抱头逃窜一边叫嚣:"叶楠,六二班,你们等着!我教的八年级,好几个班呐!"

孩子都欢呼雀跃着大笑。我沐浴在阳光和花海中,人间幸福,不过于斯吧!

一场春天的瑞雪过后,太阳终于露出脸来,尽情地把光热播撒在大地上,好事情似乎总是不肯单独前来,我和沈潇又得到通知,厦门大学的老师要来看我们了,今年是母校建立 85 年的日子,她没有忘记我们几个远在大西北的儿女,这个消息实在乐坏了支教队一伙人,我和沈潇一下课就你给我一拳我击你一掌地传递兴奋。

不几天后,几辆粘满风尘的车子缓缓开到了西安乡,开进了西安中学,我和沈潇站在操场边伸长了脖子又局促地拼命搓手掌,远远就看到一辆吉普车副驾上一个人向我们飞快地挥手,"是团委徐书记!"我用力捅了捅沈潇,他连连点头,车子很快到了眼前,我们和西安中学的老师们迎上前去,厦门大学党委魏副书记和许多学校的老师从车里走了出来,又看到了这么多曾经熟悉的身影和脸庞,却是在这遥远的西海固了,多么神奇的事情。我心里暗想,虽然此生不能为人妇,竟感受到了见娘家人的亲切感觉。握手过后,厦大团委徐书记拍拍我肩膀笑着说:"你怎么又瘦了啊?!"

魏书记和蔼地看着我们道:"呵呵,说明小伙子在这里还是有干活的嘛!"大家一起笑,王校长带大家在校园里面慢慢走着,一边介绍着西安中学的各种情况。

一直聊到临近夜幕降临,我们和厦大老师们又赶回县城。明后天的日子里,座谈,家访,捐赠仪式,短短一天多的日子里面,大

憧憬美丽的厦门大学

家奔赴在海原各个学校和各个乡村之间,马不停蹄地把排得满满当当的日程表一一履行完毕后,两天的时间挥洒在西海固的村巷阡陌中,虽然无声,却让人感到充实的力量。最后一天的海原职业中学趣味运动会上,赞助方 AL 公司和支教队员们精心设计了许多有趣的游戏,端乒乓球跑,袋鼠跳,双人连脚跑……让孩子们兴奋得不能自己,欢声笑语响彻以往平静的西海固高原,在如此多热烈绽放的花儿面前,我们都情不自禁地投入其中,放声为孩子们呐喊助威,小小的职业中学操场成为名副其实的欢乐海洋,袋鼠跳的游戏格外让学生们沉醉:一个孩子把自己的双腿用一个大麻袋套在一起,然后如袋鼠一般在跑道上争先跳跃,看着身体瘦小的孩子在比自己个头还高大的麻袋中蹦蹦跳跳,像一根根努力的弹涂鱼在沙滩上惬意地蹦跶,所有的人都从忍俊不禁到捂着肚子笑个痛快。波涛汹涌的笑声和歌声扑面而来让人幸福得窒息,运动会之后,厦

大老师和 AL 公司代表向孩子们颁发了奖学金,看着站在领奖台上孩子们羞涩中带着激动的表情,望着孩子们染着高原红的脸上洋溢的快乐,我突然有种鼻子酸酸的感动,拼命纠回自己不听使唤的思绪,一个劲地鼓掌。

不知不觉,又到了告别的时刻,临走的时候,徐书记一再叮咛我们几个要照顾好自己,有了难题随时和母校联系,一定要在他乡照顾好自己身体。我们默默地点头,心如拥炉。

送走了他们,已经是周五的晚上了,其他队友都去找了网吧上网,我一个人走在通往职业中学的路上,周围沉寂,我怀里揣着一万元西安中学建设基金,心也由此而温暖,这是厦门大学党委潘副书记从工作基金中特批的支教扶贫专款,昏黑的路边小店里面,突然飘出忧郁绵长的旋律:又到凤凰花开的时候……多么熟悉的歌曲,我忙在一片黑暗中驻足倾听,真的是让我魂牵梦绕的《凤凰花开的路口》,周围静悄悄的都不敢惊走这美好的声音,又快到毕业的时刻了,而我的毕业时光仿佛就在昨天。往事如歌如烟,这一刹那,突然有了想泪流满面的冲动。我快步走近那个小店,CCTV3套,"同一首歌"走进厦大!就像流浪的孩子看到自己的家乡,就像远离家园的候鸟望见自己曾经安逸的小窝,身边呼呼的风沙已经不能被感觉到,我睁大眼睛贪婪地看着小店里面 14 寸小黑白电视里面的流光华彩,里面的激情澎湃,里面的校园情怀,我不禁地联想到了那首"七子之歌"的旋律,应该只有远在他乡的赤子,才能真正清楚地感受到这首歌曲的含义。

候鸟在万里飞翔的日子,最大的动力是前方故土的味道;水手在波涛中翻腾挣扎的时候,最后的信念是身后大陆的气息;一个人行走在苍茫的黄土高原,很多时候会感到孤单寂寞,却忘记了自己也有坚强的后盾。母校没有忘记我们,叫我们如何不为自己的青春如此度过而骄傲。

那是一个秋天

风儿那么缠绵

让我想起他们那双无助的眼

就在那美丽风景相伴的地方

我听到一声巨响震彻山谷

就是那个秋天再看不到爸爸的脸

他用他的双肩托起我重生的起点

黑暗中泪水沾满了双眼

不要离开不要伤害

我看到爸爸妈妈就这么走远

留下我在这陌生的人世间

不知道未来还会有什么风险

我想要紧紧抓住他的手

妈妈告诉我希望还会有

看到太阳出来

妈妈笑了

天亮了

——《天亮了》

CHERISHINGOURDREAMS

把梦留住

十

不知不觉已经临近五月了，骄阳终于挤走了寒风安稳地坐在天上，不过干燥仍然是这里四季的主旋律，加上灼人的热度，土地由龟裂演变成为粉化，好不容易从严寒中挣扎探出头来的小草，在旱魃的淫威下被蒸烤得奄奄一息，却仍不放弃对生存的一点希望，如果你拔出他们的根部，会惊讶地发现地面上不足一寸的小草，深深扎伸到地下寻找丝丝水分的网络，多以尺甚至米计。这个时候，你很难不对这种看似柔弱的生命产生伟大的敬意。

更让我不知不觉的是，一年西部支教岁月已经接近尾声了。昨天刚刚放下从厦门扛来的厚厚行囊，今天又看到乡土上的小茴香开始新的播种。时光短促，我还没有完成自己来西部最初的梦想，时间已经如沙漏般迅速流走，我不敢多去惆怅，也没有理由去惆怅了，好好做好每天的事情，这最朴实的愿望已经让我忙得团团转了，幸好，还有一个多月时间紧紧握在手上。

吃了一年煮土豆饭，最近我和沈潇都少了抱怨和调侃，彼此都尝出了平淡中蕴涵的甘甜。寒假我们回厦门和各自老家联系的"一帮一"资助款，一笔一笔从远方汇来，每天都能接到几个资助人询问关切学生的电话，突然发现，支教的路上，我们并不孤单。

我和沈潇清理了数额不一和用处不同的资助款后，又开始通知各班学生提交今年的申请书，前一阵子每个周末的家访让我们对学生的情况比较了解，做起来也蛮有把握。由于资助款数量有限，每个班级分配的补助名额大致只能是三到四个。

每个班级都陆陆续续把申请书交了上来，我和沈潇来不及看，便又对申请书进行了统计，不料发现初三（1）班没有一位同学上

交,难道是这个全校学习成绩最好的班级,而且作为升学班要额外多交一些费用,没有孩子需要帮助吗?我和沈潇忙跑去问初三(1)班班主任田老师,田老师说他们班已经说了这个事情了,但是孩子们互相看着就是没人上交。我问你们班学生家庭条件怎么样。田老师摇摇头说,好多好多困难的,尤其是在初三的当口,要用好多钱的。

我和沈潇拜托田老师放下手中的活计,又回他们班级重申了一下这个事情。后来我才知道,这个班级困难的学生的确不少,大家却都觉得别人应该比自己更需要钱,写申请也更有说服力,之前竟然一个都没有写。傍晚的时候,终于有一个学生来敲我们的门。我边改作业边问:"什么事情?"

他把头缩进颈腔,小声说:"交,交申请书的。"

我抬头笑道:"哦,好,放桌子上吧。嗯,对了,你是哪个班级的?"

他低头道:"初三一的,老师你忙,忙先。"说完埋头转身出了房间。我正想说什么,他已经很快消失在我的视野中。我忍不住放下手中红水笔,捧来之前收的申请书和初三(1)班的申请书整理在一起,足足有半指厚,我轻轻把这沉甸甸的一叠申请放在桌面,挑亮台灯,逼近那束灯光看。

一个多小时后,虽然只看完初三(1)的申请书,我的眼睛已经有点湿润,应该不仅仅是被白炽灯光刺伤的。这些平时或活泼或老成或伶俐或滑稽的孩子,谁都没有能透过他们清澈的眸子看出他们身上背负的沉重。他们能坐在教室里面读书,或许本身就是一种奇迹了。

霍有季,这个被称为"小老鼠"的浑身透着机灵劲儿的学生,每次遇见都是微笑着彬彬有礼鞠躬,向我们问好。这个记忆力超群的孩子,最大的梦想是开发自己的家乡,甚至就是自己的家——他的家就在西安州城墙下,让世界上的人们都来认识自己热爱的西安州。而在他平时乐观的表情后面，在他瘦小的身躯里，深藏着怎样的渴盼：

贫困申请书

亲爱的支教老师：

你们好。我现就读在本校九年级（1）班，家住离此不远的老城村，家庭成员有爸爸、妈妈、哥哥还有我。爸爸是一个地道的农民，妈妈在家由于有病，所以体力大不如前了，但是为了我与哥哥的学习，爸爸、妈妈还是不惜一切代价，虽然家里只有两亩地，但是爸妈还是把我哥哥上千元的学费寄托在每一年打粮不到一千斤的两亩地上。

唉，我真是由衷的感叹自己的家庭条件，前年——也就是二千零四年的暑假的一天，哥哥迫不及待等到了海原一中的录取通知书，我真为哥哥的优异成绩感到自豪，但也同时感到有压力，因为哥哥的上千元的学费是我们这个贫困家庭所承担不了的。在此同时，家里也在这一年东借西凑了些钱修老房子，面对几十天后的学费，我们家可是雪上加霜啊！但是为了能让我和哥哥能有一个好的前途，光明的前途，爸爸冒着庞大的利润利息和旁人去贷"高利贷"，甚至不惜自己的生命无医院卖了好几次血。我那天晚上不留意的看见卖血证明，这样就凑够了哥哥的第一学期的学习费用，在这两年里，为了供我和哥哥上学，父母不惜砸锅卖铁，已经欠了亲戚，朋友的钱上万元了，家里实在没有钱周转了，况且哥哥还有一年才能高中毕业。希望你们向我伸出援助之手，不为别的，我为能减轻父母的负担。

今天晚上在宿舍吃饭，怀着对哥哥的担心的沉闷心情，踏着沉重的步伐来到了教室，没想到给了我一个惊喜，你们能够帮助贫困学生的，所以我就怀着很大的希望写下了这张申请书，我希望他们能够帮助我，帮助我一个西北贫困山区的孩子，帮助这个西北的家庭，可能你们的帮助会改变一个人的命运。

　　说起也巧，我和你们还认识，这可真是我们的缘分，不过我可不是拉拢关系，我实在是有幸能够认识你们这些南方的客人。在这里说这些题外话，眼看这学期又过去了，我们相识一场，在你们临走之前希望你们给我一个联系方式，好让我以后……算了，不说了，就说到这里吧！马上铃子就要响了。

　　此致

敬礼

学生：霍有季

2006 年 4 月 19 日

　　张明洁也是前次与我们一起参加法律知识竞赛的学生，这个眼睛大大亮亮的女孩，举手投足间都落落大方，学校的演讲比赛，歌唱比赛和小品比赛甚至主持人都少不了她的身影，每次发言的时候她的声音总是响亮利落，让人感觉她心底无比的自信。去年的期末考试她没有考得很好，听他们班主任田老师说，那时候她得了肺炎，挂着盐水还要来参加考试。我不由为这个看起来有点柔弱的孩子的韧劲而惊讶。以前在我眼里，我想她应该有个幸福完美的家，才有她红苹果般自信的笑容，看了申请书后，我才读懂她拥有的那颗坚韧的心：

申请书

尊敬的厦门支教老师们：

　　您们好！我是初三（1）班的一位学生。今天当看到你们所需要帮助贫困生的信息，我提起了这沉重的笔。我本是一个好强的女孩，不愿得到别人的怜悯和同情。可是现在。我不得不提起这笔来申请你们的援助。

　　我在 10 岁的时候，父亲因生病去世了，原本生活不宽裕的家变得更难以支应了，可是我们并没有向别人乞讨，因为我有一个坚强的妈妈。可老天往往不会让那些破碎的家庭过得安宁些，就在父亲去世一年之后，母亲又是肝包虫动了手术，这些不敢让人相信的事实都

261

在我身边一一实现了。从此，在我那颗幼小的心萌发着这样一个信念："做一个坚强好胜，永不低头的女孩！"几年前，姐姐们相继辍学了，只有我和妹妹还在读书，妈妈的性子很强，他从不会让我们姐妹受丁点儿委屈，从不会让我们姐妹感到不如别人，反而我们的物质条件也还好。正因为妈妈给我无比的关怀和鼓舞，使我快乐地生活，我也从不会接受别人的施舍，哪怕家中有多贫穷，可面子上比别人都强。可是现在，老天又跟我开了一个玩笑，就在前几天，妈妈在车祸中腿折了，看着妈妈糊着石膏的腿和躺在床上的身影，泪水淹没了我的心，怕妈妈伤心，我总是一个人悄悄流泪，独自一个人承受着老天赐予我的生活和悲痛。我好想好想放弃我的学业，去照顾妈妈，为这个家出点力省点钱，让妹妹读书，可是当我真正想要放弃的时候，千百个"舍不得"在脑海中浮现，我那么爱读书，放弃真的好难，好难。我想自己慢慢地放弃，当中考落榜了，我就不上学了。至少可以减轻心中的惭疚。我不想写作业，可是我还是写了，不想听老师讲课，想这样拉下自己的成绩，可是我没有这样做，因为我爱书本。当想起上高中要用几千元钱，我好害怕，怕妈妈为凑钱的叹息声，怕妈妈向别人借钱而低声下气，怕……可今天，我看见了支教团的资助贫困生消息，我也提起了这沉重的笔，放下了自尊心，好胜心，好强性。希望你们能向我伸出援助的手。不为别的，就为减轻妈妈的负担，为了自己渴望的高中。

在这里先感谢你们，如果有比我更加困难的同学，而我没有得到你们的支助，我也感谢你们，因为你们的帮助，也许会改变一个人的命运，不管这个人是谁，就因为你们具有一颗美好的心灵，我也感谢你们。

此致！

敬礼

2006 年 4 月 19 日

西安中学初三(1)班：张明洁

卢艳梅同学过去学习很好，今年开学却没有能来，后来是田老师去她家，用自行车把她载来的，她一路流了很多泪，却什么话也没有说。田老师向校长说情减免了住宿费用，才又回到了学校：

贫困申请书

敬爱的老师们：

您们好！我是西安中学九年级(1)班的一名女生，我今年已16岁。长相平凡，名叫：卢艳梅。这里的学习环境虽然不好，教学设备虽然不是太齐全，但是我有一颗积极向上的学习心，那就是——走出深山，改变自己贫困的家庭面貌。

我家在小河桥三队，家里有九口人，父母和我们姊妹六个外加一个弟弟。父母已经年迈五十岁了。我的家庭是一个处处充满悲伤，冷清的家庭，不为别的，只是因为人口太多，缺吃缺穿缺钱供我们六个读书。正是这样，几年前，四位姐姐便在小学一起辍学，从此她们便像父母一样没有文化没有知识，没有展望前景的未来。她们美好的人生便在砖场中慢慢消耗。正是如此父母总是责怪自己没本事，让四个女儿受苦受累，像自己一样没有文化，毁了姐姐的前程……父母便一滴血一滴泪的辛苦着，准备以他们的双手供我们三个小的来读书，终究，胳膊拧不过大腿，父母的双鬓长满了白发，双手爬满了皱纹，他们的年华，随着时间的流逝而渐渐失去了，我做女儿的看在眼里痛在心处，于是，我从小便一心想着好好读书，摆脱贫穷。

但老天是无情的，又是它夺去了我这个十六岁花季女孩的青春，是它在十二年前"赐"给了我一个让我痛苦不堪、悲痛终生的噩耗——得了不治之症。是它让我在十二年中躺在医院一边学习，一边与病魔做斗争，是它让我在十二年前失去了健康的身体。经过十二年的风风雨雨，我总共动了三次手术，总共花费家中九千多元，对于一个农村家庭来说，那九千块钱是一个天文数字！那是父母东凑西借的血汗钱。于是，自己幼小的心灵承担了一个如此沉

重的负担。也许自己以后还要继续与病魔做斗争,也许是五年、十年、二十年、终身……就这样,我一边学习,一边治病,一直苦熬到现在,父母既要养家糊口,又要凑钱为我治病,就在这一学期,我要参加中考了,资料费很多,我不想为难父母,我也不想让他们为我担心,于是,我从开学到现在,从没有怠慢过学习。不但如此,我还在校园捡饮料瓶来换钱,以便应付资料费,不顾同学们嘲讽的目光,反而让我的自尊心增强了,每次交资料费我总是最后一个……但我毕竟还没有结束我的中考,还有更多的资料费等我去交,还有更多饮料瓶等我去捡……

老师们,请您们可怜可怜我这个不幸的女孩,同情同情我这个贫困的家庭,给我一个实现梦想的机会吧!那就是——走出这座深山!

4月18日

9(1)班 卢艳梅

男孩李将山我见过很多次,却只有和我聊了一次,没有什么话。无论春夏冬,每次都是穿着一身灰而大的旧西服。15岁的年纪,脸上却写着51岁的沧桑老成。他平实淡然的话语,却让人揪心:

申请书

尊敬的支教老师:

我是一个来自农村的娃娃,我现在处于困难的时候,当爸爸在的时候,爸和妈妈拉沙子来维持这个家的生活。爸爸想把欠别人的钱还清,攒钱盖房,可爸爸是这么想的做起来是多么困难,每天,妈妈和爸爸把沙子拉回来,放在门前,爸爸用铁锹滑的光光的,还要洒点水,生怕别人不要,卖不出去,而妈妈回来还要为我们做饭,当开水没有烧熟时,妈妈就要喝冷水了,这时我心不由酸起来,我记得我的妈妈说过这样一句话:"只要把面煮熟了,什么都不放,这样的饭都是最香的。"

264

　　我曾在心里发过誓,只要我一有钱,我就让爸爸妈妈住楼房,让爸爸妈妈享受富日子的感觉。可是在2003年4月14日,爸爸为我们挣学费,而失去了生命,我的心碎了,我简直无法面对现实。

　　可现在妈妈又忙里忙外并一年收入很低,妈妈在地产出的钱只能交水费、化肥费,可我们学习怎么办呢。只有借了,可谁借呢?借起来很吃力的,我跟妈妈说我还是帮你干活吧,妈妈说:"我说什么都不能让你没有书念。"我的心又一次酸了起来。

　　希望你们能帮助我。

　　谢谢

　　　　　　　　　　　　　　　　　　　　初三(1)李将山

　　昨天我在县城刚从电视里面看到一个报道《贫困山区之痛——留守儿童》,讲的是农民工外出打工,留下了空荡荡的房子和孤零零的孩子,不仅让成长中的孩子感到孤寂和寒心,更让他们对于未来感到迷茫和无助,很容易对现实失去勇气甚至误入歧途。作为一名孤苦的留守孩子,北坝村的王兰如同学的信里渗透着发自肺腑的渴望。北坝村我去过两次家访,全村绝少见到青壮年甚至中年人,而村里的土墙上也抹书着许多鼓励劳务输出的宣传大字。对于这样无奈的阵痛,或许不是王兰如一个人的感觉:

　　　　　　　　　　　贫困申请书

尊敬的老师你好!

　　又回到家中,走近那木草掩映的村庄,如同我的脚印一般,我的心情开始渐渐沉重起来。

　　屋角似乎作响,仿佛有野兔或者老鼠一蹿而过。幽暗的屋檐下,没有灯光。我的家原来不是这样的,我们家七口人,爸爸、妈妈、姐姐、弟弟还有我,爸妈对我宠爱有加,虽然家里贫困,但过得很快乐幸福。可惜好景不长。我和弟弟都上了初中,这对于爸妈来说是一个极大的负担,不管爸妈怎样早出晚归,都难以维持我们姐弟俩的费用和家庭的费用,每年家里收成极为不好,从小到大家

把梦留住

里就缺粮,直到现在,看着父母那一双粗糙的手,让我不由得伤心,爸爸每年驼着背拼命挣钱,但尽管如此,却没有承担起家中所有费用,还是没有足够的粮,两个姐姐因缺钱而不能读书了。

于是爸妈商量去外地打工挣钱,我听见时,我阻挡不让他们去,但爸爸说不出去不行,家里地很少,不够填饱你们俩肚子,妈妈嘱咐了我很多,可我脑海一片空白,什么也听不进去,只觉得好像失去什么似的,听到这些话,好像有根针扎在我心里一样难受,鼻子一酸眼泪出来了,任我怎么收拾,总抹不过一片悲凉,因思念父母而流泪。妈妈为了我们都读书,吃饱肚子,拼命的挣钱。我一定要好好读书,走出村庄,一定要让我的家中所有人过上好日子,爸爸在这十几年来,一直吃的是素食,他从小就没有吃过肉,看着他那背影,使我真的好难受。每次从邻居家电视上看到一些家中因贫困父母去打工,因而出了车祸,致使家庭破坏,使妻离子散,我不想让家中有这样的事,我想和爸妈、姐团聚,不想家里空荡荡的。

老师谢谢你能看到我写这些。

祝老师工作顺利!

西安中学 初三(1)班

地址:西安乡,北坝村 王兰如

贫穷和疾病往往纠结在一起祸不单行地降临在孩子们的家中,由于当地的饮水和饮食条件都让人触目惊心,加上长年超负荷的繁重体力劳动,很快将一个个年轻健康的人们压得几乎畸变,而越是带病继续呕心沥血,生命越快在一次次折磨中耗尽。王凯雄同学的一家在当地很具有代表性,当地许多老乡不到 30 岁,就饱经风霜而满脸皱纹,疾病缠身甚至失去了劳动能力。

贫困申请书

亲爱的支教老师:

你们好,我是本校九年级(一)班的同学,名叫王凯雄,家住离

难得的书籍

校比较远的羊角沟。家里有爸爸、妈妈、哥哥和我,爸爸是个农民,妈妈害了贫血病。由于家庭贫穷,使哥哥很小就去挣钱,就这样和爸爸挑起了家庭的重担,爸爸也有胃病,每次痛起来就咬紧牙齿忍受着痛,哥哥去年出去打工,由于年龄小,老板让他干活工资最少。由于天气的干旱对种地来说没有一点希望,爸爸为了我的学费每年都很愁,就向别人去借,他愁借来一下子还不上,当然他对我说孩子只要你好好学习爸就是搭上这条老命也值得。

妈妈的病一天不如一天,但是每次周末回到家里他都对我说:"我的病不碍事,你要好好念书。"她知道家里穷,就对爸爸说:"我的病看不看不要紧,要紧的是咱们的娃子。"这是我在门外偷听他们说的。我当时泪水已洗过了我的脸。

但是爸爸是个好的丈夫,哥哥是个孝顺的儿子,他们为挣更多的钱,给妈妈治病就去干重活,一次哥哥不小心在干活时候被自己

把梦留住

背上的石头砸伤了脚,他并没有哭,因为这样他怕给父亲添乱,就这样忍受着,当他实在受不住时,他的神情告诉爸妈,妈妈泪水流了下来。爸爸的头发我发现了有了很多白发,我在校唯一只能干的就是把学习赶上去,但是我总想着我为家里做点什么。可是让我高兴的是学校里给我们住校生一周补着四张粮票,一张就相当于1.5元钱,我每周票一发就把它卖给别的同学,当然要给别人卖肯定比1.5元低别人才会要,就这样每周存钱为妈妈买药,而自己每周吃的只能少一点,所以请您们一些支助。

西中 九(1) 王凯雄

2006 年 4 月 18 日

如果没有那几袋小麦,我不知道桓从微同学怎么挺过去,但是即便有了那几袋小麦,桓从微的家又能坚持多久呢?在一次次低声下气的借贷中,年幼或者苍老的心灵忍受着与他们年龄不符也不应该有的艰辛。在许多人眼里微不足道的一点麦子,支撑着他们生活下去一点点残存的勇气,一点点,让人心碎,也让人觉得肃然起敬。

申请书

亲爱的支教老师们:

你们好!

听说"厦门大学"支教团前来补助贫困生,我非常高兴,我回到家里把这个喜讯告诉母亲,母亲说:"希望如此,能及时地帮助我们通了这关。"说着说着母亲又开始难过了。明天又要向邻居借几袋小麦,这可要我们怎么还啊。唉,就看今年的收成了,希望是好的,不然,这日子看怎么过。我看着母亲那双裂缝的手痛苦地说:"听说这次补助是为我们这些贫困生准备的。"听了这话,母亲好像很有了希望。

这样下去,日积月累,贫困的生活让母亲对生活失去信心,让

我对学习也没有信心,仍不敢去渴望有钱的生活。母亲说:"再这样下去,我再没有法子供你上学了。"我知道,这也是母亲没有办法的,生活贫困的担子压的母亲翻不过身,对于 15 岁的我来说,这如刀割心越来越厉害了。我不敢看母亲的手,因为母亲的手可以让对生活失去信心,让我对学习失去信心。

我真心希望支教老师们能帮我走出这贫困的生活。

初三(1)班 桓从微

对于许多城市的孩子来说,考试就是他们头上的紧箍咒;但是对于一些这里的孩子来说,能和大家一起参加考试是一件幸福的事情。让他们头痛害怕的是通往考试路上各种各样的考试费用,与其如此说,不如说他

流浪在山间的童年

们害怕向家长说要考试时候,家长脸上的无力和悲痛。魏彬彬同学和许多孩子一样,普普通通的一次考试交费或者什么费用就能将他们小心翼翼捧着的梦想击得粉碎。

贫困申请书

尊敬的各位支教老师:

您好,作为初三的学生,面临中考我并不害怕,但在短短 65 天内,我不知道从什么地方可以弄到资料费和报考费(还有其他杂费),我不知道怎么办。爸爸为了维持整个家庭,没上过学的他独自走上了打工的道路,每天除去吃喝的钱,一天最多只能挣 20 元

把梦留住

支教记录 2005—2017

钱,一年下来只有 1000 元钱,妈妈也不例外,在砖场也开始了她的工作,每天只能得到厂长的 18 元钱,整个夏季(冬季砖场停工)只能挣到 500 元钱,由于我家是从甘肃同卫县寺子乡石沟村搬到宁夏海原县西安乡黄湾村,所以没有田地,家人只能用 1000 元钱去买粮吃,500 元让我们姐妹三人去上学,其实这 500 元是远远不够的,爸妈只能在外边借钱,让我们上学,弟弟在上中学,妹妹在上小学,我又要考高中,想到这些,我也曾想过辍学,但爸妈说:"砸锅卖铁都要让你们上学,做一名文化人。"所以欠了一屁股债。

当别人走过一家破大门,里面只有两间土房时他们都会提到仅仅 15 岁,14 岁,10 岁的可怜孩子,由于她们很同情我家,所以就拿出来一些衣服让我们穿,特别是冬季,虽然没有煤炭,但至少有一点树枝,可以取暖,但到夏季,房子就漏雨,整得全家都不得安宁。爸妈其实都很年轻,但无情的"社会发展"将他们拒之门外,无法迈进这发展的时代,只能让"银丝"慢慢覆盖满头,我想,为了读书,我一定要找到不用爸妈借的钱,听到这次贫困救助,我特写了申请书,希望得到帮助。如果"幸福"的厦门支教老师们,不想让这个年仅 15 岁的女孩将梦打碎,就请您们将这个女孩的梦重新拼起来吧!让她走进高中!

西安中学 初三(1)班 魏彬彬
2006 年 4 月 18 号

许多人眼中的幸福——"全家孩子都很能读书",在这里的一些家庭却成为一种深深的悲哀,改变自己命运的机会只能给一两个孩子了,虽然手心手背都是肉啊!懂事的孩子往往自动放弃了再次走向心爱校园的机会,而考上大学,对于贫寒的家庭来说,是天大的喜讯,也是天大的压力。

申请书

尊敬的各位老师：

您们好，写这封信，一是感谢你们对我们的关注和帮助，二是我希望得到你们的帮助。

我是一名初三(1)的学生，学习不是很好，因为我常常感到自卑，在别人面前抬不起头来，对自己完全失去了信心。现在，我觉得全是孤独、无助。

我出生在一个贫困的家庭，从小，妈妈就离我而去，家里只剩我的爸爸、姐姐、哥哥和我了。在我的记忆中，爸爸又当妈又当爸，小时候，给我梳头、洗头、洗脚。家里虽然很穷，但充满着快乐，我们姐弟很团结，也很懂事，随着时间的逝去，我们都长大了，爸爸也老了，记得几年前，姐姐在上初三时，由于家里没钱，哥哥辍学了，爸爸心里很不是滋味，就东借西借，凑了些钱，但哥哥就是不去，还说："我不喜欢读书，太苦了……"的一些理由拒绝了！其实我们都知道，哥哥学习是很好的，爸爸也没有再说。那个时候我在上小学。

去年，姐姐终于考上了大学，我上了初二，家里越来越不行了，爸爸和哥哥一起务农的活落在爸爸一个人肩上了，而哥哥出去打工了。爸爸又添了皱纹，白头发也多了。如今哥哥打工两年了，我眼看今年要中考了，姐姐还有二年才能出来，听说现在工作很难找，比她早毕业的堂姐都没有找到工作，还在家里，她很苦愁，爸爸也要扔下务农去打工了，现在，家里只有我一个人了，爸爸每次出去都给我钱，但我心情很沉重，看到爸爸，我的心里一阵酸痛，恨自己不争气，想到爸爸，心里很乱，不知如何去做事，心里有种负罪感，想到爸爸一次次的嘱咐，想到姐姐和哥哥的期望，泪水在眼眶里打转。

现在，只有在这里，我只想尽自己最大的努力，减轻爸爸的负担，希望老师能够帮助我，让我找回自信，在这里，再次谢谢各位老

把梦留住

支教记录 2005—2017

师对我们的关注。

　　此致

敬礼

初三(1) 安庆珍

　　农村代课老师在这里的地位,低微到连普通农民都有蔑视的心理资本,他们承载着农村孩子最初的梦想,站在这里最简陋的教室里面,被分配在最偏远艰苦的小学堂,拿着最微薄的一点点报酬(一个月数十元),却担负着和编制内

苦读的孩子,墙上的奖状

教师一样甚至更重的责任。他们满腹辛酸委屈却默默承受,他们作为西部的初级教育基石,忍受着家人和社会的不理解甚至歧视,做着阳光下最伟大的事业,却被看成阳光下最低贱的行当,怎么能不让人心寒!

　　田玉琴同学就生在一个代课教师的家庭,我看过那个忠厚的父亲来过一次学校,远远地叫着自己女儿的名字,偷偷塞给她一个油布包便慌忙离去。

我的申请书

尊敬的大哥哥们:

　　您们好!

这个春天到了,你们把希望送到了我的心。

我的家在这个风沙交加的地方……

当有人问我时,我会有一种不安。因为他们总是问:"你爸爸在干什么?"也许是自己太可悲了,也许是自己太虚荣了,我竟然一次又一次的回答:"小学老师。"其实一切的一切都不是这样的,爸爸在一间小学当代课老师,月薪微薄太可怜。对于年过六旬的父亲白发苍苍地用蹒跚的脚步,踏过三公里的路去学校,看到父亲的背影,一种辛酸悄然涌上心头……

我的妈妈瘦得叫人担心,瘦得叫人心寒,她为什么会有这样的身体? 别人不懂,我懂。

当别人在炎热的夏季喝水,吃冰棍棍,我站在教室的某一个角落,偷偷地注视着,偷偷咽下口水。

别人买书,我不买,因为买书时候要向我的父母要钱,那是一种害怕,不,不是害怕,那是一种折磨,在我的感觉中,最难受的一种折磨,每次要钱的时候,妈妈总是身上拿出很厚的一毛五毛的钱,把它给我,我的心就酸酸的。

看着父亲白白的头发,望着妈妈瘦弱的身体,我心里很清楚,中学毕业以后我面临着失学。

我经常抱怨自己为什么不是城里的孩子,为什么小小年纪要承受这些,为什么要我喜欢书又要远离书呢?……

现在,我觉得自己幸福些了,因为我知道还有您们关心我们,即使没有全部的帮助至少您们已经尽力了,即使在我的心里没淋到雨,但也至少滋润了别人的心……

学生:田玉琴

读书,在这里成了一种前赴后继的事业,离校,也有着一种慷慨赴死的悲壮。邹甘扬同学 15 岁的姐姐心里的悲苦,不知道是否会在几年后妹妹的心里延续。而这一切,绝不是个例。全县较低的高中绝对升学率(全县仅仅几所学校有高中部,使这里考高中比考大学还

把梦留住

要艰难许多),和贫穷一样,侵蚀着孩子们通往春天的独木桥。没有考上高中的孩子,除了出去打工,谁能想出更好的出路?

求学目光

申请书

尊敬的老师:

您好,当我提起笔时,心中不由产生一种说不清的滋味,既感动又高兴,但回头又想想父母,心又不禁悲凉起来。

我家中五口人,对于他人来说不算多,但是年过五十的父亲还在外,干最苦最累别人不愿干的活,母亲呢?她患病在身多年,但家里没有钱,我们姐弟还要读书,所以苍老的母亲病发时,常疼的几天都是大颗汗从额头流,可她总是咬着下唇说:"不要紧,待会儿会好的。"每每看到这一切,我的泪总是止不住,父母为了我的学业

干了……

我时常半夜被噩梦惊醒，有一次正好听见他们在议论"我的病先不看了，等家中好些再说""我看我还要加一个赚钱的活"……

"好好学，将来不要学我"，这是姐姐打工临走前留给我的，姐15岁，初三毕业就去打工了，她还是一个未成年人，但她心早就成熟，像个老人，她知道家庭贫穷，主动退学了。现在一个月挣200元钱。

现在我快毕业了，家里越来越穷了，我心里矛盾万分，不知道该不该留在校园，我热爱学习，可是弟弟同样爱学习，我该不该把这个机会给他呢？如果我继续上学的话，弟弟就要辍学去种家里二亩地。

愿老师给我一个继续上学的机会。

申请人：邹甘扬

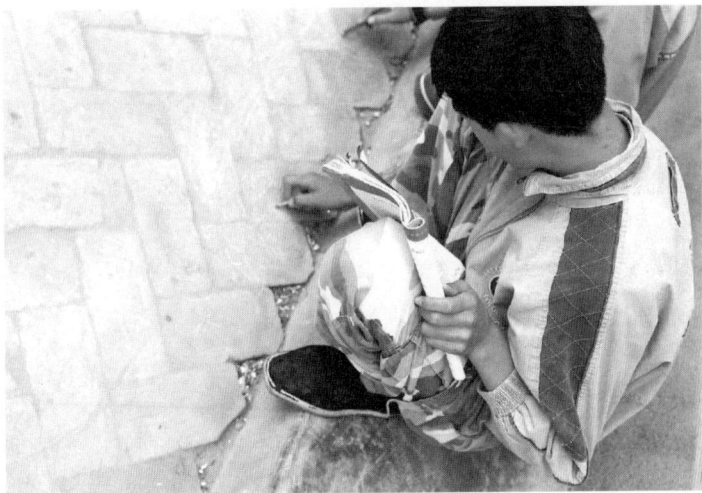

大地演算本

卢华程同学的两个姐姐考上了大学，我却没有在他的信里面找到一点点欣喜的感觉。沉重的家庭压力让年幼的她们喘不过

把梦留住

气来。

申请支援书

尊敬的各位老师：

  你们好，我是生在一个贫困家庭的孩子，大姐去年刚刚大学毕业，至今还没有找到正式的工作，小姐姐今年又考入湖北的＊＊学院，但是只靠父母务农而挣的钱是远远不够的，因此我的父母到处借钱，很多人瞧不起他们，说他们是天生的贱命，为此家里人流了不少泪。之前，二姐、三姐为了小姐姐能顺利读完大学，也先后辍学打工，而今年恰好又逢我和哥哥的中考，如果谁的学习差就不能再读了。在此，我说点题外话：

  上次由于我患了重感冒，高烧不止，父亲带我上了村子里的一个小诊所，要输两瓶药液，一共50元。我在病中无意听到父亲和医生的对话，因父亲没有钱给我治病，医生不愿再在我身上赊账花费，他们僵持着，我哭了，这是我哭得最伤心的一次。

  小姐姐也向父母提出了辍学的要求，但父母坚决不同意："你大姐、二姐、三姐都在供你上学，我就是讨饭也要让你读书！"但小姐姐知道她们现在都嫁给别人了，一年中也根本没有钱能供自己上学。

  如果我得不到帮助，那么只能说，有比我们更困难的同学，那我希望帮助的不是我而是他们。

  至此

敬礼

初三(1)卢华程
2006年4月19日

  马贺兰是我所任课的六年级(1)班的学生，是全校年龄最小的孩子之一，她是个能歌善舞的很可爱的小姑娘，头上扎两个小羊角辫儿，脸上总是带着羞涩而又俏皮的笑意。如果没有读到这封信，

276

我很难想象这个上周刚刚在学校歌咏比赛获得一等奖的小女孩，每天用微笑面对的是什么。现在，回想起她那天那首《妈妈啊，妈妈》，我似乎能体会到她幼小的心的呐喊。

申请书

尊敬的老师您好：

　　我叫马贺兰，今年 11 岁，家住在海原县西安乡白吉村二队。我的家中现在只有妈妈、哥哥和我。我们家全都靠我爸爸来维持生活，但如今我的爸爸已经去世了，哥哥年龄还小，没有能力来担当这个家的一家之主，只有靠妈妈，但是妈妈又有病家里根本就没有钱给妈妈治病，这样一来家里没有一家之主。一年下来粮食根本不够吃，钱就更不用说了，连买面看病的钱都没有。

　　我是一个学习优良的学生，在小学经常受到老师的夸奖。平时我的成绩都是 80 或 90 分，从学前班到五年级一直都被评为三好学生。

　　希望老师审核批准。

　　此致

敬礼！

申请人：西安中学六年级 马贺兰

2006 年 4 月 18 日

　　李文化是初二年段个头最小的学生，肩膀好像被什么沉重的东西压着，一直都只是 1 米 4 左右，小小的身体却托着一个看起来有三四十来岁般老成的脸盘，平时总是一副严肃表情，乍一看还有点滑稽，他也是来我们宿舍最勤快的学生，几乎每天都来一两次，没有其他目的，就是来问姜福英语问题，所以也是他们班级英语学的最好的学生。好几次中午我们在睡觉，他敲门来问问题，让被惊醒的我们憋了一肚子小火，只是不能发作。我们仨后来还特意在门口贴了小纸条"中午 12:30—13:20 老师休息，请勿打扰"。

把梦留住

看了他的信，一种吞噬我心灵的内疚让我有点窒息，半天缓不过气来，我慢慢到门口把那片小纸条扯下撕碎。或许我们这个举动，对这个孩子甚至是残忍的。

申请书

我是一个初二年级（5）班的学生，由于家庭贫困，家里人经常得病，没有医药费，学校还要买学习资料，我的家里没钱，我边捡破烂，卖了10几元钱，买了一本学习资料。过了这个学期真的不知道再能不能上学了。我渴望学习，渴望看见老师为我讲课，我有个弟弟也想念书。

家里收入一日不如一日，我想有人能伸出帮助的热心之手，让我能回到学校。我渴望学习，我渴望学习英语，我需要学习，人失去了学习，才知悲伤和痛苦，再加上我的个头很小，考不上学不如死了，什么也不能做，希望叔叔帮我一下吧……家里的贫穷，没有人帮助，我快绝望，人也快到头了。

2006 年 4 月 16 日

初二（5）班 李文化

马国开今年也是从辍学的边缘被拉回来的孩子，这个平时时而语言木讷时而行为活泼的孩子，物理和数学经常拿 100 分，常常喜欢给同学讲几段小相声，踢球的时候经常被叫去做孩子都不愿意当的守门员。今年几乎已经被拉去中宁县打工了，班主任冯老师心疼，走了好几十里山路把他抢了回来。

申请书

尊敬的各位厦门支教老师：

你们好！我家住在宁夏中卫市海原县西安乡白吉村三队。我在七岁的那年就失去了父亲。我的母亲是一个残疾人。由于这些原因我与母亲就生活在 60 几岁的哥哥家里。不幸的是母亲也去世了，那

　　年我只有 11 岁,我的母亲也只有四十几岁。由于哥哥年龄大了,不能维持我的生活,所以我诚恳地向你们申请厦门资金补助。

　　你们是不是感到奇怪或者不对劲?我的哥哥已经六十岁了,而我母亲去世时候才 40 几岁。因为在农业社会的时候,我的父亲生了哥哥,而哥哥的母亲在哥哥 25 岁的时候也去世了。所以我的父亲又娶了我妈,生了一个姐姐,在父亲 77 岁的时候就生下了我。

　　在哥哥无微不至的照顾下,我现在已经在西安中学上初二年级了。但由于哥哥年龄的增大,身体一天比一天不好,不能再维持我的生活,不能再供我上学。这使我非常的担心,因为我很爱读书,我成绩也很好,只有英语有点差,但我对未来很有信心,我会争气的。所以我希望你们能帮助我。

西安中学 2005 年 12 月 5 日

申请人:马国开

　　再穷,有母亲的心疼总是一种无可替代的幸福。西安中学的一些孩子连这最基本的一点心灵慰藉都失去了。我小时候看过一部影片《妈妈再爱我一次》,当时还是小孩的我哭得泪流满面,而活生生的现实摆在武靖里面前的时候,我很难想象小小的他是怎么熬过来的。他是个懂事成绩也很好的男生,看人的眼神中有一种和年龄不相符的深沉,也很少和其他孩子说话。看着他的信,心忍不住地在颤抖。

申请书

尊敬的校领导:

　　我的家庭是一个不普通的家庭,我家只有六口人,有姥爷、姥姥、爸爸,还有两个弟弟,一个弟弟还在读书,另一个弟弟刚学会走路,我是我们家的老大,今年上七年级。

　　我的家不普通就是缺少一位慈祥的母亲,母亲是在生我小弟弟时去世的,每当我听到"世上只有妈妈好"这首歌,我的心都在默

279

默流着泪，我不会当着家人面哭，我知道那样会使家人伤心，每天晚上我都会去看星星，因为天空中那颗最亮的星星，是我亲爱的妈妈，看到她，我仿佛听见妈妈在跟我说话。

我的小弟弟现在由姥姥看养，姥姥还经常有病，不能干家务，所以家里的负担全部都落在爸爸和姥爷的身上。我和二弟放学时，也不会闲着，都干很多家务，二弟也很懂事，他从来不在家人面前提妈妈，怕家人伤心。

我家的经济情况很不好，爸爸又不能出去打工，就连给小弟

"领导苦抓，教师苦教，学生苦学"

弟买奶粉的钱都是向别人借的，每当我和二弟要交卷子费时，不敢向家人张口要，但爸爸总能看穿我们的心，就出去向别人借。

我学习还可以，我一定会努力的，考上大学，让家人过上好日子。

请叔叔阿姨帮帮我们这个家，帮帮我吧！让我的家庭好起来吧！让生活不再有过重的负担，我们长大会学习你们的精神去帮助需要帮助的人，我会报答您们的，谢谢！

此致
敬礼

申请人：武靖里
2006 年 4 月 9 日

在生存温饱线上挣扎的人们，和亲人的生离死别不再是电视

里的镜头，而是每时每刻都有可能发生的生活。这就是他们的生存状态，在为了全家人的生计，高强度和极度缺乏防护措施的拼死挣扎的时候，危险时刻笼罩在他们头顶，但是，他们无法选择。郭婷婷同

过早累弯的腰

学眼睁睁目睹了自己父亲被土石覆压的可怕场面，在自己童年的天空上又添了一块梦魇。

申请书

尊敬的老师：

我家庭贫困，一家七口人，就靠父母在田里挣的那些钱过日子。日子很紧迫，我家不足三亩地仅如此而已，我们姊妹五个都念书。大姐今年成绩突出，考了一所大学，但我们家里紧迫，没法供她。二姐、我、弟弟、妹妹都在中学、小学读书，每次要钱都不下 10 元。我们一家人都很吃力，所以二姐由于家庭贫困，不得不念书了。

就在这紧迫的日子，我的父亲不幸遇事了。也许全陈湾村人都知道了。我爸是在为了我们姊妹五个的学杂费才出去的。就在那昏沉的一天，我爸在工地干活，不料，一大胚土翻下来把我爸死死压在土底下去了，只留下头，更可怕的是，紧接着又有一块比那块还厚还大的土把我爸的全身都覆盖在那死气沉沉的土下而且多压了 2 米多高，当时所有现场人与所有知道情况的人都来营救，他们拼命用许多铁锹或者用手把土拨弄上来，我爸终于被抬了出来

把梦留住

……我很伤心。我爸现在再不能干活了,整天面如土色,并且我妈又有重病。在这种情况下,我承担起了重要的责任,弟弟、妹妹还小,我必须对他们负责,所以请老师帮助我。

　　此致

　　敬礼

2006 年 4 月 12 日 郭婷婷

　　类似于曹小梅同学的遭遇,我在西安中学听说过许多起,怪不得当初她也不愿意写资助申请。我问她为什么,她说觉得自己的情况太普遍了,这样类似家庭的同学为数实在不少,自己的事情太没有"竞争力"了,我心很沉重,告诉她有困难一定要写的。我问她平时有空喜欢干什么,她说是捡垃圾。但这里的垃圾堆"物产"远没有城市的丰富,却天天聚集着从几岁到十几岁的孩子,用直勾勾的眼神盯着他们面前的宝藏,手脚麻利地翻掏着一点点垃圾,如果能捡到几个空矿泉水瓶子,简直就是发了大财了(一个瓶子可以卖一毛,当地特产香水梨一斤才三毛钱!)。

资助申请

尊敬的厦大老师:

　　您好!动笔写信时感到很不安。

　　我是一个爱学习的人,我渴望学习,但由于家庭负担重,心理压力大,家里又要靠我做杂事,有两个妹妹,一个上三年级,一个刚上学前班。家里很拮据,不幸的事情发生了,前年爸爸去外地打工,不小心从房上跌落下来,掉到一个坑里,把腰一下子摔折了,为了家里的贫穷,父亲不去医院,实在痛的受不了,爸爸才进了医院,去做手术,手术做完,需要住院时,父亲要出院,也不得不出院。过了一阵子,爸爸又给人家打工,再次摔下来,现在在家里,再也动不了了。我的妈妈也体弱多病,尤其到了夏天,太阳一晒就会头痛,

一疼起来,妈妈总是抱着头到处乱跑,看着妈妈痛苦难熬的样子,我的眼泪不止一次的流下。爸爸妈妈让我辍学,给家里做事,但我愿放弃求学的生涯,他们看出了我的心思,忍着痛苦让我上学。

这次,我为了交卷子费,由于家里没有一分钱,我忍着痛苦拾了几天废纸和一些塑料瓶,勉强买了3元钱,交了2元,还剩1元,正好妈妈头痛了,我为妈妈买了一些头痛粉。妈妈看着我,含着眼泪把药吃下去。看着妈妈爸爸的痛苦,我真不忍心。有时我想失去我的生命,让痛苦离去,我真的无法活下去。

谢谢老师能给我这个机会来说我的痛苦。

此致

敬礼

申请人:曹小梅

2006 年 4 月 15 日

......

一直到晚上 12 点,我才把申请书放下。宿舍里灯熄灭了,黑暗中我依然睁着眼睛,合上眼睛,面前就会出现更多期盼的泪眼。脑海中潮起潮落,震撼得我的双耳嗡嗡作响,西部支教的一年已经过去大半,每天似乎也都忙忙碌碌,却发现有越来越多的事情还要去完成,虽然一切看起来只能是尽力而为,我却很难用一颗洒脱的心去对待了。

一夜无眠,过了六点,天渐渐亮了,虽然长夜漫漫煎熬,看不穿前头的光明。但天拂晓而亮的那一刻,一个晚上没有睡觉让我头有点痛,看到窗外折射进来的光明还是让人疲惫的心奋然一振,天亮了,希望定不会断的。

那片笑声让我想起我的那些花儿
在我生命每个角落静静为我开着
我曾以为他会永远守在他身旁
如今我们都已经离去在人海茫茫
他们都老了吗
他们在哪里啊
幸运的是我
曾陪他们开放
有些故事还没讲完那就算了吧
那些心情在岁月里已经难辨真假
如今这里荒草丛生没有了鲜花
好在曾经拥有你们的春秋和冬夏

—————《那些花儿》

C H E R I S H I N G O U R D R E A M S

十一

很快又到了期中考试，也临近五一假期了。这次我监考的是八年级一班，由于是学校成绩最好的班级，所以每个孩子答卷都非常认真谨慎，几乎把笔头啃破。只有马国开是例外，每次都是第一个交卷，我想拉住都来不及。考完两门后我看见他就扯住问："国开，怎么老这么早交？！"

他吐吐舌头说："剩下的不会做的，就交了。"

我苦笑摇摇头，第三天改考卷了，他居然每门都有 80 分左右，凡是写了答案的都对了，却空了好几道判断题，不用说，凡是他认为自己不会做的，连打勾打叉一半的概率都不肯去猜，不属于自己的分数，他都不要了。

和学校老师熬了几夜改完考卷，已经是四月的最后几天了。沙尘暴还是会经常不期而至，日头也越发猛烈了，在人头顶一直烤到晚上十九点多才收工。五一节前的最后一天，我拿到了自己教的两个班级的成绩表，一个班差强人意，一个班小有惊喜，我这个文科出身的理科老师，终于没有教砸了，我不由长长吁了一口气。

第二天，假期悄悄来临，我醒来后不习惯于平时活跃的校园现在变得如此寂静，沈潇和姜福已经分别回家和上县城，我一个人携一个干粮馍，漫步在通往西安州的路上，刚刚看过日历上的"五月一日"撼动了我的心灵，一年的支教生涯，转眼剩下一个多月，自己似乎还有太多事情去做，铺在床头的许多学生的信让我感到心头凝重，自己还在追逐着最初的梦想而时间已经悄悄滑过，我登爬上西安州古城墙，极目远眺，苍茫千里的黄土地尽收眼底，每次攀上这里的高岗，总是能给我带来振奋的力量，风不羁地掠拂着我的身

体,整个躯体在这突兀的高度中仿佛要飞了起来。脚下不远处散落的村庄安详地卧着,不知道住在里面的孩子们正在经历着怎样的悲欢离合,不知道世界的许多角落还在承受着如何的阴晴圆缺。蔚蓝的西海固天空下没有风云际会,赭黄的黄土高原上没有峰峦险峻,却也时刻演绎着一种活着的悲壮。

五一假期的七天,我最终决定留在了海原。行走在田间地头,思考在夜深人静,书写着一种生存状态,交谈着一些人间烟火事情,这里的人们,男人和小孩,老人和妇女,他们的眼神告诉了我许多,教会了我许多。朴实的西海固人,从他们眉间的皱纹,烟草熏黄的手指,粘着尘絮的头发中,用另类的语言诉说着这里平凡的传奇。也许我一个人的单薄肢体没有能够改变什么,而这里的人和事,已经渐渐把年轻的我改变了。

海原的五月还在春寒料峭中,姚克非等人热邀我到了海原一中,12块铝合金海报栏直立在校园中心区域两侧,在 AL 公司的资助下,这条文化长廊在海原一中即将建成,这十二块看似单薄冰冷的铝合金板块,承载的却是海原县最高学府的孩子们追求知识的温暖梦想。随着支教工作的深入,越来越多的社会力量也参与到支援西部的热潮中,厦门大学“一帮一”助学金制度,也是在许多社会热心人士和团体的帮助下顺利得以开展和延续,AL 公司帮助海原的四所受援学校建立起了图书角,犹如一股清泉流入孩子们几乎干涸的课外知识园地,而此次在姚克非乔阅詹维思等人的联系之下,海原一中的文化长廊建设即将竣工,每天都有兴奋的孩子围着还没有建设完毕的金属海报板频频张望,窃喜地指指点点。姚克非得意地对我说:“叶老师,你看,文化长廊这一带以后肯定是学生们光顾最勤快的地方,人流量大,地皮一定看涨啊,哈哈。”

乔阅随即微笑吟诗一道:“十二长廊拔地起,二十四季有春天。”

海原的关桥中学,这个厦门大学支教队连续 5 年支援的学校,

把梦留住

在志愿者的帮助下学校面貌得到了很大的改变,而在我们这些志愿者的身后,有着厦门大学这个坚强后盾的有力支持。在今年给予关桥中学的资助之前,厦门大学朱校长曾经特意从工作经费拨出几万元作为海原学校的帮扶基金,来自厦门大学团委组织的各种为海原的募捐活动,在这几年更是从来没有中断过。

而今,一项极大改变该中学面貌的工程也在热火朝天的建设中,一条标准跑道即将轻卧在西海固腹地这所农村中学之中,为了更好地建设好这条"支教跑道",杨希辽和朱景渊每天折腾忙碌得蓬头垢面还是乐不可支。关桥中学的孩子们,由于没有运动场所,所有的广播体操都是在各个教室之间的过道里面完成的,以前每次看到那些孩子们在拥挤的过道里面,认真地学习和完成体操动作,我们的心中都肃然起敬,却又暗暗着急。在今年春天,那一次厦大老师和 AL 公司员工来海原的考察之行,确实给我们带来了惊喜:厦门大学和 AL 公司决定资助关桥中学建设一个标准跑道!这些孩子想都不敢想,我们支教队员梦寐以求的事情,有母校在身后强有力的支持,在许多社会力量的鼎力支持下,终于成为现实,这让我们的支教旅程不再感到寂寞,让我们感觉到自己是在中国社会奔腾洪流中不会被蒸发的水滴。

5月7日,我告别了县城的姚克非和乔阅等人,正准备回西安乡,到了车站时候,天空居然又飘飘洒洒地落下了雪,很快形成漫天飞扬之势。气温像变色龙的皮肤骤然换了一副模样,转眼间清晨的暖日融融成了现在的寒风冷雪。大街上空荡荡的,人都躲进了房屋,这样的天气没有人赶路,司机也不肯出车,一个劲儿地摇头说会折本,路也不好走。我在雪地里面团团转了大半个小时,浑身几乎已经成了一只北极熊般亮白,脾气也像饥饿的大熊一样急躁,手上拎的大袋子上的带子已经和手指粘连在一起,一动弹就刺骨钻心地痛。我正绝望想从车站撤退时,一辆晃晃悠悠的小面的从不远处驶过,我发疯般冲车子大喊:"嗨!哎!停车啊!有

288

人啊!"

　　我奔向行速放缓的车子,一问司机,车子果然有经过西安乡。我谢天谢地地爬进车厢内,里面也是几个浑身粘满雪和泥的人,都呵呵笑着看着我,我擦擦干硬的鼻子也讪笑着。车子喘了一口劲儿,摇摇晃晃向西安乡的方向走去。风雪中的西海固大地显得格外静谧,白雪渐渐覆盖了黄土高原,让人不由想起那著名的诗句:山舞银蛇,原驰蜡象。

　　哆嗦了一路,终于到了西安乡,我机械地跑进学校,跌撞着推开宿舍的铁门,顾不得一身泥泞抽出床上的毯子把自己包裹得严严实实。姜福可能在上课,沈潇还没有回来,周围静悄悄空荡荡,只有大风呼啸。我的牙齿不自主地磨撞着,发出格格格的声音,挨到了桌子边想找点水杯中残存的一点水。却发现桌子上有一张汇款通知单。我颤抖摸索着捡起来一看,是厦门大学的一位校友邮来的。单子后面还付了一封短信:

尊敬的研究生支教团的师兄师姐们:

　　您好!

　　我是厦门大学的一名学生,虽然我成长在东部沿海地区,但是我一直对祖国的西部有一种不可割舍的眷恋情结,尤其是来到厦门大学后,在厦门大学"四种精神"的感召下,尤其是看到支教队的师兄师姐们在厦门大学举办的"远方"支教图片展后,我不禁为在西海固求学路上的孩子们深深挂念和忧虑,也觉得作为一名大学生有责任有义务为西部教育贡献一点自己的绵薄之力。作为在校大学生,我的能力和实力都十分有限,我想把平时积攒起来和获得校奖学金的几百元钱作为学生们的学习费用,希望支教队的师兄师姐们能代为转交。如果还需要什么其他学习物品,请一定联系我们,我相信我身边的许多许多厦大同学一定会全力支持帮助西部求学的孩子的。

　　祝师兄师姐们在西部支教工作顺利。

CHERISHINGOURDREAMS

把梦留住

支教记录 2005—2017

厦门大学的一名学生 小廖

2006 年 4 月 28 日

这虽然不是我替孩子们收到的第一封信,应该也不会是最后一封了。但是在这样一个寒冷的日子,触摸着来自母校的信纸,感受来自温暖南国的那种气息,虽然此时我还是孑然一人,却已经没有了孤独感。

五月的海原气温仍然在零上几度徘徊,一点没有要迎接火热六月的意思。不过我还是满心欢喜,因为和往年不同,今年的五月天居然连续洒了好几次小雨,植物和庄稼也如饥似渴地拼命吮吸着这难得的甘霖,憋足了劲儿往土地上面抽绿芽儿,我和沈潇姜福每天醒来第一件事情就是冲窗外张望:"哟!又下了!今天又下雨了!"

黄土地被浇成了滋润的褐色,又展示出她春泥的妩媚风采,上面丝丝弹动着的生命的颜色,慢慢把荒野覆盖,这个时候,真的要为大自然的神奇而折服了,几天前还龟裂的、死气沉沉的黄土高原,只消这一两场细雨,这老天爷看起来还不是那么慷慨的垂青,漫山遍野便欣欣地吐出了强烈的成长气息,虽然没有南国春雨后的绿色张扬,却仍然让人觉得由衷地振奋。

上个月我们许多求助申请通过各种媒介播撒向了华夏各地,最近,一封封热情关切的信从祖国的四面八方飞翔而来,有我的朋友、同学和家人,更多更多的是从来与我和我的孩子们素未谋面的人们,有大学生,有公司职员,有退休的老人,也有攒着自己压岁钱零花钱的孩子,我和沈潇每次向邮局飞快奔跑着,像坐在开往春天的地铁里。

挑灯统计分析几个晚上后,我和沈潇做了向孩子们发放助学金各种前期准备:做回执单,制花名册,筛选部分人选,写好反馈信封,等等。孩子们的申请书超过了资助款所能分配的额度,除去资助人已经确定要资助的学生名单后,还有一些委托我们找资助学

290

生的名额。我和沈潇一次又一次地比照着谁的成绩更好，谁的家庭更需要这点钱，谁在过去一年的进步又比较大，但是终究还是不够，每次狠狠心排除了一个孩子的申请，我们都默默无语，不知道这个孩子是否会因为我们的筛选而失去了机会。我们整理材料和确定名单一直弄了好几个晚上，每次弄完都很不是滋味，我和沈潇趁着晚自习找了一些孩子谈话，向

"一帮一"助学金公示

各个班级的班主任了解情况，最后还是要把一部分孩子的申请书咬牙放回抽屉，并把没有获得资助的孩子名字和申请书看了一遍又一遍，为了骗良心上的自我谴责，只能对自己说："下次，再多联系些资助人，他们应该还有机会的。"

什么地方都存在竞争，就连获得帮助的地方，居然也是要竞争着去得到的。我站在宿舍门口，望着孩子们在门前走过，向我问好打招呼，我对着他们微笑，心里却十分忐忑。不知道我们的决议对那些孩子的未来有怎样的影响，没有更多帮助他们改变命运的砝

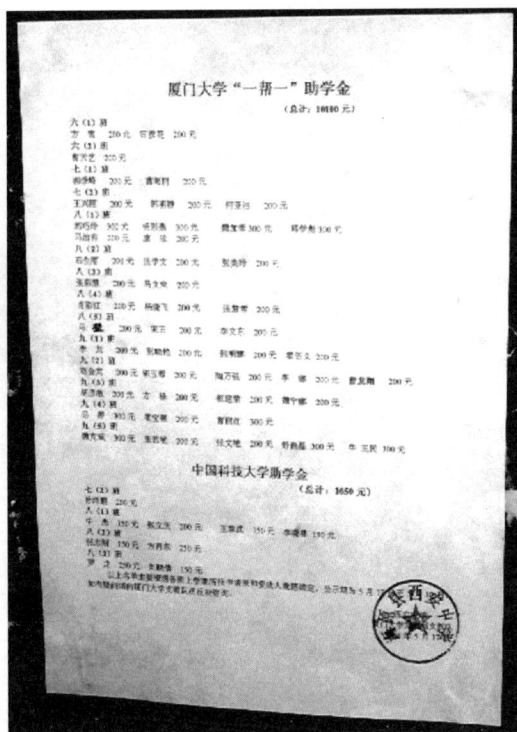

把梦留住

码,我沉重的心也无法被撑起。

过了几天,助学金名单公示期过了,没有学生为助学金的事情有异议而来找我们。我们和学校组织了一次"一帮一"助学金发放仪式。这天下午的阳光很和煦很温柔,大教室里面破

"看看补助有没有我?"

例第一次把所有日光灯都打开了,照得里面亮堂堂的。我有点激动,不知道为什么走进这个熟悉的地方还会颤抖,可能是最后一次在西安中学组织活动了,看着孩子们幸福而害羞的脸,一张张红扑扑的笑颜,看着我又不好意思和我的目光对视,这样的感觉反而让我感到了镇定安详。家长们领着自己的娃儿挨个上讲台签领,他们大都带着激动的神色,却没有说什么客套的话,腰往前弓屈着,手捏着衣角,露出牙齿眯着眼睛憨厚地冲你笑着,让人看着很不忍和辛酸。其实该鞠躬的不应该是这些家长们!谁能知道你们为了让这些孩子上学背后付出了如何的艰辛,谁能理解你们曾经背负的无奈和痛苦!孩子们躲在父母身后偷偷地看着我和沈潇,很多孩子平时和我们和熟悉,此时此刻也变得腼腆胆小。在教室后排的孩子们小心翼翼地踮着脚丫往讲台这里张望,我故作没有看到。

"李有庆同学请和家长上台签领。"沈潇念到了一个学生的名字。我低头核对了钱款,双手把200元钱递了过去,那个满脸沟壑胡须花白的老父亲,没有直接把钱收走,却突然用自己那双粗糙的大手紧紧捧住我的手,那一刻,我感到一股暖融融的力量互相渗透

着,我有点惊慌失措,忙说:"大叔,把钱拿好了啊。"

他什么话也没有说,眼眶红润红润的,我突然明白了他的情绪和他所要说的,也抽出自己的手抱住他的手,点点头说:"孩子会有出息的。"

李有庆有点害怕,轻轻扯扯自己爸爸的衣袖。他还是没有说什么,手还是用力握着,我把钱往他手心里面塞,他的脸部有点抽搐,想笑,又想哭,缓缓垂下手,李有庆很懂事地半扶着他从我身边走过了。

助学金发放仪式之后,田老师告诉我,李有庆家里只有他和父亲,父亲是个聋哑人,李有庆这次期中考试全年段第三。

我很早就在宿舍的墙上挂着"离2006年世界杯还有××天"的倒计时小牌,前几个月都很憧憬地看着小牌子,常常和沈潇叫一群孩子一起在黄土弥漫的操场上踢球,虽然尘土飞扬却乐此不疲。渐渐的倒计时从两位数向一位数迈进。2001年的时候我就告诉自己一定要考上大学,考上自己心仪多年日思夜想的厦大,那时候的原因很简单,这样2002年就能在大学开心地看世界杯了!而即将来临的6月9日的世界杯,多少次让我魂牵梦绕的大力神杯要降临的日子,却让我有点忧郁和犹豫了。或许这次的6月时光,对于我来说,有一个比世界杯更加凝重的意义。

"叶楠!"沈潇叫道,"接球!"他一个直传球等着我斜插切入,我一愣神,一个学生箭步上来大脚踢开了。又是一个明亮的午后,我和沈潇照样和一群学生玩"4打6"的足球游戏,我们两个加两个学生对阵六个学生,以往我都能过人如麻,现在却有点心不在焉。

"靠!这么妙传你个棒棒都不享用!"沈潇边骂着过来边戳我肋骨。我奋起捶他肱三头肌一下:"快回防,那个娃子都冲我们禁区了!"

李宗奎果然趁我们漫不经心地推搡时,已经带着球奔到了我们球门前,我们的守门员是个六年级的小同学,见一个高个凶悍杀

到,居然做了个弃城逃跑的动作,抱头躲开了李宗奎的推射,球进了!对手的六个孩子欢呼雀跃:"老师输喽!我们赢喽!"

我耸耸肩膀摇头笑着,沈潇急得哇哇直叫:"躲啥呀!他射门那么没有劲的!叶老师!你,你还笑!这可是你教的体育班的学生!"

比赛规定只要一方进球对方就要下场,换一队上来继续,这也是此前全校只有一个足球而沿袭下来的规则。我和沈潇收拾了衣服蹲在球场边上看新上来的 6 个学生和刚才 6 个孩子继续鏖战。我叹了口气:"不知道还能和这群小崽子们踢几天的球啊。"

沈潇还沉浸在刚才的大意失荆州的不服气中,抓了一把黄土揉捏着说:"嗯!下次上场一定要小心些,和这群娃娃玩了这么久,个个都学精了,你看,都会偷袭了!"

马国开突然跑到我们身边,老气横秋地安慰我们:"老师别灰心,其实我知道你们踢得比他们好多了,下次一定赢他们的!"居然还拍拍我们肩膀。

沈潇吼了一句:"废话嘛!"马国开落荒而逃,我哭笑不得,却又感到很愉悦了。

站在土场边,我突然想起了那个曾经的身影,踢起球来张牙舞爪,满场飞奔,舍不得把球传给其他人。

当时我给他的建议,现在想想却似乎明白,他为什么一拿到球就喜欢自己带啊带。

每一场球都似乎是最后一场球。

下午的阳光照在我们身上,很暖和,那么让人留恋,也那么让人惆怅。

下午的阳光照在我们身上,很暖和,那么让人留恋。

课仍然继续上着,而来自各方的汇款也没有中断。随着日子往夏天延伸,北方的夜晚越来越短,白昼越来越长,每天有了更多与孩子们相处的机会。晚上厚厚的作业本上也能读到学生们一天

的收获,红笔在勾画的时候,总是觉得把自己的一种心情倾注其中。不知不觉中,已经到了深夜十点多,我狠狠地伸了个懒腰,往手心里透吹了口气,突然听到手机一串铃声响起,0951××××××? 银川的号码? 我诧异地拿起手机,歪头想了一下,摁下了通话键。

"是,是叶老师吗?"那头传来似曾相识的声音,对于每一次叫我"叶老师"的声音,我总是记忆深刻。

"嗯? 请问你是?"我觉得对方的年纪应该不会大,音调沙哑中透着幼稚。

"叶老师!"他的声音已经比刚刚大了些,"真的是你吗?! 还认识(记得)我吗?! 还知道我吗?"

我拼命回忆这熟悉的声音,在脑海里面使劲刮着原有的资料。

"叶老师! 我是张卫财啊……"电话那头已经带着哭腔了。

我心里一惊,脑海中划过一道闪电,真的是张卫财! 我忙说:"张卫财,张卫财,你在哪里啊? 在银川? 在银川做什么啊?"

张卫财平复了一下情绪,不过声音还是有点哽咽:"叶老师,我在银川,做工。"

我急了:"你怎么一个人跑到那里去了?! 你怎么不读书了呢! 怎么没有和任何人说一下就跑去银川啊?! 张卫财,回学校吧,你还小啊!"

张卫财沉默了一会,带着哭腔地说:"嗯,老师,现在好想念我们学校。"

我说:"那快回来吧,你现在银川吗? 快回来吧,这个是你住的地方的号码吗?"

张卫财呜咽道:"不是的……我在街头的……叶老师,谢谢你去年教我的……我想学校的,想你们的……我做完这阵,我想回教室读书……叶老师,我以后再给你电话吧……"

我连忙说:"张卫财,等等! 等我和你说一下……"

把梦留住

支教记录2005—2017

电话那头已经是"嘟嘟嘟"的鸣叫声了,我再拨打这个号码时候,却再没有人接了。

不到一分钟的通话,张卫财的声音又消失了。我呆呆地握着手机看着上面的号码,心绪不由自主地翻腾起来,我还记得去年许多次,张卫财蹲在教室门口啃着半截玉米,每次看到我走过去,他总是憨笑着扬起手中的玉米问:"老师,吃吗?"我还记得他偷偷摸到我的小宿舍门抹着鼻涕兮兮问:"老师,我能拜你为师吗?"还记得他在国庆大合唱上和余德旺一起大声呐喊着"尊敬的老师同学们,我们或许做不到最好的,但是我们一定要做最努力的!"……而现在这孩子,却不知道飘零到了那个角落,不知道他又在现实面前经历怎样的碰壁和煎熬,还有我的其他孩子,田中飞,李长林,余德旺……这个时候又在哪里呢?

我还记得他的梦想,想成为一个球星。

我垂下手中的红笔,疲惫地靠在床头。自己来西部之前的梦想又浮现眼前,毕业会上,同学们为我送行,借着浓浓的酒兴,我也曾书生意气豪迈地发誓,要好好为西部做点事情,好好帮助我的学生们,如今咫尺天涯的感觉却刺痛了我的心扉,难道人到了长大的年龄,就一定要具备"不求天长地久,只求曾经拥有"的淡然心态吗?我的内里还没有修炼到那种境界,或者说还没有被现实陶冶得麻木,在没有头破血流之前,我还是想执著地完成自己最初的梦想。

"报告!"门口正好有学生敲门,我思绪被打断,一个激灵坐了起来,果然是两个初三毕业班的孩子,霍有季和高力。再过一个月他们要奔赴中考,可能在很多人眼里考高中算不了什么,在海原,这是大部分孩子人生路上一道难以逾越的坎。

我忙让他们进来,解答完几个数学问题后,他们谢了我,却没有马上出门,我看到他们眼里的惆怅,笑着说:"还有什么问题吗?"

霍有季摇摇头,高力道:"老师,再一个月就中考了,我觉得还

有好多东西要去学,怎么办呢?现在心里好着急。"霍有季点点头。

我离我的中考已经过去了八年,当时那种紧张感觉,现在却仍还能隐隐体会到。我拿出一张纸,边画边说:"其实,一般来说,能发现自己很多问题的人,一般都是掌握比较多知识的人。比如一个圆圈,他面积小的时候,能接触外界的范围也小,所以感觉不到特别多的问题,如果他面积相应扩大,他就越能触摸到外界更大的范围,所以也能体会到越多的东西,现在你们所感觉的,就是这样的原理,想一想,是不是?我们只要按照自己的思路和计划去完成,虽然不要求每个地方都是臻善臻美,但是老师相信你们一定能考上高中的。"

他们点点头,我微笑说:"天道酬勤,你们只要努力,一定会有回报的。剩下的一个好好立个合理的计划,要会学习,也要懂得放松啊,尤其是不要忽视体育锻炼,到时候有压力的时候,就不容易感冒什么了。"

高力拍拍自己胸脯道:"呵呵,老师,我们体格好着呢,通宵一个月都能行。"霍有季低头环顾自己瘦小的身躯,搓搓手。

我说:"别逞强,关键时候还是要讲科学规律的啊。时间不早了,早点休息吧,有问题随时来问。"

霍有季出人意料地严肃地说:"嗯,好的。老师,虽然我们基础没有城里孩子的好,不过我们一定好好把握未来的。像你说的,我们不能决定自己的出身,那就决定我们下一代的出生吧,我们农村以后一定不会比城里差的。"

我一惊,自己曾经的戏言,不知道为什么这孩子记得这么牢,表面上打趣说道:"好啦,呵呵,有这个决心很好,不过不要太拼命啊,不要像去年法律竞赛一样通宵啊,打好持久战。"心里又突然想起自己去年在西安中学和关桥中学给那里的孩子们讲座的时候,对他们说的几个小故事,其中有一个叫《神迹》的,把握现在的,比怀伤失去的,应该是更重要的,也是更理性的,当时那么激动地讲

把梦留住

给孩子听,现在觉得未尝不是要讲给自己听呢？我不知道他们的未来是否的确能因为读书而彻底改变,我清醒地知道在他们面前,还有多少坎要去跨越,但是人很多时候就是因为那一点点无知,那一点点天不怕地不怕的无畏,才能有了置之死地而后生的奇迹。

记得去年冬天我们六人回厦门的路上,从宁夏固原火车站到陕西西安,正好赶上春运铁路高峰,好不容易买到站票,帮两个女生火车上找了空隙,车厢里面几乎已经没有一针一锥大的立足之地了,姚克非和乔阅栖身于车厢里座位底下,我和沈潇照看着大家放在车厢连接结合部的行李,也只有那里没有人站,我们开始也不明白为什么,到了后半夜才知道,车厢结合部是没有暖气的,那里很快成了冰封的世界,加上火车飞驰掀起透进的强烈寒风,感觉好像把你剥光衣服扔到了北极冰原上。我们只能哆嗦着拥抱在一起互相取暖,而这个时候,不用说车厢里面根本没有一丝一毫的空间让你挤进去,通往车厢的路已经被封锁了！真的是叫天天不应叫地地不灵了！过了午夜1点,全身已然没有了知觉,冻得五脏六腑都好像僵硬了,当时我对沈潇说:"完了,今天不应该挤火车,弄不好挺不过去了。"沈潇剧烈地咳嗽着,嘴唇惨白冷得说不出话。我们突然颤抖着用最后一点力气拔开行李包,一点一点扯下行李包的拉链,用尽力气咬牙往自己身上套一切能包裹住自己的东西,我套了三件大衣,四件裤子,六条袜子,沈潇也是浑身臃肿,我们对视着嘿嘿傻笑着,寒冷渐渐把我们大脑也冻僵了,我们眼皮越来越重,慢慢没有了知觉。

第二天我慢慢睁开眼睛的时候,看到熹微的晨光从模糊的玻璃外映射进来,恍如隔世,看到沈潇正幸福地冲我笑。我用了最后一点儿力气捶了他一下,骂了一句:"TMD,居然撑过来了。"陆续有乘客下了车,车厢开始有了点宽裕的空间,我俩找到乔阅,和他说我们昨天晚上睡在车厢结合部,他瞪大眼睛摇着我的身体:"你知道吗？刚刚听很多民工说,车厢结合部昨天晚上睡了两个'铁人'！

居然是你们啊!"

我们呵呵笑了,痛苦和幸福原来是一张白纸的两面,就看你选哪一边怎么书写了。可能你不知道未来的挑战,很多事情或许你已经没有了选择,但是应该确信你有坚持和挺过去的信心,对于眼前这些孩子们,对于我,不都一样吗?有了那点弥足珍贵的力量,我又能舔舐刚才的感伤,计划着明天了。

第二天下课后,我回到宿舍,正想找张旧纸擦去满手的粉笔灰,突然扭头看到桌子上一抹亮眼的绿色,是一盏不知名的小草。我忙问:"这是谁弄的啊?"

姜福边改着作业边回答:"好像是你的一个学生,我也没有问仔细,就跑了。"

我放下手上的旧报纸,捧起这个用剪去一半的可乐瓶做的花盆,仔细端详着这难得的绿油油的风景,真是黄土高原上的奇迹了,它嫩得好像我江南老家溪边的水草,娇得让人啧啧称奇,如果不是长期呵护的结果,有着一言难尽的经历,怎么能出落得如此清澈,虽然与艳丽无关,却让人为这片纯绿色而陶醉了。

这一刻,这种幸福真的无与伦比。端午节到了,也是五月的最后一天,今年的六月属于告别,就像我去年的七月。我和沈潇津津有味地回味着厦门的烧肉粽,回忆着那熟悉的香味。今年的五月初五没有粽子,干粮馍做伴的时光,让我们在谈笑间多了几分莫名的自豪。不过我们更多的话题留恋在过去如梦的一年,虽然没有浪漫,没有经典情节,我们都觉得自己的一个梦想在这里画上,自己青春悠远的一段,永远在这黄土高原上流浪。

助学金陆续发放完毕了,孩子们给各自资助人的反馈信也一封接着一封交了上来。作为负责联系资助款的支教队员,我和沈潇要负责审阅他们信的内容,这是支教队的一项例行公事,目的在于督察学生们是否如实讲述了自己的学习和家庭情况。我看的第一封信就是初三年级的马慧同学的,字是一笔一画像初学写字的

把梦留住

支教记录 2005—2017

"为中华崛起读书"（水窖口的字）

小学生一样刻在工整的信笺上的：

梁名为叔叔：

您好。我怀着一颗感恩的心向您说话。

首先，感谢您对我的关心和帮助，当我遇到困难和挫折的时候，是您伸出援助之手，帮助了我，帮我渡过难关。

再次，说声谢谢您。我不是一个追求金钱的人，只是我，没有了母亲，家中只有劳累的父亲，他是一个老实憨厚的农民，一次帮人做工的时候大脑受了伤。我还有两个哥哥，一个姐姐，家中只靠几分地来维持。哥哥、姐姐都上到初中后，就不念书了，只能出去打工了。父亲只好同意这件事情。我原来想，我也要走上打工了这条路了。

通过这一次帮助我们的贫困生的活动，使我也懂得了，我们每一个人都有一颗善良的心，世界上还是有很多好人的。您说对吗？曾经，有人这样问过："漫漫人生长途中，你曾感动过几次？"虽然，

让人心潮澎湃、泪如泉涌的感动不易碰到,但往往在最困难的时候,我却能感到一种温暖涌上心头的感觉。当然,最重要的还是那一颗能被感动的心,改变了我许多。于是,我发现世上充满了动人的真情,一切都那么美好。

我马上要告别初中生活了,现在学习和负担都也重了,很少能休息一会儿。我不怕苦,只要我努力了,即使失败了,我也不会那么难过,至少,我曾经努力过,奋斗过。我知道在遥远的地方,有个亲人在保佑我。

谢谢您对我的关心和帮助,改变了我许多想法,我原来也想放弃的,现在你给我勇气。谢谢您!

此致

敬礼

马慧

2006 年 5 月

看完马慧的信后,我已经忘记了自己例行公事的责任内容。一个人的善举是可以改变另一个人的命运的,就像在漂泊挣扎在茫茫大海中的人,只需要伸出一把手,就能让他鼓起对生活的勇气。我曾经在一次讲座上的那个小故事"境遇不同",那个小猪和其他小动物的对话,现在回想起来,自己当时未必也有多少深切体会,现在却有点明白了,同样的 200 元钱,在很多人眼里只是一顿便餐,一件不是很有档次的衣服,甚至一次并不十分称心的身体保养,在西海固的许多家庭里,可能就是一次拧过命运手臂的机会。我现在能体会"一帮一"学生名单公示后很多孩子委屈地来问我,老师,为什么没有我,为什么不选我?

那个时候,我的心被刺痛过,现在重新体味,又是一阵钻心的难过。

就像身处即将沉没的泰坦尼克中,没有更多救生艇让所有的孩子们去寻找新的希望。我只能怪自己的无能,面对孩子们无辜

把梦留住

而充满期待的眼神而退缩，甚至，已经没有勇气看他们失望而离去。花儿的凋谢，是园丁某一次遗忘或不能浇灌而造成吗？是或者不是，都足以让人觉得眼前画面的苍白。作为一介书生的我，突然又感到了自己的单薄。

现在应该，只是把种子播撒到春泥里的季节，花开的时光，还需要漫长的等候与绵绵的呵护。

最近学校所有的老师都格外忙碌，今年是海原县乃至宁夏回族自治区"普九"攻坚战役关键的一年。挂在教学楼门口"举全县之力，攻普九之坚"的字眼让我感触到了未来的希望，突然发现自己何其渺小，真正伟大的是扎根在这里的老师们，生活在这里的人们，每天清晨醒来，他们都在为改变自己家乡的面貌而忙碌耕耘着。"普九"战役的洪流让我觉得自己如水滴入海，也看到了那些可能散落在天涯的花儿们回归的希望，近年来国家对西部教育"两免一补"的政策，更是如西海固教育事业的久旱甘霖，虽然前进的道路上仍然充满荆棘，有了太阳的照耀，我们面前再不平坦的路都能挽手走过。现在海原县的许多乡镇，能看到最明亮的房子，应该都是在新建的学校了。马老师在学校义教办做统计工作，这几天每次看到我都乐呵呵地说："回来了，好几个中间辍了一段的娃娃，又回来念啦！"

我微笑着看着他纯朴的脸，突然有种和他拥抱的冲动。感谢这里这么多负责的基层老师，才能让许多濒临枯萎的花儿又吮吸到了雨露。我知道这个生性内敛的回族青年也忙碌并快乐着。我走出宿舍，看到三月时候栽下去的树木，现在已经探出了一滴滴的嫩芽，教学楼前的一排移栽柳树，也披上了绿色的头巾。从校门到教学楼那段黄泥路，不知不觉什么时候铺上了一层水泥被子，几个砖砌的乒乓球台悄悄依偎在墙根，回想去年初到西安中学时看到的清一色昏黄场面，如今已大为改观，颇有几分欣慰。王校长每天拿着学校建设的规划图，出现在学校的各个角落，每次遇到我们，

无处不在的苦读

他都忍不住要和我们畅谈几句学校未来规划的蓝图,讲到激动处,他总是爽朗地仰天呵呵大笑。

傍晚,霍有季和张明洁来交感谢信的时候,他们小心翼翼地看着我,仿佛在问,老师你是不是就要回去了?

晚上,我已经收拾好了行囊,正坐在书桌前发呆。突然门口有人叫:报告!

我说:请进! 我一听就知道是谁。

霍有季掀起门帘进来,他走到我跟前说:老师要走了吧。

我点点头,又问:快中考了吧,最近也别太有压力,按部就班就可以。

他说:好的,不过还是睡不太好。

我说:如果睡不好,那可能书看太多了,下午课后可以去跑跑步。

他说:老师走之前能送我一件小东西吗?

把梦留住

支教记录 2005—2017

　　我环顾了一下四周,收手摸了一下枕头下,掏出一本书,道:这本《管理学原理》是我大学的教材,毕业以后我一直带着,每一次读后感悟都不一样。可能目前你不太爱读,不过我觉得里面还是有很多我们什么时候都能用到的道理。

　　他脸上还是浮现出了兴奋,说:老师能帮我写几个字吗?

　　我打开扉页,工整地写了几个字:追求卓越,容忍失败。

　　他捧着书,看了许久这八个字。

　　我说:这几个字也是别人赠予我的,我觉得是很有力量的话。希望你在追求自己的梦想的路上,能有这几个字相伴。

　　我把书给霍有季的时候,突然想起了十多年前,在国家级贫困县的大山里求学的自己,收到大山外爱心人士邮寄来的一本书。那本书的扉页上同样写着这八个字。

　　他认真地点了点头。

　　他们再有二十几天就要面对中考了,一个他们不容错失的机会。我有点难过,可能不能看着他们奔赴战场了,今天中午不经意间连续听到两首歌曲,刚听完了《最初的梦想》,又接着听到那首《最后的战役》,可能和自己的心情有点吻合吧,触动了我内心最敏感的那根弦,在这个属于留恋的季节,哪怕一点点来自外部的暗示都让我发呆很久。我想了一下,笑笑说,老师也在等通知呢,希望能看到你们跨越中考吧。

　　我让他们看了去年这个时候在厦大上弦场拍的毕业照,我和我的人力资源管理 01 级同学毕业的合影。孩子们对这美丽的海边足球场,它身后宏伟的建南大礼堂,密麻相映的棕榈树赞叹不已,我说,你们以后一定有机会经历那些的,每一次超越自己,都会给自己打开一个新的天地,中考,绝不会阻止你们的脚步的。我也看着照片上曾经和自己朝夕相处的熟悉面孔,去年的这个季节,也曾沉浸在离别的路上抬不起脚步。岁月如歌,我一个二十几年阅历的人似乎也没有资格去惆怅,告别是重逢的开始,我的兄弟姐妹

们虽然散落天涯,现在回想起来,能有一段一起度过的时光,也是一种朴素的美好吧。望着眼前的孩子们,我不想把自己的情绪传染给即将面临考验的他们。我想给自己的将行找一个冠冕堂皇的理由,是自己能发挥更大能量的地方在东部,还是那里也有太多我不能割舍的东西?我这个凡人,现在真的好想,自己的支教一年能重新来过。

如果能重新来过,我应该能帮孩子们找更多的资助人,不让一个需要帮助的他们失望而无助地默默离去。

如果能重新来过,我应该会能有更多时间给孩子们讲课,讲故事,讲这个世界,直到把自己知道的都告诉他们。

如果能重新来过,我应该还能和孩子们在星光下畅谈,一起蹲墙根啃干粮馍,在停电的日子用烛光映红我们的脸。

如果能重新来过,我应该还能和孩子们再一次次踢足球,抢篮球,打雪仗,扔沙包,用双腿对对碰。

如果能重新来过,我会狠下心肠斥责他们上课的小动作吗?我会把在我们宿舍玩得兴起的他们请出去而进行午休吗?

如果已经苍白无力,我头有点乱,只能静静站在门口,看着那些花儿在阳光下的灿烂,漫无目的地一遍一遍环视。

海原六月的流火烤得人不敢抬头,终于到了最后一课的时候。我忍住没有告诉孩子们我将要离去。因为我自己也不知道,如果我做了相反的选择,我的语言甚至泪水都是无力的,虽然连我也向来看不起眼泪轻弹的男儿。走上讲台的时候,我却只能深深地呼吸拼命克制酸酸的鼻子,孩子似乎都有了预感,或者,在我僵硬的表情中读到了什么,一个个瞪大眼睛看着我。

"上课!"我很后悔自己用这么哽咽的声音叫出来。

"起立!老师好!"声音听起来有点软绵无力。

"同学们好!请坐!"平时习惯的双手往下摁的动作,此时此刻也变得如此生硬。

把梦留住

支教记录2005—2017

窗外，教室内，有了让人窒息的安静，除了我的粉笔在黑板上吱吱凄厉的叫声。我使劲把心口沸腾的情绪压抑下去，我甚至能感觉到自己的喉结剧烈地滑动着，忍，忍住，一定要忍住！我体内感情和理智疯狂的交锋让躯干几乎不能承受。脑海中晃动着过去一年和孩子们在一起的无数画面，我用手紧紧按在讲台桌子上，好不容易才在凝滞的空气中找到一丝突破口，缓缓说话："同学们，今天我们复习最后一章的最后一个单元。"

可能是我不经意中两个"最后"抛入了沉默的海洋，像个小石子轰然落入，孩子们间随之而来的小骚动像激起的涟漪在教室里扩散开来，波澜辐射后，是更让人心碎的安静，学生们一个个挺直腰板梗着脖子，看着我讲课。

这可能是我这学期水平最差的一节课了，我几乎只能照着课本照本宣科地念下去，甚至要依靠书本遮蔽自己和孩子们目光的交汇。但是，连平时最调皮的路龙，平时最爱做小动作的王小菊，平时喜欢东张西望的张松立，也都和大家一起看着我讲着，聚精会神。我不小心瞟到了学生们的眼神，那么无辜，那么无助，好像充满了期待，又好像充盈着失落。我心"咯噔"地一下，竟然念错了行。

学生们好像也听得心不在焉了，这样的情况放在平时，应该是标准的哄堂大笑场景。大家还是捧着书，看着我听我硬着头皮讲课。

我很想仔细再好好环视一遍，好好一个个端详一下孩子们的面容，可我不敢了，到了这个时候，精神已经开始虚脱。孩子们看着我，教室里异常的安静反而刺痛了我的耳膜，一年来在讲台上积习许久的从容，一点一点瓦解，我只能不断地转身面对黑板慢慢写字，压制着自己胸腔内奔涌的情绪，让自己最后一点自制力苟延残喘。

粉笔吱吱吱的声音像针扎在自己的身上，它也在谴责我的断

然离去了！我写完最后一段板书，下课铃声从天而降，充溢了整个教室，我垂下双手，粉笔从指间轻轻滑落。我无力地用手撑在讲台上，看着大家，和孩子们的目光交融着，彼此都知道要发生什么，彼此都不知道将要发生什么了。

"同学们，上完这节课，老师要回厦门了。"我开了口，对自己的声音却很陌生。

沉默，让我窒息。

下面已经有孩子们轻轻啜泣的声音了，几个女生把脸深深埋在双臂中，更多的学生静静地仰望着我，泪光在他们清澈的眼眶里闪动。我感觉自己的心脏已经承受不了胸膛里面的泪海激荡，此时此刻，我无话可说，我欲哭无泪，我再不敢正视孩子们失望的眼神，眼镜片上也开始模糊，我咬牙狠狠憋住即将决堤的坝口，我绝不能在孩子们面前，在这一刻崩溃，我低头用尽最后一点力气道："希望同学们都能坚持学习下去，老师知道，在你们面前太多困难艰辛，但请大家坚信，知识！而不是文凭改变命运，对高中和大学的追求永远没有错，读书，永远不会没有用的！"

"下课！"我视线有点模糊，感觉眼前重重迷雾。

"起立！老——师——，再——见！"孩子们带着浓厚哭腔的声音，让我忘记了说"同学们再见。"我甚至忘记了拿讲义，仓皇快步冲出了教室。

一路上，心已经乱如麻，到宿舍没有几步的路，仿佛千山万水。沈潇和姜福已经在等我了，离开的车子停在宿舍门口。王校长和其他老师正帮我们把行李抬到车上，孩子们从学校的各个角落跑过来，大家把我们围住，默默地看着我们，眼睛里噙着亮晶晶的泪花。我看着大家，我不想在离别的时刻在让孩子们哭泣，我不想让这些懂事的孩子们再哭泣了，我把自己在厦门的联系方式交给几个班的班长，无言地拍拍他们的肩膀，握着他们颤抖的小手。

"叶老师！沈老师！姜老师！再见！"孩子们的泪水落在黄土

把梦留住

高原上,让我感到撕心裂肺的难受。我扭头上了车,车门轰然关上了。

车子慢慢启动了,孩子们跟着汽车在后头跑着喊着,我的视线早已经模糊,我趴在汽车后窗,木木地看着那群渐渐远去的熟悉身影,就这么

一生难忘,行走西海固的日子

离开了!我脑子一片空白混沌,车轮无情地向前跑着,两边的黄土地飞快地从我身后远去,我多想再触摸一下我的那些花儿,听听他们曾经在我周围洋溢的笑声。我以为一年的青春很长,现在却再也抓不回来了,我擦着眼睛想再看清晰一点,绝情的汽车却拐了一个弯儿,把一切埋藏在茫茫黄土之后。

"叶老师,你能带我们到初中毕业吗?"

"叶老师,我们可以做好朋友吗? 如果不能,那你能记住我吗?"

"叶老师,如果你下学期真的能再回来的话,我一定送你一个很大很好的礼物"

"叶老师,别走。"

……

去年冬天我临走时候,孩子们围住我对我说的话,现在回想起来字字揪心。当时的离开,因为知道自己一定还会回来再教一个学期,所以我没有真正能体会到他们一颗颗真挚童心的感受。如今活生生地感觉到了脚下的车轮无情地驶出西安,驶出了海原,驶

出了西海固，驶出了宁夏，告别了西部。此时此刻，我的心如在无边无际的汪洋大海上漂泊着，找不到能让自己乐观一点的借口，闻不到那些为我开放的花儿的气息。我最初的梦想，那个句号没有划上，身体已经渐渐远去。我的那些花儿，以后还要经历怎样的风雨交织，还要面对如何的泥泞坎坷。张卫财、田中飞、余德旺们，你们下个学期能再给自己直面困难的勇气吗？马国开、霍有季、张明洁们，你们心中的梦能否好好地把握？李宗奎、石大魁、简从康们，你们人生的方向以后是否能不再迷茫……生活对于他们来说是一场战役，而我却如逃兵一般离去，趴在车后窗的我浑身颤抖，太多的脸庞在我脑海中波涛起伏，我多想大家再叫我一声：老师。

我捂住自己的嘴巴，拼命不让自己失声痛哭，泪水最后还是肆意从我的指间滑出。曾经以为自己已经长大，曾经以为自己能坚强看淡，曾经以为自己不会这样的……

那片笑声让我想起我的那些花儿
在我生命每个角落静静为我开着
我曾以为他会永远守在她身旁
如今我们都已经离去在人海茫茫
她们都老了吗
她们在哪里啊
幸运的是我
曾陪她们开放
有些故事还没讲完那就算了吧
哪些心情在岁月里已经难辨真假
如今这里荒草丛生没有了鲜花
好在曾经拥有你们的春秋和冬夏
啦……想她
啦……她们还开吗

把梦留住

支教记录 2005—2017

啦……去啊
她们已经被风吹走
散落在天涯

飘摇在西海固高原上的花儿

再见了！西部，再见了！孩子们，再见了！我们的花儿们。我们一起种下的梦想，虽然还没有实现，却不会绝断，把梦留住，勇敢向自己的梦想追去，总会有一天，能结出累累的果实。两边的白杨木飞快地从我身后掠过，蔚蓝的天空在我头顶上盘旋，孩子们的欢声笑语盈溢耳边，我又想起了"到西部去"的旋律，不自觉地喃喃起来，轻轻唱了起来，仿佛支教征途刚刚才开始，擦干眼泪，血液复又沸腾起来。

自强！自强！学海何洋洋！谁欤操钥发其藏？
鹭江深且长，致吾知于无央。
自强！自强！人生何茫茫！谁欤普渡驾慈航？
鹭江深且长，充吾爱于无疆。

——《厦门大学校歌》

CHERISHINGOURDREAMS

把梦留住　　　　　支教记录2005—2017

十二

　　1995年,那是个炎热的夏天。我坐在通往市区的崎岖山路上,第一次坐长途汽车,我已经呕吐了多次,心脏却仍幸福地在胸膛里面怦怦地跳。从来没有去过城市的我,和几十名小伙伴一起随着中巴颠簸在这旅途中,一路虽然尘土飞扬,却挡不住一双双充满好奇的眼睛向外不停张望。

　　车子进入市区,大家惊叹地盯着每一座高楼,每一辆小轿车,每一家装潢明艳的商店,每一瞬间的华丽画面都能震撼着幼小心灵,大家却什么话都没有说,只是默默地看着。从国家级贫困县的家乡乡村通往富饶发达的温州都市,我们在想念与羡慕之间徘徊游离着,正在大家看得入神间,中巴车在一个学校的门口停下来,领队的老师大声对我们说:"同学们,我们到了温州市区了,为了大家和温州中学的同学们更好的交流,请位置靠过道的同学下车到另外一车去,一会儿温州中学的同学们会来坐到这些空位置上和大家一起沟通。"

　　我一听这话,心却开始有点紧张,身边一同来的小伙伴陆续下了车,我看着洞开的车门,心里想着一会儿说什么呢,却什么也想不起来。

　　不一会儿,车门口又开始喧嚣起来,我站起来往车门处看,不小心把放在膝上的书包弄到地上,我赶忙低头伸手摸索书包,书包的带子似乎被什么勾住了,一阵汗珠就从脑门滑了下来。好不容易摸到了书包的带子,我一抬头,一个粉色的身影映入我眼帘。

　　她穿着一身淡粉色的连衣裙,扎着两个乌黑细长的麻花辫子,眼睛笑起来像月牙儿:"你好! 欢迎您来温州中学! 我叫杜馨恬。"

　　我的手还没有来得及把书包拔出来，另一只手撑在位置上，只好仰着头道："你好你好，我，我叫叶楠，来自泰顺县第五中学。"

　　我一松手，书包又回到了黑暗角落，我赶紧起身坐在位置上，她递过来一张纸巾，微笑着说："今天天气好热吧，看你满头大汗了了。"

　　我接过纸巾，却不知道擦汗：谢谢你。

　　她说："你读几年级呢？我初二。"

　　我说："初一。"

　　她笑道："那么我是学姐。听说这次泰顺来的都是各学校这学期成绩最好的同学，你真厉害！"

　　我无奈地说："我爸妈都是老师。"

　　她惊喜道："我爸爸也是耶！"

　　我嘿嘿笑道："他俩都是数学老师，不过我数学最差的。"

　　她莞尔一笑："你好谦虚。"随即又问："你之前来过温州吗？"

　　我说："没有，第一次呢。"

　　她眨眼笑着说："好呀！那我就有信心当好你的导游咯。我之前去过泰顺，你们家乡真美！"

　　我立马接话："是的呢！廊桥的故乡，有很多古廊桥！"

　　她说："是的呢！廊桥就像河上的城市，在里面又凉爽又安静。我那次去正好遇到下了春雨，在廊桥上看雨落小溪，好美！还有一种小石路，一颗一颗的石块列在水面上，像小水坝一般的，也很好玩！"

　　我道："你说的是我们叫的矴步吧！我家门口就有！我常在那儿玩水。"

　　她说："真的吗！还有乌岩岭，很美的森林公园，我那次还采了很多树叶的标本。"

　　我道："嗯嗯！还有很多动物呢，还有国家一级保护动物黄腹角雉，很美。"

把梦留住

支教记录 2005—2017

她说:"好遗憾,上次没有看到。"

我道:"下次再来泰顺,我带你去看吧!"

她居然拿出小指勾:"好啊!一言为定!"

车子在市区继续穿梭着,她细细地向我们介绍着街景和风貌。不一会

故乡——中国廊桥之乡泰顺

儿,便到了一幢大楼面前,我们全部下了车,鱼贯进入了大楼大厅。

进了大厅,我望见一位穿西服的瘦削男子站在讲台,拿了麦克风朗声说道:"首先,热烈欢迎泰顺县的老师同学们参加本次活动!"他很瘦,声音却很有力量,随后他说了几分钟的欢迎词之类的话,我和杜馨恬偷偷说着话,基本没有听进去什么。

接下来是自由活动时间,杜馨恬说她要去和他们班同学准备晚上文艺演出的事情,挥挥手与我告别。我无聊地在大厅四下走动着,找找有没有泰顺一同来熟识的同学。

突然,耳边一个熟悉的声音:"小同学,能过来一下吗?"

我扭头一看,竟是刚刚在台上讲话的男子。我便走了过去。

他拉住我的手问:"你叫什么呢?几年级了?"

我说:"叔叔好,我叫叶楠,初一了,来自泰顺县第五中学。"

他微笑道:"呵呵,初一的同学了呀,看不出来哦,要多吃点多锻炼哦,你有点瘦呀。"

我说:"我吃的不少,可能遗传基因决定,我爸爸像我这么大的时候也瘦。"

他略有点讶异我的词语,又笑道:"你平时最喜欢读什么书呢。"

我说:"都喜欢的。"

他说:"总有最喜欢的吧。比方说,你想想,你这时候脑海里跳出的第一本书?"

我想了一想说:"历史的书吧"

他点头,突然握着我的手道:"好!你给我一个地址,回头我给你邮寄几本吧?"他很瘦,手却很有力量,也暖。

我点点头,拿了纸笔写了我的邮寄地址。

他拍拍我的头,说:"你一定会成为一个对社会有用的人。无论喜欢什么,都要敢于去追寻,一定会达到的。"他声音不大,却深深沁入我心里。

晚上吃饭的时候,林馨恬找到了我,坐在我边上。我问:你知道今天下午在台上讲话的人是谁吗?

她想了想道:就是这次活动的资助人,林总,据说他小时候很穷苦,白手起家创立了好大一个企业呢。

我问:"姐姐怎么知道的?"

她答道:"他把他赚的钱,大部分都资助给教育了。很多很多年了。"

我努力在晚餐的人流中、每个餐桌边找到那个瘦削的身影,眼神却始终无法定格。几天后,又是一路颠簸,我回到了泰顺县莒江乡下村的家中,暑假已经过去了十多天,往年原本这个季节是下溪摸鱼、上树摘果的逍遥时光,大山外的见闻却让我无法平复心情,乡下没有书店,也很少报刊亭,我找来了父亲放在老木柜里面以前的旧书,半生不熟地啃起来。

开学的时候,我收到了一个包裹。没有署名,没有寄信地址,包裹里面是一本《中国五千年》,扉页写着几个苍劲有力的钢笔字:追求卓越,容忍失败。

315

把梦留住　　　　支教记录2005—2017

我想起了那一刻有力的握手，仿佛牵着我带着我认识了公子小白、刘彘儿、孟德兄、李三郎等等许多朋友，这一脉几千年的诸多人物，他们的梦里，我们的梦里，似乎都在交织共闪烁。

好似一觉醒来，火车从西部狂驰到东南。我突发发现自己已经从西海固回到了厦门，中国最美的城市。碧海蓝天，清新湿润的空气，到处都是绿色，蝉在柳树上忘情地欢唱，白鹭在浅水边惬意地散步。这一些美好却让我觉得不适应。

2006德国世界杯的喧嚣还没有散去，大家都还津津乐道着决赛中齐达内对马特拉齐怒发冲冠的一顶，特雷泽盖那一脚脆响砸在横梁上的点球。

每次去拧开水龙头，我都会迟疑片刻，看到眼前哗哗而出的水，被西海固人称为"甜水"的无味水，曾经多少次舔舐干裂嘴唇的日子，让我虔诚地对待它们每一滴。

每周我都会去邮局，取来一封封厚重的信件，看到信里面稚气未脱的字迹，仿佛那一张张笑颜浮现在眼前。

这一年年底，中国最热映的电视剧是《士兵突击》，大家记住了剧中的那句简单而有力量的话：不抛弃，不放弃。

初三的霍有季马上就要中考了，我写信告诉他可以暂时不用给我回信，安心备考。

然而消息一断就是四个多月。我忍不住了，便打电话问了西安乡中学的李校长，得到了霍有季落榜的消息……

许多孩子，没有上高中的机会，最后只能选择背井离乡打工，没有了学校，他们就会音讯全无。我赶忙写了一封信邮给还在初三的张梅，请她帮我交给霍有季。

信的内容很简单，最后一句话是：梦想还在那里，我们一起去实现，追求卓越，容忍失败；我相信我们能坚持下来，任何困难都不

能把我们击垮,只会让我们更强。

几周后他给我的回信,最后一句话居然是一首歌词:心若在梦就在,天地之间还有真爱,看成败人生豪迈,只不过是从头再来!

看着信纸上坚定的字迹,我笑了。

一年后的夏天,我收到了霍有季的信:老师,我考上县里的一中了! 我考上县里的一中了! 霍有季没有手机,家里也没有电话,更没有电脑和我视频见面,我看到信上的那几个跳跃的字,仿佛看到他笑眯眯几乎把小眼睛都淹没的样子。

"老师,我下一个梦想就是考上厦门大学,中国最好的大学!"他在信里写到,"我要像您一样,在芙蓉湖边读书,在白城海边跑步。"

经过一年的"洗脑",我班上的孩子们都知道在中国的东南沿海,有一所梦里枕着波涛睡觉,醒来能闻到沁人心脾花香的大学,在我和他们眼里,世界上只有两种大学:厦门大学和其他大学。

记得那一年,我们支教队在西安中学办了一个摄影展。

说是摄影展,其实就是把一些厦门和厦大的明信片贴在一块大木片上。

但是效果却让我们喜出望外,西安中学万人空巷,小小的画板上挤满了伸长脖子的孩子们。

一大群同学在一幅图片下大声叫嚷着:"快来看叻! 快来看叻! 这湖好大! 好大水!"

我很诧异,我不记得有这么一张照片,便走过去仗着自己的成人的身高优势仔细看。

我差点笑出声来。他们看的是厦大芙蓉湖。

芙蓉湖很美,但很小,也就是大半个足球场大小,如果称之为池子,应该也不会委屈她。

但看到图片前一个个翘首期盼的小脑袋,我默默走开了。

我记得霍有季也在那堆人群中,他没有大声叫嚷,只是抬着脑

把梦留住

厦门图片展

袋静静地看着。

回忆着这一幕,我的回信在不知不觉中写完了。

我的回信不太长,最后一句话是:我相信你,三年后我在厦大门口等你。

2007 年 10 月 24 日,嫦娥一号傲然奔月,这几千年前我们民族遥不可及、甚至听起来有点荒诞不经的梦想,被我们这一代人幸福地见证。

梦想的前身是神话,甚至被很多人解读为梦话。梦想和梦话的区别,就在于坚持与否。

甚至连孙家栋先生,这位中国第一颗人造地球卫星的技术总负责人也感慨道,当年东方红一号卫星从太空传回乐曲的时候,甚

至连科幻小说的作者也没有完全预料到,就在短短几十年的时间里,空间技术竟然如此深刻地改变了人类的思维和生活。

坚持真是一种让人敬畏的力量。

回到东部,偶然的机会,我在人人网上看到一个熟悉又陌生的主页:海原县西安中学。熟悉的是那几个字,陌生的是遥远的西安中学出现在人人网的页面上。指尖不自觉地在百度上又好奇地搜索了一下,百度百科上跳出这么一个页面——该校位于宁夏回族自治区中卫市西安镇,西安中学是一所县直普通完全中学,始建于1958年,服务西安镇,树台乡,关庄乡,学校占地面积69亩,建筑面积6235平方米,其中"义教工程"项目新建教学大楼一幢,面积3225平方米,学校有教学楼,宿舍楼数幢,另有土、砖木结构教室1000平方米,师生宿舍1600平方米,其中辅助用房400平方米。

学校现有26个教学班,其中初中18个教学班,高中6个教学班,学校在校学生约2000余人,现有教职工88人(含借用教师),其中专任教师61人。专任教师中具备本科学历的8人,专科学历的52人;中学高级教师3人,中学一级教师10人。学校组织机构健全,有党支部,校委会,工会,团委,教务处,政教处,总务处,教研组,年级组等。建校五十年来,学校认真贯彻党的教育方针,开拓进取,培养一万多名初高中毕业生。自恢复高考以来,每年都有一批学生考入大中专院校深造。

近年来,学校大力推行素质教育,强化管理,继续坚持"团结,勤奋,求实,创新"的校风,狠抓学风、教风,教学质量不断提高。目前,全校教职工满怀激情,信心百倍,正在努力把西安中学的教育教学工作推上一个新的台阶。

网络的最大好处,是让原来世界上可能一辈子都不可能彼此知晓的人,在一瞬间心有灵犀,甚至成为莫逆。我已经申请了5个QQ号,几乎每天都有看过我的支教日志的人加我为好友。下班后的夜里,每次与这些陌生的朋友聊天的时候,我都能清晰地感觉

把梦留住

到,又一颗晶莹的水滴汇入爱心之河。

许多网上的朋友问我:怎么样才能去支教? 我现在工作很忙,虽然很想去做点好事,却走不开。

我丝毫不怀疑他们的真诚。

我真诚的回答是:珍惜现在,就是善事。

因为我们现在拥有的,可能是千百万西海固孩子的毕生追求。

这年秋天的时候,一位民营企业老总问我:"我的孩子马上就要去澳洲读书了,他从小什么都不缺,出国前,你说我送什么呢?"

我想了想:"去西海固待一周吧,坐火车去。"

一个多月后,一个陌生人加了我的 QQ。她的头像和网名是一块西海固常见的食物——干粮馍。

干粮馍:南木您好,请问你是叶老师吗?

南木(我):您好,请问您是?

干粮馍:叶老师您好。我是陈祖峰的女儿,现在澳洲了。

南木:您好,真快啊。从西部回来了,现在已经是到西方国家了吧。呵呵。

干粮馍:谢谢叶老师,在西海固的一周,改变了我很多的想法。

南木:能分享一下吗?

干粮馍:去了西海固之后。我才发自内心感恩于我的爸爸妈妈,感谢他们养育我,给了我爱和力量。我才明白,我所拥有的是多么幸福。说实话,本来来澳洲主要想享受两年时光,带走一个文凭。现在,我只想珍惜每一分每一秒,每一个在我生命中出现的人。

南木:感谢西海固给我们顿悟的良知。

干粮馍:我以后还会去西海固的。那里的物质世界很贫瘠,那里的精神就像宽厚的大海。以后,我也会为那里做点什么。

南木:你想做什么呢?

干粮馍:我现在没有想得很清楚,但是我觉得,我今后每年至

少要靠自己为爸爸妈妈做一件让他们开心的事情;每年也要靠自己为西海固的孩子做一件有用的事情。

南木:一言为定。

大洋彼岸她的感受,通过海底电缆极速传达到我心里,这种共鸣是自然而然的。我不知道她在宁夏的具体见闻,但我想每一个到过那个遥远地方的人,都会被淳朴洗礼,被广袤震撼,被艰苦磨砺。无论是在澳洲,还是地球上的任何地方,心里都会有如黄土般的厚与稳。

我打开窗户,回望大西北,感谢西海固的孩子们,你们让我懂得,幸福不是占有,而是珍惜。

这种珍惜,赐予了我们坚持的力量。

2008 年,北京奥运的脚步越来越近了,大家心里都在默默倒数着。每周末,我照例去厦门演武社区的一个低收入家庭做义务家教。走过一段漆黑的楼道,透过昏黄的白炽灯的光线,每次那里有一个虎头虎脑的小男孩捧着书站在门口等着,我拍拍他的脑袋和他一起进了屋,他抬头望着我,我笑了,掏出手机:"说好的,只玩十分钟。"

他露出两颗虎牙:"一定一定!"说罢接过我的手机,上面有他最爱玩的游戏:极品飞车。

"十分钟到啦!"我笑着看看表,"孜然,开始做作业了。"

项孜然嘬嘬嘴,不情愿地把手机递给我:"明明刚刚玩了八分钟。"

我一边从他书包里面拿出书,一边笑道:"极品飞车有那么好玩嘛,不就是左右控制嘛。"

他说:"你不喜欢玩吗? 我们班最近都在玩这个。天天比赛,可火了。"

我逗他道："比赛？哦？你拿了第几名。"

项孜然低头道："我同学都有手机……我基本都是看他们比。"

我慢慢把书放在桌上："他们的手机都是别人给买的,你以后会能给自己买手机。"

项孜然如成人一般沉吟,半晌才说："我有钱了,先给我爸爸买一部。"

我问："你爸爸没有手机？"

他说："有,但是太破了,所有键盘都磨得看不见,还有一个键盘掉了,他要用牙签戳才能拨号。"

成熟与感恩,我想与年龄无关。我内心一阵惭愧,顺口问："你爸平时几点回来？"

他嘟嘴说："最近越来越晚了。到家什么都不吃,也不洗澡,很臭,倒头就睡。"

我说："你知道最近为什么这么晚回来吗？"

他很忧郁地看着地板："我爸说房租下个月又要涨了,他要多做一份工。"

我说："那你晚饭怎么吃？"

项孜然咬着嘴唇道："一般都到隔壁阿婆家。她六点多会叫我去的。"

我不忍让他难过,赶快带他看今天的作业。

六点刚过,走廊有一个苍老的声音："阿然啊,甲罢（吃饭）啦……"

他站起来从门口探出头："瓦哉啦（我知道了）。"孜然不是闽南人,这句话说起来很生硬,显然是为了让阿婆听懂。

他说："阿婆叫我了。"

我说："今天就念到这来吧。"

出了项孜然家,路灯照得小道被灯光染成黄色,我又不禁想起来了西海固的孩子们,想起了黄土高原上的那些小笑颜,那些视野

中渐渐远去的身影，现在许多人不知道在哪个角落。

走着走着，不知不觉到了厦大芙蓉隧道，这是校本部教学区通往学生公寓的一条人行隧道。隧道壁上已经渐渐有不少五彩斑斓、风格各异的厦大学生涂鸦画。还

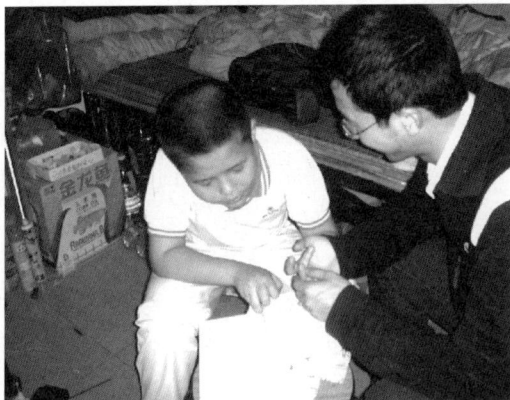

我和孜然

有不少学生正趁着夜间人流减少，一边抹着汗珠，一边起劲地画着。这里的画作大多都没有署名，或者没有写上自己的真实名字。正好遇上一组同学在卖力地画着，我忍不住驻足看了一会儿，看着他们快乐地交流着，专注地描绘着，一丝不苟地修饰着。

自己花钱买颜料、画笔，花费大量时间来作画。最后挥一挥衣袖，乐呵呵地消失在夜幕中。但这种快乐却并不难以理解。

这种感觉好像在我们身上也流淌着。快乐，可能是世界上最珍贵却又最廉价的东西。

2008 年，改革开放已经三十年。激荡岁月三十年中，多少中国平民儿女从乡村的土房中，从城市的窄巷中，从渔村的老船上，从黄土地的窑洞里，一步一步走向属于自己的大大小小的平台。

这一步一步中，有阵痛，有悲伤，有无奈，却还有这么多坚定执着的步伐，我想陪伴他们的必然有简单的快乐，给与予之间，维系着社会的一种神奇力量。

三十年后，所谓的志愿者元年破土而出。我想这不必惊喜，我们民族千年的血脉里面生生不息地延续着这种朴实的力量。这大

把梦留住

支教记录2005—2017

历史里,有你有我。

这一年的 8 月 8 日。东方古国向世界发出了邀请:同一个世界,同一个梦想。

这一年,我在视纪录片《激荡三十年》中,看到一位知名媒体人(2013 年,他离开原单位,自创《罗辑思维》节目)讲述了一个让他永远难以忘记的故事:

一天,他和朋友去山西的平遥。就在他去当地的小商店买完矿泉水后,走在路上突然被一名中年妇女拦住。手里拿着一张平窑的地图,妇女说:"买张地图吧,两块钱一张。"他说是和朋友一起来的不用地图。妇女想想说:"能把你这装瓶子的塑料袋给我吗?"他答应了她的要求。

他在一路上一直在想一个问题:我真的了解中国吗?我了解这些每天可能为两块钱的地图,要去找人要一个塑料袋。在乎这种利益的人,他们在想些什么?

我们每天还在谈企业、谈财经,谈一些似乎高深的问题的时候。我们知道这些底层的人们在想些什么吗?那些真正在深山沟里食不果腹的人,我们了解他们吗?

如果不了解他们,我们又有什么资格来谈论中国呢?

我觉得我们所有的人对这个时代、对这个国家、对这个民族,当你豪情万丈的时候,当你越有豪情的时候,应当自醒一下,多一份谦卑!

这让我想起了厦大支教队届届相传的故事:在暴风雨后的一个早晨,一个男人来到海边散步。他一边沿海边走着,一边注意到,在沙滩的浅水洼里,有许多被昨夜的暴风雨卷上岸来的小鱼。它们被困在浅水洼里,回不了大海,虽然近在咫尺。被困的小鱼,也许有几百条,甚至几千条。用不了多久,浅水洼里的水就会被沙粒吸干,被太阳蒸干,这些小鱼都会干死的。

男人继续朝前走着。他忽然看见前面有一个小男孩,走得很

慢,而且不停地在每一个水洼旁弯下腰去,他在捡起水洼里的小鱼,并且用力把它们扔回大海。这个男人停下来,注视着这个小男孩,看着他拯救小鱼们的生命。

终于,这个男人忍不住走过去:"孩子,这水洼里有几百几千条小鱼,你救不过来的。"

"我知道。"小男孩头也不抬地回答。

"哦? 那你为什么还在扔? 谁在乎呢?"

"这条小鱼在乎!"男孩儿一边回答,一边拾起一条鱼,扔进大海。"这条也在乎,这条也在乎! 还有这一条、这一条、这一条……"

这个故事在我去西部支教之前就听说了,但经历了一年支教生活,却愈发感受到,那一条条小鱼在被扔往大海的时候,无论是在空中滑翔出什么姿势,都是世界上最美好的画面。

2009 年,学生时代只剩下几个月,我和同学们都没有心思做毕业论文,电视里全是金融危机的报道,金融业的庞然大物雷曼兄弟说倒就倒了,余震波及大洋彼岸象牙塔内的我们。

毕业论文写什么呢。我手头上没有 OFFER,论文也没写出半个字,但内心却一点也不焦虑,舍友端详了我许久,末了说我似乎有点看破红尘的味道。

书桌上,是我在西海固沙漠里捡的一小根木头。

在我捡到它之前,他已经离开了自己的母体,重重摔在地上,从此,他无数次在西海固的风沙里翻滚,无数次被流沙掩埋,每天在骄阳下暴晒。

即使它已经被风干,轻如鸿毛,却依旧坚硬,依旧保留自己的形状。

不屈不折,执着地保留着最初的形状。

这是一棵枝条最初的梦想的形状；

曾经努力伸展自己，向着太阳的方向；

哪怕有一天被大风狂沙撕开身体，卷入混沌的漩涡；

做一条小小的枝条，

保持自己生命的硬度，够了！

因为此，才能生而不死一千年，死而不倒一千年，倒而不朽一千年。

一千年，也就是一天。

只要有梦想的陪伴。

突然，我想起了什么，开始奋笔疾书。时间已经很紧张了，我的论文需要大量的数据做支撑，没有数据就是无米下锅，我便制作了网络问卷收集数据，虽然调查的所有个体我基本上都不认识，我还是充满信心，我相信我调查的对象是一个热心的群体。不出我所料，短短一周内，我居然收到了近千张答卷。

学生时代的最后一个 6 月，我站在答辩台上，面对着三位管理学院学识渊博的教授，侃侃陈词十分钟后，开始接受答辩。

"叶楠同学，我觉得你的《企业员工 NPO（NGO）志愿者行为、社会资本和员工绩效实证关系研究》这个选题，可能不符合我们商学院研究生论文选题要求。"一位老师严肃而又带着微笑说。

现场空气有点凝固，我看到对面不少来旁听的师弟师妹面上写满了惊愕。大家都知道这质疑意味着什么：选题不对，论文全废。

"邹老师，您好。请允许我阐述一下关于论文选题的思考。"我平静地说，"我们商学院的研究过去一直主要追求研究管理给利润和效率带来的变化，但是人在社会上所需要的效用是多元化的。"

"如果参加 NPO（非营利组织）带来对人的正向激励和幸福感，从而能为每个经济意义上的人感受到工作中的意义，体验人际网络之间互助产生的客观帮助，这不仅体现了企业与 NPO 的社会责

任,而我通过规范的研究方法和真实的数据,也证明了以上效用的存在,我想这对丰富我们的研究是有帮助的。"

仿佛又是在3年前,西部那简陋的讲台,孩子们赋予我的勇气和鼓励,我挺直腰板几乎有点慷慨激昂起来。

"在现实中,纯粹的道德诉求是脆弱的,而理性的因果关系论证更有说服力。我试用本研

研究生论文答辩

究从理性分析的角度,从全国各地通过调查,抽取了相当数量的样本,论证传统意义上的'做好事'与'产生好结果'之间的显著正相关关系,这能巩固社会结构,促进社会福利更大化。"

"中国从来都不缺有道德感的人和事,但学生认为,应该有一种制度和理念,给这种积极行为予以保障。"

我深吸一口气:"或许我的思考未必成熟,或许我的尝试过于冒失,但是请各位老师给一个年轻的研究生一个探索的机会,一个试错的机会,一个或许能触摸新鲜领域的机会!"

全场寂静。

答辩主席林老师看了看身边的两位老师,用有力的声音道:"叶楠同学,请你继续深入阐述你的论文。"

感谢西部的孩子们,感谢城市角落的项孜然们,让我享受着人生中难得的淡定和自信。阳光洒到午后的答辩教室,希望此时的西部也是阳光灿烂的日子。

把梦留住

毕业的夏天很快过去,金黄色的秋天悄然而至。

这个季节预示着收获吗?我希望是,因为我一直在等待着那个消息。

三年的时间,仿佛就如屋檐一滴水落到地面,迅速而安静。

我认识的你们中的第一批人,终于快要走向高考教室了吧。

高考前的冬天,霍有季渐渐和我断了书信联系。一开始我想或许还是学业太忙了,在千里之外也选择默然等待,有时候在路上看到"宁"或"西"字,就会想起大西北深深山坳里那些孩子,这似乎渐渐成了一种本能。为了节省他的时间,我也暂停了给他写信。然而有一天我却从其他孩子的信里,得到了一个无法承受的消息:霍有季失去了他的至亲……

在温润的南国鹭岛,我却再次感受到西海固的刺骨寒风。我不知道瘦小的他是否还能迈出哪怕小小的一步。电话已经联系不上他,提笔许久,信笺上却还是空白一片。

那天快深夜的时候,我收到了一条陌生号码的短信:叶老师,最近学业比较忙,很抱歉都没有给您回信。请您放心,我一定会坚持下去,走出自己的一片天地。霍有季。

我知道他没有手机,应该是找老师或同学借的。手机荧光微弱的光芒却刺得我几乎要流泪。那一刻,我相信,他已经从一个男孩成为一个男人。

高考结束之后,我终于收到了霍有季的信。那张轻轻的纸给我带来了消息:"老师,我的分数不够上厦大。"

"对不起,老师。"

"我报了南京的一所学校,专业是社会学。"

"欢迎老师有空来南京,我以后也一定会到厦大去。"

我依然觉得梦想照进现实,虽然我不能在厦大的大南校门迎接霍有季,虽然那是我多少次憧憬的场景。

但我内心还是充满了幸福感,一种真实的幸福感。

梦想不总是让你能牢牢把握，但却总是能照亮你的前路，让你朝着向她的方向走去。

如果有一天，她告诉我们，还是差那么一点点。

那么我们还是会满心欣喜，

这个世界或许更容易记得第一名，更容易记得最好的结果，更容易记得出类拔萃的英雄。

但是世界正因为有千千万万个无名氏而精彩，因为有千千万万个追梦路上的身影而不寂寞。

或许这是对我们能量的一种积蓄。

我和"小老鼠"都是这平凡的世界中平凡的人，我就是"小老鼠"，"小老鼠"就是我。

平常的生活，平凡的工作学习，平静的每一天，未来却仍然溢满期待。

这梦就如露珠在荷叶上滚动，虽然你不能把控她，但你把她捧在手心，生命就会因此而灵动。

一半蒸腾入这尘世，一半滋润入茎叶。

梦想将这一切融为整体。

上了大学后，霍有季终于拥有了属于自己的通信工具，他申请了一个 QQ，他加我为好友的时候，我看到签名档上的个人简介：追求卓越，容忍失败！

在学校的机房里，他常常给我留言：

"老师，我终于到南京了，我第一次来到大都市。心情就像当年第一次上县城一样。"

"老师，我申请到了国家助学贷款了，请您放心。我已经能照顾好自己了，请您资助比我更需要的人吧。"

"老师，南京的物价真是不低啊，不过我觉得机会也真的很多，呵呵。"

把梦留住

"老师,我找到了 2 份兼职,虽然都是体力活儿,不过感到很充实。"

"老师,我应聘上了腾讯公司的兼职岗位!这是我喜欢做的事情,我一定好好干。"

"老师,今天公司说让我做南京地区的主管……,嘿嘿。"

告别了象牙塔,初为都市工作人的我,每天像人流中的许多一个人一样,揉着睡眼挣扎起床,靠着本能爬进公交车;揉着僵硬的颈椎在公交站翘首以待,靠着意志力挤进公交车。

城市的霓虹灯透过公交车窗照在你的脸上,整个城市缓缓向后走去,为一个或许不完美却完整的一天说再见;电视里面,播放着各式各类的中国梦想秀,许多中国人已经习惯在公共场合展示自己的梦想,许多观众热情追捧着那些敢于梦想的人,似乎就是在鼓励自己。

有些时候没有机会可能不是你的错,而只是上天给你更充分的准备的机会。

当我在西海固和孩子们一起走上操场的时候,我不会想到,自己和体育如此有缘。

2010 年,身为辅导员的我,工作内容之一是关注大学生们的在具有压力的学业下的心理状态,同时我也是负责指导同学们的体育活动开展。

在这个大学校园里,香喷喷的大米饭是免费的,洁净甘甜的饮用水是免费的。加上还有各种奖助学金,生存已经不是困扰这些同学们的首要问题。

他们也是 90—92 年龄段的学生,是当年西海固那些孩子的同龄人。

青春总是有成长的烦恼,网络把烦恼的泡泡吹得更大。

大半年的心理辅导和体育活动组织,我看到许多同学体学兼优,却被网瘾绊住了青春。

这一周的周记中,我写道:

"开学第一周,又见到了许多一个月没见的鲜活面孔,虽然还是春寒料峭,漳州校区的寒风里已经因为学生的到来而透着暖意融融。

去年带研究生的时候,相对下宿舍的机会比较少,而今睡在学生楼下,大家都是同居密友,更多添了几分亲近和方便。不过新学期走楼的时候,还是不意外也意外地发现几位男生在游戏世界里面酣战。看看上学期的挂科军团名单,多半和玩游戏有关系,就现在的大学学业而言,游戏猛于虎。

其实游戏如虎,本身无好坏之分,只要不是国家法律明令禁止之列的色情暴力游戏,还是有其可取一面,据我所知,我的许多同事也在闲暇的时候有空来几局。但是对于自制能力较弱的大学本科生尤其是低年级同学来说,玩游戏一旦成瘾,则贻害甚大。

游戏之所以会让一些同学们成瘾,必然有其自身吸引力:或紧张刺激,或能放松身心,或能让人短暂逃避现实,等等。其实游戏问题本质上也是心理调适问题,如果有其他渠道让同学们获得比游戏这些心理体验更为强烈的感觉,游戏自然不会被同学日思夜想。

其实体育运动也能让同学们体会紧张刺激,也能放松身心,也能暂时把现实中的烦恼中放下。我所见的积极参加体育活动的同学,基本上很少有网瘾。而且体育运动陶冶身心、强健体魄、磨炼人的意志品质,适当的体育活动有百利而无一害。马上要春暖三月了,正是开展体育活动的大好时光!

关键的节点是,很多体育活动都是自发或者自愿参加的。我们看到了轰轰烈烈的体育或者文化活动,却容易忽视很多网瘾同学视这些活动如无物,照样我行我素在宿舍沉湎于虚拟世界,针对这些同学,更要增加一些"推动力"和"引导力",把他们拉到和吸引到阳光之下,投入到文体活动的乐趣之中。在这个过程,要善于激

发同学们的荣誉感和勇于挑战自我的精神。或许他们可能从来没有发现,现实中的游戏才能玩出真正的开心感觉!"

"物质决定意识:体育改变身体,身体改变心理!"

"欲改变一个人的性格和心态,运动吧!"

已经是半夜了。

我越写越精神,突然想搜搜有没有类似的言论。

突然,我看到了一段伟人的话:"发展体育运动,增强人民体质。体育于吾人占第一之位置。体育之效,在于强筋骨,增知识,调感情,强意志。体育者,人类自养生之道,是身体平均发达,而有规则次序之可言者也。德志皆寄予体,无体是无德志也。文明其精神,野蛮其体魄。"

膜拜了! 我觉得说得真好。

教育是个特殊的行业,不能如工厂流水线一般一个模子一样制造产品。

体育何尝不是。体育是物质,教育是意识,物质决定意识,意识反作用于物质。没有人能将身心剥离开来。

我的一位大学英语老师说:到了大学,热爱体育的同学,一定是心胸宽广,意志坚强的人。她已经 50 多岁了,说得很坚决。

虽然凡事无绝对,但是凡事有规律。

2010 年,我照常在厦大漳州校区值夜班,校区坐落在较为偏僻的漳州港尾小镇,这里除了厦大师生和校门口的小贩,很少有其他人。

值班的夜里,倒是没有什么事情,不过办公室周围也没有什么人。月朗星稀,在如此安静的夜里,让我又想起了在西海固宁静的乡下。

晚上睡前打开 QQ 看留言是我的小习惯。一个老友的留言是一个视频的网址:看看吧,老男孩。

　　我突然发现自己这个 80 后马上就要 30 岁了。但或许追寻的路，与年龄无关。

　　在自己熟悉而挚爱的地方生活了 10 年。这里温暖，湿润，平和。

　　不过似乎还有一种力量在召唤我。

　　光阴的故事，一边是西海固，一边是未知的大北方。

　　不远处飘来不太清晰的歌声：

> 青春如同奔流的江河
> 一去不回来不及道别
> 只剩下麻木的我没有了当年的热血
> 看那漫天飘零的花朵
> 在最美丽的时刻凋谢
> 有谁会记得这世界她来过，
> 当初的愿望实现了吗
> 事到如今只好祭奠吗
> 任岁月风干理想再也找不回真的我
> 抬头仰望着满天星河
> 那时候陪伴我的那颗
> 这里的故事你是否还记得……

　　2010 年的冬天，我再次回到西海固。熟悉黄土地，熟悉的千沟万壑，熟悉的红红的脸庞，乡下的关桥中学也已经建了不少崭新的教学楼，矗立在黄土高原上显得气势十足，只是当年的学生和战友希辽、景渊都已经不在，空余操场上的黄沙无序地随风走，没有能找到老朋友，加上行程非常紧张，我颇有有些没落寂寥地回到县城。

　　次日，我来到海原县一中，这是当年姚克非、乔阅和詹维思的支教地，也是海原县最高学府，水泥场上似乎还遗留着当年我们一

把梦留住

支教记录2005—2017

2010 年的关桥中学教学楼

起和学生们打球嬉戏的笑声,我的学弟学妹们正在这里延续着薪火相传的支教工作。眼前的海原一中教学楼群林立,田径场宽广平坦,教室内窗明几净,电教设备一应俱全,据说还有五间多媒体教室,校园里,当年刚刚栽下的柳枝已经苗壮成长为高大的柳树。我正感慨间,突然跑来两个略带羞涩的孩子:"您,您是叶老师吗?"

我惊诧,觉得很眼熟:"你们是……,西安中学?"

他们两个连连点头:"是啊!是啊!叶老师!我们是那时候六年级的同学啊!"

我激动地几乎声音开始哆嗦:"西安中学的!考上一中啦!"

男孩说:"老师,我是贾魁!您还记得我吗?"

我迟疑了一下,看了看眼前几乎和我差不多个头的这个男生,用力拍了一下贾魁的肩膀:"你,现在普通话说得真好!"

一瞬间,我又想起了当年那个在讲台上一口气说出自己心声的小不点。

2010 年海原一中

女孩说:"老师老师,我是杜燕子! 没有想到今天能看见你!"

我说:"你也长大了! 除了脸上还是红扑扑的,其他我都快认不出来了!"

被春天逆袭的感觉,真是一种刺激的幸福。

望着眼前鲜活的笑颜,这暖意足以马上秒杀西北的寒风,我虽未为人父,却由衷满溢出似乎自己孩子长大的欣喜。两个孩子把手拧在身后,仰着头问了我好多问题,我语无伦次地回答着。

不一会儿,上课铃响了,我赶快把自己的联系方式写在纸条上给他们,他们便默默地走了。

我知道为什么上瘾了。真情,可能是世界上最虚无却又最实在的东西。当年热血赴西部支教,似乎是在助人,其实都是在助己。人活在世界上,很多时候是为了自我求证。人类任何享受归根到底都是精神上的享受,我想,助人即是助己,付出即是所得,不生不灭,不增不减,不担当就不会有轻松的感觉。担当了什么,就

把梦留住

享受着什么,这份纯净的快乐,无需推导,无需佐证,第一时间就能感受到。

十六岁,我离开了家乡在外求学,二十六岁,我离开了课堂走向社会,二十八岁,我离开了熟悉的厦门。

人一次又一次告别,或许就是因为内心让自己魂牵梦绕的梦想。

小时候,我不理解七次航海的辛巴达,一次外出就足以让他终身衣食无忧,为什么还要一而再,再而三地踏上那充满未知甚至冒险之旅?

童话是写给小孩子看的,但是童话都是大人写的,因为每个大人内心都有自己挚爱的童话,那是梦想。

2011年的初夏,我第一次来到北京,这个让人一言难尽的巨大城。

迎接我的是,北京六月一场难得的大雨,幽默的北京人这么调侃着:

"故宫原来也是可以看海的;有车有房是娶不到媳妇的,您得有船啊。"

"最浪漫的事不是一起慢慢变老,而是上班时陪你在办公室看海,下班后陪你在地铁看瀑布。"

"只有一个地铁站,叫做积水潭。"

"新燕京七景:陶然碧波,安华逐浪,白石水帘,莲花洞庭,大望垂钓,二环看海,机场观澜。"

"人们也终于知道,为什么我们开的是车,交的却是车船税……"

这雨下得确实不讲道理,稀哩哗啦一下子把偌大的北京城给淹了。

下班后,天坛东门体育馆路青砖老墙角下,多了一个被淋湿透

了的身影。我的行李包括雨伞还没有邮寄到北京，我也低估了北方的雨的威力。

在大雨中飞奔到宿舍的时候，我已经冻得直打哆嗦。

唯一一双皮鞋已经浸泡湿透，寒冷让我很快感到饥饿，饥寒交迫，又回到旧社会了。

饥饿一度让我想赤脚下楼买吃的，但是我顾虑着脚如果被"积水潭"中的杂物划破，可能是更大危险。

这不是我的老家浙江，这也不是我熟悉的厦门，那些地方，闭着眼睛我都能丰衣足食。

华北平原上的这座大城市里，我甚至不知道楼下有没有小卖部。

无望间，我想起刚刚跑回屋时候，走廊那头一间房间的门是虚掩着的。应该有人。

没有关紧的那扇门，让我不由自主地走过去轻轻敲它："请问有人吗？我是隔壁刚刚搬过来住的，请问能借双鞋子吗？"

刚刚说完，我就被自己雷翻了。没有见到主人，没有让主人见到我，我已经把陌生人的诉求一股脑儿倒出来。礼貌已经让又冷又饿的身体踢开。

几秒钟的安静后，门后一个大妈的声音："给，小伙子。"一双凉鞋摆在我面前。

有时候，一双旧凉鞋，就能给你勇气重新走进雨中。

我换了凉鞋，换了湿透的衣服，下楼买了泡面。

热气腾腾的泡面，干爽的凉拖鞋，几平方米的小屋，幸福其实很简单，梦想似乎也很靠近。

有一哥们曾经调侃自己这么多年的坚持："没有抛弃人的梦想，只有抛弃梦想的人，再牛逼的梦想，也抵不住傻逼似的坚持！"

这哥们在北京漂了N年了，目前居无定所，以变革中国影视产业为己任，以每天三个大馒头为生。

把梦留住

　　北漂,网上的解释是"北漂,也称北漂一族。是特指来自非北京地区的、非北京户口(即传统上的北京人)的、在北京生活和工作的人们(包括外国人,外地人)。他们在来京初期都很少有固定的住所,搬来搬去的,给人飘忽不定的感觉,其自身也因诸多原因而不能对于北京有更多的认同感,故此得名。有的人是从北京高校毕业后,没有去所分配的外地而在北京找到工作,有的人则是从外地高校毕业后,离开最初的工作单位而前来北京寻得岗位。尽管他们实现了就业,但是,从就业所在地与户籍所在地相分离这种视角来看,他们仍然属于'漂'的一族。"

　　距今 1225 年前的公元 788 年,一位来自河南郑州的十六岁青年进京赶考,他拜见了当时著名的诗人顾况,顾诗人没有看他的诗之前,便瞥到了他的名字,不禁调侃道:"长安米贵,居大不易。"

　　可见千年前的京漂压力就不小。

　　年轻的白居易一言不发。

　　顾诗人还是掀开了他的诗集,映入眼帘的首先是一首《赋得古原草送别》:

　　"离离原上草,一岁一枯荣;

　　野火烧不尽,春风吹又生;

　　远芳侵古道,晴翠接荒城;

　　又送王孙去,萋萋满别情。"

　　顾况是识人的,马上感慨道:"有才如此,居亦何难!"

　　这个励志故事传诵了千年,振奋了一代又一代的有梦青年。

　　一座北京城,多少追梦人。

　　2012 年,一部电视纪录片很火。《舌尖上的中国》让我们有了内心的共鸣,某知名网站上一位网友的留言让我笑了:"这是最成功的爱国教育宣传片呀! 一寸土地都不能丢呀! 谁知道会不会长

出什么美味食材!"

也有这样的评论:"片子里老百姓为生计奔波的普通情感也让我感动。我想说的,其实也就是作为一个普通老百姓,看完第一集我居然哭了。"

民以食为天,我也想起西部的干粮馍、小米粥,还有当初和沈潇、姜福一起天天抱怨的没有油水的煮土豆。味蕾始终是我们这个民族最敏感的地方,这种感觉融入我们的文化,留下我们一生的记忆。

"老师,我的公司马上就要举行开业仪式了,不知道您有没有时间能来呢?"2013 年的一天下班后,我打开 QQ,一个熟悉的头像弹出来。

这家伙,居然拥有自己的公司了! 我疲惫的眼神顿时澄亮起来。随即打开了他一道发来的微博地址。

"哟,你都是加 V 的达人啦,我都没有这待遇",我笑着输入,"南京××文化传播有限公司总经理,以后我叫你霍总啦。"

时间太快了。离开西部已经七年了。当年的"小老鼠"现在已经是南方省会城市一家企业的负责人了,也即将大学毕业。

我注意到,他的微博签名档上的个人简介:追求卓越,容忍失败!

没有想到,当年书本扉页上的那几个字,一直能给予他这么持久的力量。

我没有立即回复他,一天的工作让我身体有点疲惫,向后轻轻倚靠在椅子上,思绪却随着耳边的音乐轻舞飞扬。西部,支教,那些花儿,曾经的回忆,总是能让我这个凡夫摆脱沉重的肉身,释然地在时空中穿梭。

七年前,2005 年的那个雪夜,他问我:"老师,我的梦想能够实现吗?"

那时候刚刚大学毕业的我说:"坚持下去,全世界都会为你的

把梦留住

创业路上的霍有季(右三)

梦想让路。"

青涩者有青涩者的力量,无知者有无知者的勇气。八年来,我们一直都在世界的各个角落奔跑,不断跌倒,接着爬起,坚持往前挪动自己的身躯。

因为前面是我们最初的梦想。

2013年的5月,我收到了海原一中的一封信。信封上西部风光的贴图让我仿佛又回到了西海固。我小心翼翼打开了信函,信纸上写着密密麻麻工整的正楷字。信很长,我已经很久没有收到这么长的手写书信了,有一段话让我忍不住来回看了又看:

叶楠哥哥,你的帮助让我坚信在我奋斗路上不会孤单,让我懂得在这个世上还有这这么多人帮助我!支持我!我第一不会放弃我的梦想,好好学习,等将来有能力,有钱了,我也会像叶楠哥哥一样去资助家庭困难的学生,让他们觉得求学道路并不孤独,更多的是帮助和关怀!

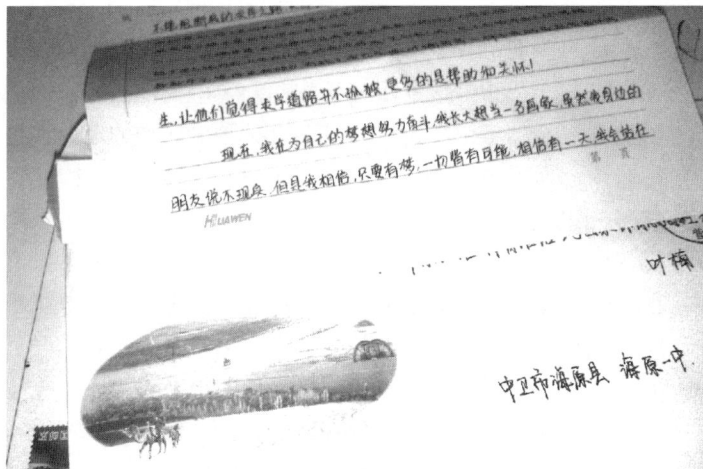

张佩云同学的信

现在,我在为自己的梦想努力奋斗,我长大想当一名画家,虽然我身边的朋友说不现实,但我相信,只要有梦,一切皆可能,相信有一天,我会站在画板前,用笔画出每一个感动的瞬间,如果有机会,我希望可以给叶楠哥哥亲自画一幅素描。

......

读着她的信,仿佛一个小妹妹就在我眼前和我聊天。我想起了当年的那一节小雨后的体育课,孩子们认真地告诉我他们的梦想,那种朴实的力量让我动容。而现在我虽然没有见过,却觉得已经熟识的1996年出生的张佩云同学,她的梦想却比他们的哥哥姐姐更多了几分色彩,多了几分自信,多了几分勇气。

2013年的12月的一天,我和霍有季各自从北京和南京出发,终于一起来到了厦门大学。已经是大四学生,同时也是南京风时文化传播公司总经理的他和我彻夜长谈,畅聊产业发展,如同置身于西海固高原上那一间被呼呼北方吹破的黄土屋里,壮怀激烈。这就是梦想的神奇,时间不知道都去了哪儿,我们却已经一起飞过

把梦留住

了茫茫戈壁滩。

第二天,我又见到了许多支教的伙伴,我似乎又听到2005年开往西北列车在呼啸,我相信这雄壮的声音从不停止。此时,我身边的霍有季,和我当年一样的年纪,已经有了近四年志愿者工作的经历。

我们一起漫步在厦大芙蓉湖畔,向每一个迎面而来的陌生人点头微笑,霍有季特意到厦大图书馆门前留影。当走到一尊铜像下时,霍有季问我:"老师,这位先生是?"

我满怀虔诚说:"厦门大学校主,嘉庚先生。也是我最景仰的人。"霍有季静静仰视着,我缓声道:"大约一百年前,嘉庚先生从南洋创业成功回乡时候,厦门还是一个各方面都很落后的小渔村。先生决心倾资创学,哪怕是抗战最艰苦时期,也在祖国东南半壁苦苦支撑学校,最后乃至于变卖自己的大厦支持厦大,为办学而不惜个人破产。厦大有'四种精神'之说,其中首推嘉庚先生的爱国精神。"

我们俩站在上弦场,望着南方。我继续说:"嘉庚先生当年筚路蓝缕,艰苦创立厦大。如今,厦门大学马来校区即将奠基,母校将因此成为第一个到国外设分校的大陆公立大学,先生应该欣慰了。"

霍有季沉吟了很久后说:"老师是嘉庚先生的弟子,我也希望能成为嘉庚精神的弟子。自强不息,止于至善。"

2014年,我偶然在"知乎"网站上看到一个帖子:《为什么那么多人喜欢做支教志愿者》。上面许多网友发表了自己的见解,观点虽然各有不同,但大家都基本认可是,志愿服务的生活,已经成为了我们身边习以为常的事情,就像参加体育活动或上网购物,离我们不再遥远,甚至已经成了许多人生活中重要的版块。这股清新的空气,或许潜移默化地改变着中国人的气质。这一年,青年奥林匹克运动会在中国南京举办,青年志愿者更是把南京营造成一座"志愿之城"。有了这一段光辉岁月的洗礼,我相信每一位青年志愿者的未来都能走的更踏实稳健。

这年夏天,霍有季告诉我,他想把更多的精力放在了做公益

上,这几年参加了许多志愿者活动,这种生活让他感到更加快乐和充实。这个决定让我意外而又觉得自然。

2014 年的他,也是当年我在西海固支教一样的年纪。有时候生活就是这么奇妙。

经过不懈的努力,他终于在南京江宁团区委指导下组织成立了南京江宁青年公益组织培育中心,这是南京地区第一家面向志愿组织和青少年服务团体的培育孵化平台,通过"政府牵头建立,专业团队打造,社会力量参与,社会组织受益"的模式培育和扶持初创期青年社会组织发展。中心开办的头一年,他还一鼓作气开办了江苏省首家志愿者学院,开始志愿者培训工作,全年就培训南京高校青年志愿者 500 名。

这年的十二月,电话里,霍有季和我说:"老师,我觉得志愿者工作的专业要求,一点不比企业员工低。我要做专业的志愿者服务机构。"

我赞同:"是的。志愿者同样要有提供专业服务的素质。志愿者组织也要媲美优秀长青企业的管理能力。"

他坚定地说:"我想把自己定义成"社工人",希望能够帮助草根青年社会组织进行专业孵化和培育,培养出专注社会服务的专业社工和志愿者队伍。"

那天,天挺冷,我们聊了很久,电话有点发热,电话两头的 80 后 90 后心里更热。

2015 年,海原至同心高速公路开工,此举将结束海原不通高速的历史,海原也成为宁夏最后一个通高速的县。得知这个好消息的我,下意识想到的是,2005 年的时候,海原香水梨一斤才 3 毛钱,这种海原县特产种植历史近百年,尤其是关桥乡、史店乡等地产出的香水梨色味独特,虽然当年托了物美价廉的福,品尝了好几次香水梨,但还是为这种养在深闺人未识的佳物惋惜。因为这种梨子虽然色变而味愈佳,宜久存不易腐烂,不怕严寒冷冻,但不了解它

把梦留住

支教记录 2005—2017

的人很容易因为它的容易表皮变色而敬而远之,大多只能在海原当地售卖。我为我的吃货本色而暗自惭愧,却也由衷为即将飞驰在高速路上的海原人而高兴。

2016 年,国家发展改革委、中国人民银行、共青团中央等 51 个部门印发《关于实施优秀青年志愿者守信联合激励加快推进青年信用体系建设的行动计划》,在教育服务和管理、就业和创新创业服务、社会保障服务、融资租赁服务、文化生活服务、评先树优等领域对优秀青年志愿者实施守信联合激励,我也很荣幸能在研制过程中有所参与,国家力量的强力支持,让志愿服务遍地开花,志愿者和受助者的梦想愈发清晰。这一年的 12 月 1 日,第 31 个"国际志愿者日"来临之际,第三届中国青年志愿服务项目大赛暨志愿服务交流会在宁波拉开帷幕,全国 38 个省级赛会单位、公益机构、基金会、爱心企业代表和志愿者代表等约 800 余人参加开幕式,虽然我因时间原因不能到现场参会,还是热切地感受到了志愿服务的暖流在华夏大地四处涌动。

2017 年,更让人振奋的消息传来:《志愿服务条例》经 2017 年 6 月 7 日国务院第 175 次常务会议通过,以中华人民共和国国务院令形式发布,将于 2017 年 12 月 1 日起施行!这部法规确定了志愿者权利义务、鼓励发展专业志愿服务等,并规定了扶持措施,促进志愿服务蔚然成风,成为推动文明进步、增进民生福祉的重要力量。志愿服务制度化、常态化发展有了更加坚实的基础。

经过三年的时间,霍有季的江宁青年公益组织培育中心倡导和组织的"益起来吧",已经活跃在南京的各个角落,不断开展各类志愿服务活动,帮助初创青年社会组织进行专业孵化和培育,培养专业社工和志愿者队伍,并为其他社会组织寻找"买家"购买服务。

他向我介绍说,现在中心吸收应届毕业大学生就业 8 人,提供实习岗位 50 余个,各类活动累计服务的数量达到 8500 人次,固定服务社区青少年群体 1000 人,培育中心联系凝聚了江宁全区 40 家

霍有季向来访的香港大学生暑期实践团讲解"党建引领社会组织建设"

社会组织和 60 家高校志愿者团队,其所运营的机构也成为江宁社会组织发展本土化探索的重要力量,陆续成为南京航空航天大学、河海大学和南京工程学院等诸多高校社会工作专业的实践见习基地。

2017 年国庆节前夕,我从电视上惊喜地看到,宁夏首条高铁——银西高铁的黄河特大桥顺利成桥,高铁全线通车后,从银川至西安的车程将由目前的 12 小时缩短至 3 小时以内。这让我不禁想起了当年和队友们一起彻夜蜷缩在车厢连接部几乎冻僵的情景,当时的我们,互相看着对方狼狈的模样。有点怀念,更多是感慨。

过了几天,已经是宁夏大学大三学生的张佩云同学也在微信上发出了她实习的照片,她告诉我,她虽然不是读美术专业,不过还继续在画画。最后她发了一句:"虽然从来没有见过您,但您要好好照顾自己。"

把梦留住

　　2017 年国庆节小长假期间,南京江宁青年公益组织培育中心负责人霍有季先生在朋友圈晒出了自己的"新身份"——"南京市江宁区人民法院陪审员"。印有国徽的鲜红证书让我们都纷纷点赞,当年的"小老鼠"笑呵呵地说:"十几年前的法律知识竞赛的内容,今天可以学以致用了。"

　　在沿海城市从事系统运维工作的张明洁女士自驾开车回海原老家看望自己最牵挂的妈妈和妹妹。到了海原,她给大家的微信群了发了好几张照片和导航定位。

　　通过微信,我说:"有空替我们回去看看西安中学。"

　　张明洁回答说:"一定的。特别想邀请您到我家坐坐。小的时候,不敢轻易张口问老师,现在工作了我都是自己做饭的……"

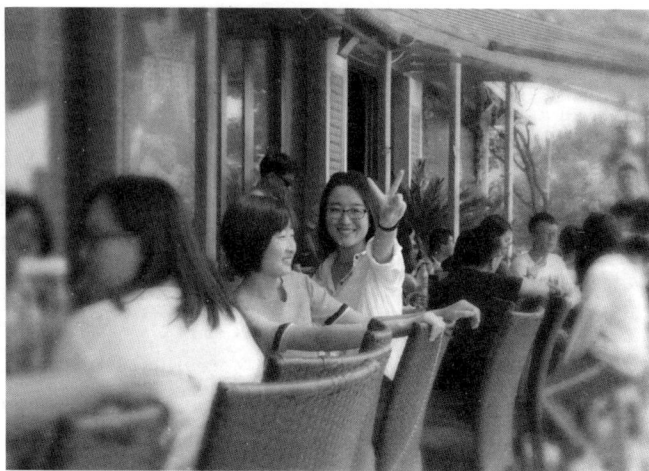

2017 年国庆前夕的张明洁(打 V 字那位)

　　已经在海原任教三年的张梅老师在群里看到大家聊得起劲,也赶来凑了一句:"还是你们得空呢。我还得有好多作业要批改。"

　　我们忙齐声逗她:"张老师好,张老师辛苦了!"

　　那一刻,隔着手机屏幕的千里之外,我觉得他们都长大了。那

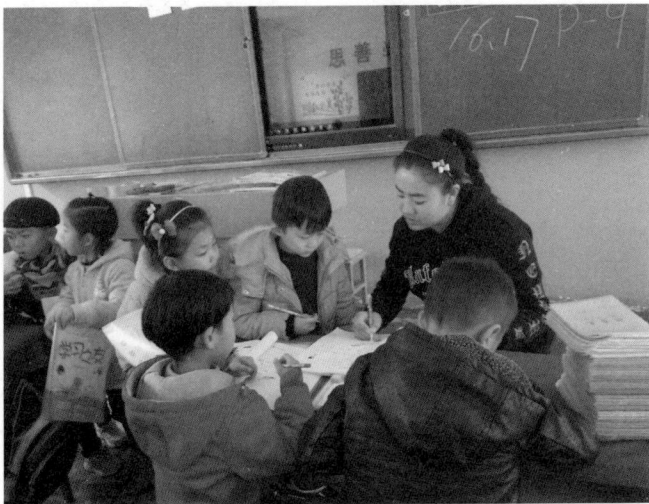

已经成为一名教师的张梅

一刻,我觉得我们离梦想如此之近,甚至能感受她温暖的气息。

"确保到 2020 年所有贫困地区和贫困人口一道迈入全面小康社会!"一个坚决洪亮的声音响彻华夏大地。全民族共同追梦的路上,我们无论置身何地,都感到充满力量。支教的岁月已经一去不复返,追梦的脚步却从不停歇,越来越快,这一路或许不会是坦途,却越来越亮堂。

大时代,就是让亿万个小我有能力做大梦想。或许这些梦想都已经超越了最初的梦想,这时代洪流之下,一切奇迹,我们或许都不应该讶异。一路追寻,唯梦与爱,梦是方向,爱是力量。

CHERISHINGOURDREAMS

把梦留住

支教记录2005—2017

把梦留住

跋

　　如果说支教队员的总结汇报令我感动不已,支教图片展使我驻足良久,这次叶楠同学的支教日记带给我的却是深深的思考。作者所记录的每一件事、每一个人都真实、细腻地反映了一个支教队员的艰苦的支教历程和感人的师生情谊。

　　宁夏西海固是一块荒凉贫瘠的土地,焦黄是永恒的主题。恶劣的自然环境、简陋的生活和工作条件,对于来自东海之滨的青年大学生是一项严峻的考验,而我们厦门大学研究生支教队员毅然选择"用一年的时间做一生难忘的事",选择赴祖国西部进行"文化扶贫",将汗水洒在了黄土高坡和世界屋脊的课堂上。

　　几年来,我每每翻阅着厦门大学研究生支教队员寄来的一份份简报,一次次情不自禁地联想到自己的经历。我在他们的这个年龄,正处在"文化大革命"时期,没有升学机会,都到山区农村"上山下乡"。当时,我分配到闽西深山老林中,住"干打垒"房,吃地瓜稀饭,没有公路,没有电灯……更重要的是,不知前途何在?在这种恶劣的条件之下,我和我的同伴没有悲观,没有颓废,常以古训"不以物喜,不以己悲"自勉,克服重重困难,终于走了过来。

　　艰苦的环境是磨炼一个人的意志、塑造一个人的品格的最好形式,青年人只有在实践中经风雨、受锻炼,才能在

CHERISHINGOURDREAMS

把梦留住

支教记录 2005—2017

漫长的人生征途上无所畏惧、成长成才。在西海固的日子里,志愿者们一定体验到一生中从未体验到的震撼,才写出了这样感人的纪实日记,这将成为他们最宝贵的精神财富和最难忘的记忆。

当我们通过叶楠同学的日记接触到生活在大西北的孩子的时候,我想每个人都会有自己不同的感触,或是共鸣,或是震撼,或是理解……但我们一定都同样感受到西部孩子们对爱的渴望,对知识的追求,对未来的憧憬。年轻的朋友们,我相信你们也和叶楠同学一样在不同的地方、不同的岗位上,无怨无悔地奉献着自己的青春岁月;我相信你们看完那些孩子艰苦的求学条件和强烈的求学欲望,一定会倍加珍惜自己拥有的学习的时光,莫再虚度光阴、蹉跎岁月。我们在读完这些孩子的故事之后,都会深刻体会那浸润着淳朴与爱心的世界,让我们将大知化为大爱。当你在学业上、事业上有所成就时,俯身回眸一下在贫瘠的土地上一双双充满渴望和向往的眼睛,帮助那些孩子——留住心中的梦!

2006 年 11 月 9 日　厦门

---

* 潘世墨同志时任中共厦门大学党委副书记、副校长。

350

图书在版编目（CIP）数据

把梦留住：支教记录 2005—2017/叶楠著.—4 版.—厦门：厦门大学出版社，2017.12（2018.10 重印）
ISBN 978-7-5615-6794-4

Ⅰ.①把… Ⅱ.①叶… Ⅲ.①纪实文学－作品集－中国－当代
Ⅳ.①I25

中国版本图书馆 CIP 数据核字（2017）第 289250 号

出 版 人	郑文礼
责任编辑	江珏玙
装帧设计	李夏凌
技术编辑	许克华

出版发行 厦门大学出版社

社　　址	厦门市软件园二期望海路 39 号
邮政编码	361008
总 编 办	0592-2182177　0592-2181406(传真)
营销中心	0592-2184458　0592-2181365
网　　址	http://www.xmupress.com
邮　　箱	xmup@xmupress.com
印　　刷	厦门集大印刷厂

开本	720mm×1000mm　1/16
印张	22.75
插页	2
字数	300 千字
版次	2017 年 12 月第 4 版
印次	2018 年 10 月第 2 次印刷
定价	46.00 元

本书如有印装质量问题请直接寄承印厂调换

厦门大学出版社
微信二维码

厦门大学出版社
微博二维码